DIÁRIO DE UM ANO DE TREVAS

Cartas de Alceu Amoroso Lima
para sua filha madre Maria Teresa:
janeiro de 1969-fevereiro de 1970

Organização de Frei Betto e Alceu Amoroso Lima Filho

DIÁRIO DE UM ANO DE TREVAS

Cartas de Alceu Amoroso Lima
para sua filha madre Maria Teresa:
janeiro de 1969-fevereiro de 1970

Organização de Frei Betto e Alceu Amoroso Lima Filho

IMS InstitutoMoreiraSalles

Prefácio

ALCEU, LUZ AO LONGO DO TÚNEL

Prefaciar esta obra epistolar de Alceu Amoroso Lima (Tristão de Athayde) significa, para mim, colocar ponto final em um trabalho cativante, embora exaustivo, e, ao mesmo tempo, entregar ao público leitor, graças ao Instituto Moreira Salles, um valioso documento histórico.

Apesar da diferença de idades, doutor Alceu e eu fomos amigos, e o considero também meu inspirador e mentor. A Ação Católica nos aproximou no início da década de 1960. A JEC (Juventude Estudantil Católica) de Belo Horizonte, da qual fui militante e dirigente, convidou-o a proferir palestra na Semana do Estudante, na capital mineira. Ali travamos nosso primeiro contato pessoal.

Ao me transferir para o Rio de Janeiro, em 1962, a fim de integrar a direção nacional da JEC, nossos encontros se tornaram frequentes. Éramos vizinhos: ele morava na rua Paissandu, no Flamengo; eu, na rua das Laranjeiras, no bairro de mesmo nome. Em 1964, ele foi meu professor no curso de jornalismo da Universidade do Brasil (atual UFRJ).

Quando um grupo de frades dominicanos, vítimas da ditadura militar, foi encarcerado entre 1969 e 1973, doutor Alceu não receou assumir em público a nossa defesa, inclusive em suas crônicas nos principais jornais do país, assinadas com o pseudônimo literário – Tristão de Athayde. Esse foi o motivo que me levou a pedir-lhe para prefaciar meu primeiro livro, *Cartas da prisão* (Agir, 2008), no que fui atendido.

Iniciou-se entre nós uma troca de correspondência. E tivemos conversas que muito me enriqueceram, seja no Rio ou em sua casa da rua Mosela, em Petrópolis, seja na fazenda do Manso, em Ouro Preto, anfitriados pelo historiador Tarquínio Barbosa de Oliveira.

Nosso último contato pessoal foi em São Paulo, no Mosteiro da Paz, das monjas beneditinas, cuja abadessa era sua filha Maria Teresa Amoroso Lima (1929-2011) – destinatária e depositária das cartas reunidas neste volume.

Senti-me presenteado quando Alceu Amoroso Lima Filho veio ao convento dos dominicanos, em São Paulo, me propor editar estas cartas que o Instituto Moreira Salles faz chegar, agora, aos leitores. Dediquei praticamente todo o ano de 2011 à tarefa de "garimpar" uma por uma: decifrar a enigmática caligrafia do autor em cópias dos originais, atualizar a ortografia, pesquisar nomes, lugares e eventos sumariamente citados, cotejar o conteúdo com suas crônicas de jornais etc.

Este é o segundo volume das cartas de Alceu Amoroso Lima à filha Maria Teresa editado pelo Instituto Moreira Salles. O primeiro, *Cartas do pai*, veio a público em 2003.

Neste segundo volume, os leitores encontram cartas do autor à sua filha, remetidas entre janeiro de 1969 e fevereiro de 1970. São missivas menos "religiosas" e mais "políticas", se comparadas às do primeiro volume. O texto de Alceu Amoroso Lima reflete o contexto do país e do mundo no período em que foi escrito, como uma espécie de "diário de bordo" de quem atravessa uma época conturbada tanto na vida nacional, devido ao endurecimento da ditadura militar a partir do Ato Institucional n. 5 (dezembro de 1968), quanto na Igreja Católica, encabeçada pelo papa Paulo VI, fragilizado em seu propósito de levar à prática as decisões renovadoras do Concílio Vaticano II.

Os leitores destas cartas haverão de apreciar a lucidez do autor, sua profunda erudição, a crítica profética à ditadura militar e à Igreja, as recordações do Rio de Janeiro de sua infância e juventude, as referências a celebridades da literatura, do catolicismo e da política do Brasil e do mundo, as ironias concernentes a imortais da Academia Brasileira de Letras, enfim, o tom coloquial com que abre seu coração e sua mente à filha monja.

Eis um documento que, sem dúvida, projeta seu autor, homem de profunda convicção cristã, como um dos brasileiros mais cultos, coerentes e solidários às vítimas do arbítrio no século XX.

Aqui a luz brilha ao longo do túnel.

Frei Betto

Apresentação

"ALCEU,

Terça-feira (18/05/10) ainda não haverá 'Cartas'.

Enquanto não houver o procedimento no olho direito, não poderei fazer nada, mesmo porque estou enxergando bem mal. E o 'procedimento' só poderá ser feito quando a diabetes e a perna se equilibrarem. Assim que isso acontecer, te aviso. Até então, permaneçamos com paciência e paz, nas mãos de Deus. Beijos, TUCA."

Em 18 de maio de 2010, tínhamos interrompido o trabalho em andamento, Tuca e eu, na sequência do primeiro livro *Cartas do pai*, do qual a última carta era datada de 31 de dezembro de 1968.

Por que havíamos parado na carta de dezembro de 1968? Até onde me lembro, porque o livro ia ficar muito grande, custoso de publicar e pesado de carregar... Nenhuma razão de caráter histórico, sociológico ou político, como muitos poderão pensar.

Quem tiver tido acesso ao livro entenderá bem o que digo ao enfrentar as mais de 600 páginas da edição...

Mas houvera, sim, naquele mês de dezembro de 1968, o Ato Institucional n. 5, que radicalizava a Revolução de 1964, que implantou a ditadura no Brasil, e que durante os próximos anos iria causar crescente revolta em meu pai, no seu espírito que cada vez mais se abria para o *aggiornamento* da Igreja Católica, depois do Concílio Vaticano II, convocado pelo papa João XXIII – e do qual ele havia participado da abertura, alguns anos antes, na delegação do Brasil –, e para a vitória democrática do governo Kennedy nos Estados Unidos – os "dois Joões" que ele não se cansava de louvar, acelerando a "abertura para a disponibilidade" em que, aos 70 anos, Tristão mais uma vez revelava para o público sua sempre renovada esperança nos grandes líderes que lhe pareciam abrir novos caminhos para o futuro da humanidade.

Mal podíamos, agora em 2010, ao voltar às cartas de 1969, imaginar a "torrente" de manifestações de revolta, de raiva mesmo, de meu pai, e da efusão de "liberdade sufocada" que teríamos a oferecer ao público, quando resolvemos, finalmente, continuar a leitura das cartas, e o Instituto Moreira Salles se dispôs a publicá-las.

Hoje, quase dois anos depois do falecimento de Tuca, em 1 de julho de 2011, o IMS está entregando ao público mais essa etapa das cartas que, durante mais de 30 anos, meu pai escreveu, diariamente, para minha irmã Lia Amoroso Lima, que, de 1952, aos 23 anos de idade, a 2011, com 82 anos, foi monja beneditina na abadia de Santa Maria, em São Paulo, e sua abadessa Maria Teresa, nos últimos 33 anos.

Conseguimos trabalhar juntos – ela lendo os manuscritos, e eu digitando, durante mais ou menos dois dias por semana, em que me alojava na hospedaria de Santa Maria, e a cela de Tuca servia de escritório; ela, em geral na cama ortopédica, eu, sentado a uma mesa com o computador.

Como se pode deduzir pelo *email*, Tuca lutava contra o diabetes que a fazia sofrer cada vez mais e iria pouco tempo depois levá-la para a casa do Pai, não muito após iniciarmos o novo trabalho e termos de parar, pois os olhos dela já mal conseguiam ler a caligrafia, famosamente não muito clara, de meu pai.

A Revolução de 64, alguns amigos católicos que a ela aderiram, e até mesmo seu filósofo inspirador de anos, Jacques Maritain e o próprio papa Paulo VI, a quem tão de perto conhecera e em quem tanto confiava como eventual continuador de João XXIII, passaram então a ser alvos de críticas acerbas de Alceu, ao mesmo tempo duras, ferinas mesmo, e que lhe causavam sofrimento pelos "amigos deixados de lado" e que, a meio caminho do ano de 1969, foram criando nele uma sensação de inutilidade de seus protestos, gradativamente impedido pela "censura prévia" de publicar artigos nos jornais, e tomado aos poucos de confessada "preguiça" de se manifestar, já que a Revolução se endurecia, a Igreja Católica se fechava, e a imprensa se dobrava aos poderosos, o que lhe fazia perder a liberdade de opinião que cada vez mais tanto desejava ter.

Sobreveio então uma fase de desânimo, de "falta de confiança em mim mesmo..." e a procura de abrigo na Fé, que nunca se tinha reduzido, mas que agora crescia à medida que ele se aproximava de Thomas Merton, o monge trapista contemplativo americano, cujos escritos passaram a predominar entre as influências predominantes em sua vida.

E cada vez mais se retirava da cena – "só peço que esqueçam de mim" (carta de 1 de fevereiro de 1970), o "livre atirador", como o chamou pelo telefone o presidente Castello Branco (carta de 12 de fevereiro de 1970), que merecia, aliás, sua admiração ao ser comparado aos demais que o sucederam.

Então, ao chegarmos a 1970, Alceu, que se aproximava dos 80 anos, entrou numa fase de tristeza e desânimo e foi deixando para trás a esperança de ainda vivo poder ver o Brasil de novo livre e democrático, e começou a vislumbrar mais de perto que, realmente, "serão 20 anos de ditadura", no dizer de seu amigo Santiago Dantas, profeticamente, em telefonema de 1 de abril de 1964.

Aliás, Deus quis que ele realmente não mais vivesse num Brasil democrático, pois, ao morrer, em agosto de 1983, ainda não tinha acontecido a volta à democracia. Foram anos de luta ao lado de pessoas que sofriam, que apelavam para a figura imensa do Tristão, que intercedia por muitos, falava o que podia, escrevia o que lhe permitiam publicar, mas que nunca se calou diante do "assalto" (palavra usada recorrentemente nas cartas) que os ditadores perpetraram contra a liberdade política no país e que durou pelo menos até 1985.

Como disse Antonio Fernando De Franceschi no prefácio do primeiro livro, "mais uma etapa" dessa autobiografia está sendo agora entregue ao público; será que poderemos publicar em algum momento no futuro, os "mais 10 anos, pelo menos" – já que escreveu para Tuca até muito pouco tempo antes da sua viagem para a eternidade, como disse acima, em 14 de agosto de 1983? O que se pode prever é um Alceu navegando na Fé e na Esperança, e cada vez mais se enamorando pela Caridade ("só a Caridade, isto é, o Amor, perdura pela eternidade afora" – cf. "Tudo é mistério"), singrando os mares da vida, empurrado pelos remos de Tuca, suas conversas em Santa Maria e mais cartas e mais cartas, até chegar ao porto seguro de onde ele saiu quando de sua conversão, para o alto mar da luta pela Fé e pela palavra de Cristo, e para onde terá voltado agora, depois de "combater o bom combate!...", qual São Paulo Apóstolo.

A famosamente difícil caligrafia de Alceu é um obstáculo a termos "outra etapa", agora que Tuca não mais está conosco: procura-se um farmacêutico, dizem alguns, formado em paliografia, segundo outros, que possa decifrar as cartas de 1970 até quando ele escreveu, o que significa mais 10 anos no mínimo; será que algum dia as leremos e ouviremos?

Esta edição reúne as cartas escritas para Tuca entre janeiro de 1969 e fevereiro de 1970. Optou-se, aqui, por não fazer uma edição integral das cartas. Foram suprimidos trechos que o autor, claramente, preferiria não ver publicados. Os sublinhados que indicavam títulos de livros ou de periódicos foram substituídos por itálicos. Os que serviam para destacar trechos foram mantidos. Os "(sic)" que constavam das cartas originais foram mantidos. Os organizadores não incluíram nenhum (sic). Preferimos corrigir os eventuais deslizes de ortografia e de nomes de pessoas cometidos pelo autor. De resto, foram preservados o estilo e as opiniões, sempre recheadas pelo *sense of humour*, que foi uma das características marcantes da personalidade de Alceu.

Por falar no seu senso de humor, permitam-me então os leitores contar uma estória que pretendemos que marque, britânica e "chestertoniamente" a sua vida na história.

Quando meu pai ia diariamente ao Correio, em Petrópolis, postar a carta diária para Tuca, ele tinha que subir alguns degraus da escadaria do belo prédio tombado, na hoje rua do Imperador (antiga avenida 15 de Novembro), e sempre reclamava da ausência de um corrimão.

E dizia a dona Vera Taulois, gerente da agência: "Por favor, ponham um corrimão, vocês acabam me fazendo cair, perna quebrada, responsabilidade etc. etc.". Resultado: nenhum!

Mais cartas, mais visitas ao Correio, mais reclamações, nada! Cartas ao Correio se propondo a mandar construir e até pagar o corrimão: nada, nada!

Meu pai morreu e... nada de corrimão!

Anos mais tarde, propus a um sobrinho, então diretor-geral dos Correios: "Egydio, vamos criar o corrimão? Além de ser caso de responsabilidade civil, afinal, seria uma homenagem a um grande usuário dos Correios; certamente ele terá pago de selos bem mais do que o custo do corrimão!"

Finalmente, em 23 de maio de 1997, pudemos, minha irmã Silvia e eu próprio, inaugurar não um, mas dois corrimões (ou "corrimãos", dizem outros, ambos os plurais português correto), lindos, aprovados pelo Sphan, celebrados por "corte de fitinha" e por uma sessão cultural de música, poesia, discursos, presença de prefeito e sociedade de Petrópolis bem representada e...

Lá estão os corrimãos imperiais para que nunca haja acidentes nas escadarias do prédio do Correio, em Petrópolis.

Só não pusemos uma placa, que talvez algum dia lá estará: "Corrimão Alceu Amoroso Lima – Tristão de Athayde".

Haverá homenagem mais significativa a quem escreveu cartas diárias a sua filha monja durante 30 anos?

Alceu Amoroso Lima Filho

janeiro | **1969**

Rio, 1º de janeiro de 1969

Para Mamãe[1] – e naturalmente para os seus comandados de Paissandu 200[2] – o novo ano entrou com a luta habitual contra a "cozinha"... A biruta autêntica, que estava aqui substituindo a "franga", e já queria dar o fora no dia de nossa volta, não apareceu esta manhã e deixou Mamãe e os seus comandados na mão, como amostra do que é o problema doméstico que, nos Estados Unidos, já foi superado pela supressão da classe, mas que, aqui, vai se arrastando, como tudo mais, aos trancos e barrancos, como essa enxurrada de decretos-leis com que os milicos e seus asseclas iniciam o novo ano, como sempre acontece com os novos Estados Novos,[3] inundando o país de verborragia (não li nem ouvi a falastração do milico-mor ontem à ½ noite, a não ser o título: "O AI-5[4] vem consolidar a Revolução"). São todos uns patetas que acreditam, talvez com sinceridade, que estão realmente conduzindo os acontecimentos, quando estão sendo apenas conduzidos por eles. Nos jogam esses confetes de decretos-leis tão copiosos em palavras que, dificilmente, se entendem no seu jargão econômico-financeiro que, no fundo, querem dizer apenas que tudo continua na mesma, embora com outras e numerosas palavras. Enquanto isso, o país caminha, porque não pode deixar de caminhar, como uma canoa levada rio abaixo pela corrente, com os canoeiros remando desesperadamente contra a correnteza, com a ilusão, ou pensando que comunicam aos viajantes das canoas, a ilusão de que eles é que estão manobrando as canoas. Pobre gente! Pobres de nós!

Em face disso me penaliza ver Mamãe desgrenhada, a se estafar indo lá embaixo, onde ainda dorme a biruta, tentar em vão convencê-la a assar os frangos que ficaram à espera do forno... E tudo porque Mamãe não queria deixar passar o 1 de janeiro de 69 sem reunir, para o almoço, ao menos os três que estão aqui. Mamãe ainda pensa em termos de "casa grande" ou de "Dona Mariana",[5] com o séquito fiel das "velhinhas" que vinham de outros tempos, Angé,[6] Babá Emília ou, então, os Manés que representavam ainda, ou já, uma transição para as "frangas" e "birutas" de hoje, que representam o último elo de uma cadeia em vias de extinção completa. Por mim não me incomodo, e com o meu temperamento de alfinete, que se acomoda facilmente às "situações novas" (consolo-me com a frase de um psicólo-

1_ Termo com que o autor se refere à sua esposa, Maria Thereza de Faria Amoroso Lima (1918-1981).

2_ Rua Paissandu, no bairro do Flamengo, no Rio de Janeiro, na qual morou a família do autor.

3_ Referência ao Estado Novo, nome do regime ditatorial implantado por Getúlio Vargas entre 1937 e 1945.

4_ Em 13 de dezembro de 1968, o regime militar decretou o Ato Institucional nº 5, que reforçou a ditadura.

5_ Rua Dona Mariana, no bairro de Botafogo, no Rio de Janeiro, onde morou a família do autor.

6_ Apelido de Ângela Paranhos, filha de Joaquina, "Quinquina", babá do autor, e considerada por ele sua irmã de criação. Nasceu e morreu servindo à família.

go francês que aqui deu conferências há 30 anos: *"L'intelligence c'est la capacité de s'adapter aux circonstances nouvelles ou imprevisibles..."*),[7] mas Mamãe sofre com isso, pois é da estirpe dos "antes quebrar que torcer", e não se consola de não poder reunir os pintos que restam próximos sob o seu agasalho. É uma beleza isso, mas custa suores, sangues e lágrimas, que nem ao menos ela manifesta e, antes, concentra, prejudicando a sua saúde que, incontestavelmente, foi ótima (nunca vi Mamãe de cama, senão quando vocês nasciam), mas que vai sendo minada com esses crescentes aborrecimentos com a cozinha, e mesmo com a situação doméstica em geral, desde que a Isaura nos deixou, depois de nove anos de presença com uma falta apenas (sic)! Desde então tudo desandou e Mamãe não teve mais sossego. Só imagino agora o dia em que Arminda[8] faltar, caso ela vá antes de nós! Ainda ontem ou anteontem ela disse, lá de Petrópolis, que "não estava passando bem da pressão".

Mas tudo isso é café pequeno ao lado do que está ocorrendo com o Brasil em geral e, mais além, com o mundo, continuamente à beira de catástrofes, especialmente nesse barril de pólvora que é o Oriente Médio e a luta imemorial entre árabes e judeus. Fica-se realmente na dúvida se o sionismo (isto é, a reconstituição de um Estado político de Israel, patrocinado pelos ingleses depois da guerra de 14-18) foi uma medida sábia ou mesmo justa, ou se foi uma mancada para a paz universal. Mas como não podemos resolver nada por nós, fiquemos apenas nas conjecturas e procurando os sinais dos tempos profundos ou através das agitações da superfície. Ainda agora leio no *J do B* (a vantagem dos jornais com política local - e a vantagem lá é que a política internacional aparece melhor) de um colaborador do *New York Times* mostrando, com exemplos históricos, que a força da inércia é tão grande no mundo social como no mundo físico. Vou ver se te mando, porque tem uma referência ao caso Paulo VI, repetindo Pio IX, como estamos vendo, claramente, aliás. João XXIII só será continuado em 2000 e tantos por algum futuro João ou mesmo Paulo VII ou VIII, mas, no momento, a volta ao silabismo[9] é que domina e poderá agravar-se. Como também poderá atenuar-se. Não há bem que sempre dure nem mal que nunca acabe! Essa sabedoria popular, de tipo lafontaineano,[10] também não perde nunca sua atualidade. E (não sei por que me ocorreu isto) ontem, conversando no José Olympio[11] com várias

7_ Em francês: A inteligência é a capacidade de se adaptar às circunstâncias novas ou imprevisíveis.

8_ Empregada doméstica da casa do autor, em Petrópolis. Viveu a maior parte da vida junto às famílias de Maria Thereza Faria e de Alceu e Maria Thereza Amoroso Lima. Era casada com Manoel Lusquinho, cozinheiro da casa de Alberto de Faria, sogro do autor.

9_ Neologismo do autor para se referir ao *Silabus*, documento publicado pelo papa Pio IX, em 1864, no qual denunciava como "erros" conquistas modernas como a liberdade de consciência e de culto; a ideia de que a Igreja não deve usar a força para impor sua vontade; a separação entre a Igreja e o Estado; a regulamentação do casamento pelo Estado etc.

10_ Referência a La Fontaine (1621-1695), escritor francês, autor de fábulas consideradas clássicas.

11_ José Olympio Pereira Filho (1902--1990), editor e livreiro do Rio de Janeiro.

pessoas, inclusive a Dinah Silveira de Queiroz,[12] tratou-se do problema "Igreja em crise", "recuo de Paulo VI" etc. A nora do José Olympio (que renovou pedido para que eu me encontrasse com uma equipe de casais, de que já o Coley,[13] o marido, me falara) estava bastante irritada ou perplexa com a tal frase de Paulo VI que tanto escândalo causou pela exploração que *O Globo* e outros jornais ultras, que viraram com o espírito de porco corçoniano,[14] tão típico dessa espécie de imprensa da inércia, e eu procurei responder com aquela interpretação de que o papa visava mais aludir às lutas dos católicos entre si que "podem destruir a Igreja", não no sentido literal da palavra destruir. E falei que era preciso ler os documentos colocando-os no contexto literal e circunstancial, e menos no "sentido de humor" (estou no momento com essa receita: o mal do mundo e do Brasil, em particular, é a falta de senso de humor, e o remédio é restaurar esse "espírito esportivo" (que é outra modalidade do *sense of humour*) tanto no mundo e no Brasil, como em casa, como acabo de dizer a Mamãe, quando me trouxe uma limonada deliciosamente fresca neste dia tórrido de estio, sem cigarras no momento, pois as cigarras também fazem sua sesta na hora do sol e preferem cantar de madrugada ou no crepúsculo, tão bonito, tão verão, tão lírico, que a gente (Mamãe não, pois as cigarras a enervam) volta a ser menino com elas e só penso nas arrumações de Senador Vergueiro[15] deliciosas quando os exames terminados eu prelibava os dois meses na Renânia, lendo Shakespeare (...) ou o folhetim do *Jornal do Commercio* na varandinha da casa da Renânia, à beira do rio... Eta chô!

Vamos almoçar figos com sorvete, em vez de frangos e feijão e salada, mas é bem melhor para um dia tão quente.

(...)

Não terminei o que queria contar, no encontro na José Olympio, que era uma frase da Dinah. Fiquei conversando com um irmão do José Olympio, que estava meio bebido, fazendo umas declarações de admiração incondicional – quando, não sei por que, a Dinah me disse, dirigindo-se aos outros: "Este (eu) é um misto de Buda e Cristo, tendo sensibilidade de Buda e não sei o quê (não me lembro do que disse) de Cristo"...

Era só, mas, como você gosta de ouvir essas "*précieuses ridicules*"[16] nas suas cartas, lá vai. Da última vez que estive lá no José Olympio, a "*précieuse*" era a filha do Guimarães Rosa.

12_ Dinah Silveira de Queiroz (1911-1982), contista, cronista e romancista.

13_ Apelido de Geraldo Jordão Pereira (1939-2008), casado com Regina Pereira. Era filho do editor José Olympio.

14_ Referente a Gustavo Corção (1896-1978), engenheiro e escritor, expoente do pensamento conservador católico, que manteve acirrada polêmica com o autor. Corção criticava, em artigos de jornais, todos os católicos progressistas, inclusive o autor.

15_ Rua Senador Vergueiro, no bairro do Flamengo, no Rio de Janeiro, onde morou o autor.

16_ Expressão francesa: Preciosidades ridículas.

Ah, o Daniel, o irmão do JO,[17] que cuida das edições, me mostrou o calendário de cultura de 1969, do Conselho Nacional de Cultura, onde lembram, a 17 de junho, os 50 anos do Tristão.[18] Então, conversa vai conversa vem, o Daniel me disse por que não organizava eu uma espécie de antologia de teoria crítica para ser publicada por eles, creio que independente do outro volume (ficou de me mandar amanhã o índice de matérias do *Vidas bem vividas*). Bem, o José, que é o chefe, disse que estudássemos o assunto. Eu fiquei pensando: será que você, nas suas pesquisas, seria capaz de mais este esforço pelas bodas do Tristão? Eu mesmo tenho minhas dúvidas que ainda haja coisas a pesquisar para uma "antologia crítica", depois do que já foi publicado na *Estética literária e o crítico*,[19] que está esgotado sem dúvida e, talvez fosse melhor, inclusive, reeditar pura e simplesmente. Eu pediria autorização à Agir, que já demonstrou não ter interesse algum em reeditar livros meus de certo vulto, em vez de fazer uma antologia. Ou, então, tirar mesmo do *Estética* o que for de "antologia", ajuntando outros textos tirados de artigos não publicados e livros!

Não sei se estou me explicando com clareza (já não digo a clareza escrita, pois esta...), mas penso que você me responderia se a conversa fosse verbal: "Já vi tudo".

Pense e me diga o que pensa. Até eu poderia auxiliar, relendo o *Estética* e marcando trechos. E você se encarregaria dos artigos. Pena que não tenhamos, neste janeiro, uns dias longos de "*tête-à-tête*" parlatorial para levar avante a tarefa. Mas, mesmo à distância, você me indicaria os artigos possíveis para um livro de umas 150 a 200 páginas, e eu veria o que é possível, caso também o José Olympio confirme o que pode ter sido apenas uma conversa de boca pra fora de fim de ano!

(...)

Voltando ao nosso almoço de 31 de dezembro (Hamilton,[20] José Carlos,[21] Rubens Porto,[22] Sobral[23] e eu) – o relato que o Sobral fez dos seus três dias de prisão e, principalmente, do modo como foi arrastado por três homenzarrões da polícia, porque só assim iria, era de se gravar. O Sobral se comportou como um leão e um modelo de bravura pessoal etc. e tal. E o episódio pode mesmo servir de modelo a todos nós, os mansos (na missa de ½ noite a que fui com Mamãe na Santíssima Trindade, o Evangelho que leram foi o das bem-aventuranças! Que rio de sabedoria eterna! Que fonte de água fresca!).

17_ Refere-se a José Olympio.
18_ Refere-se à comemoração dos 50 anos em que o autor, Alceu Amoroso Lima, adotou o pseudônimo literário de Tristão de Athayde.
19_ Obra do autor, editada pela Livraria Mar de Histórias, Rio de Janeiro, 1945.
20_ Hamilton Nogueira (1897-1981), médico, companheiro do autor no Centro Dom Vital, também tratado no texto por H.
21_ José Carlos de Mello e Souza (1905-1990), professor, companheiro do autor no Centro Dom Vital, onde desempenhou funções de tesoureiro.
22_ Rubens Porto, afilhado do autor e militante da Ação Católica.
23_ Heráclito Fontoura Sobral Pinto (1893-1991), jurista e criminalista, católico convicto, defensor dos direitos humanos, atuou como advogado de defesa de réus como Luiz Carlos Prestes, do Partido Comunista Brasileiro.

Por falar na homilia sobre a paz. Tudo perfeito. Apenas... na estratosfera. Como se os preceitos vigorassem para uma faixa de gravidade lunar ou lunática, e nós estivéssemos aqui. Sem querer esse tipo de homilia nos habitua, e os ouvintes então, 99% de catolicões médios, veem a vida política e a religiosa em planos totalmente opostos. Mas só isso daria para mais umas dez páginas, e já estou – não digo cansado – mas com os dedos duros, salvo seja...

Mas o Sobral passou o almoço se deliciando com as suas "proezas do menino Sobral"... E teve mesmo, a certa altura, esta fraqueza: "Faltava isso para minha biografia"... Como os mais valentes são fracos... Em nível muito inferior lembra uma frase que o velho livreiro Francisco Alves contou a tio Afrânio,[24] que teria ouvido do Gilberto Amado,[25] quando este lhe perguntou, de volta de uma viagem à Europa, depois do julgamento de seu crime, se tinha vendido muitos dos seus livros.[26] E à resposta negativa do velho livreiro, o Gilberto teria respondido: "Nem para isso serviu o meu crime." A frase talvez seja apócrifa, pois tio Afrânio tinha raiva do Gilberto, mas... quem sabe.

Bem, por hoje é tudo. Que Deus te abençoe durante todo este 1969, e nos dê força para nunca falharmos à Sua Graça! Aleluia!

P.

Rio, 3 de janeiro de 1969

A notícia do dia é que o *J do B* voltou a publicar sua página de editoriais, o que significa a suspensão (precária...) da censura, possivelmente só para ele (o *J do B*), pois não há notícia alguma oficial sobre o caso de suspensão da censura. Como tudo em nossa terra, nem mesmo as ditaduras são coerentes. Entram como leoas, mas se distraem logo com a primeira borboleta que passa. Era a minha esperança... Mas não imaginei que começasse tão cedo. Esperava que, ao menos, disfarçassem um pouco mais as suas máscaras de arrancatocos ou, então, não desmascarassem tão prontamente seu manobrismo (a palavra maquiavelismo é digna demais, pois, afinal, Maquiavel foi um tipo importante na história das ideias), pisando e soprando ao mesmo tempo. Em Campinas, na conversa com o Aloísio[27] e a Cecê,[28] na véspera de nossa volta, eu dizia à Cecê, com certo escândalo

24_ Afrânio Peixoto (1876-1947), médico e crítico literário, cunhado do autor.

25_ Gilberto Amado (1887-1969), político, jurista e escritor.

26_ Em 19 de junho de 1915, no Rio de Janeiro, no final da cerimônia de inauguração da Sociedade Brasileira dos Homens de Letras (criada por Olavo Bilac e sediada no prédio do *Jornal do Commercio*), os conferencistas Gilberto Amado e o poeta Aníbal Teófilo (1873-1915) se desentenderam por causa das críticas jornalísticas de Gilberto a escritores amigos de Aníbal. Gilberto sacou um revólver e matou o poeta no salão nobre do jornal. Julgado, foi absolvido.

27_ Aloísio Affonso Ferreira, irmão do genro do autor, Afrânio.

28_ Mulher de Aloísio.

desta: "Só conto mesmo é com o nosso proverbial sem-vergonhismo"... Mal sabia eu que seria confirmado tão prontamente. Essa gente que aí está nem mesmo para ditadores tem garra. São apenas uns agitadores fardados com arreganhos de violência e, sobretudo, de vingança. E o que queriam eram os plenos poderes. Como o povo está cada vez mais cético e desfibrado, e é esse, não me canso de dizer, o pior produto do regime imposto pelos salteadores que se apossaram dos plenos poderes e quiseram apenas vingar-se dos seus mais decididos opositores, a começar pelo Lacerda[29] e pelos deputados valentes como o Marcito,[30] o Hermano Alves[31] e outros – a lista ainda não está esgotada. Esta suspensão da censura, em caráter super precário, e como mera liberdade consentida, é mais uma farsa dessa quadrilha, mais uma injeção de entorpecente para adormecer o povo e evitar toda e qualquer reação. É um processo, digamos assim, circense. Pão e circo (*panis et circenses*) diziam os romanos que os Césares empregavam para adormecer o povo e garantir o poder imperial. Em suas devidas proporções, no nosso palco em miniatura, de "passinho" na escala mais baixa do subdesenvolvimento, a despeito de seu gigantismo (pois somos um país inchado, e não grande, não por culpa do nosso povo pobre, mas dos dirigentes que o exploram de qualquer modo e, agora, particularmente, dessa oligarquia militar puritanística, que julga poder fazer a revolução de que o Brasil precisa, mas como não sabe bem o que quer, fala muito mas não sabe o que fazer com os seus plenos poderes, a não ser soltar enxurradas de decretos-leis). Como todo país mal governado, quanto maior for o número de leis, pior é a qualidade do governo, dizia a velha sabedoria romana, e o estamos vendo em prática nesta pobre terra.

Os jornais de hoje estão cheios com a nova legislação do Imposto de Renda, legislação tributária etc. e tal. Pois o que lhes importa é o Dinheiro. Tudo mais entra como supérfluo, e o essencial para eles é conseguirem um parlamento (com "p" bem pequeno) bem dócil.

A raiva foi toda com a prova de independência e de caráter que a Câmara deu. E o que querem agora é apenas dar umas palmadas nesses meninos malcriados, cassando, demitindo e fingindo que unem os que se enriqueceram ilicitamente. Esse negócio de comissão para a apuração de lucros ilícitos, que foi logo a primeira coisa que esses patetas do 13 de dezembro fizeram, foi

29_ Carlos Lacerda (1914-1977), jornalista e político brasileiro, comunista na juventude e conservador na maturidade, opôs-se ao regime militar, pelo qual teve seus direitos políticos cassados em 1968.

30_ Márcio Moreira Alves (1936-2009), jornalista e escritor, teve o seu mandato de deputado federal cassado em 1968, após pronunciar corajoso discurso contra o regime militar.

31_ Hermano Alves (1918-2010), jornalista, foi deputado federal. Cassado em 1968, pelo AI-5, exilou-se.

a coisa mais ridícula do mundo e, tipicamente, um punhado de poeira lançado para iludir o povo, que é sempre sensível com apregoados – e, tantas vezes, certos – lucros dos "tubarões". Acontece, porém, que os verdadeiros tubarões, esses não caem nunca na rede e estão sempre com os pescadores e nunca com os pescados. Tudo isso é para inglês ver e fazer parte da patacoada circense e carnavalesca com que procuram mascarar o seu propósito de acabar com todas as garantias legais, mas conservando sempre a aparência de liberdade. É, parece que considero a notícia desta manhã mais como uma capitulação do *J do B*, que acabou optando, com o resto da imprensa, pelo mal menor, aceitando uma liberdade capenga (já que é baseada apenas num ato do general comandante da região, um tal Montanha, abraçado pelo "tigre"...) e não num ato oficial em que fosse realmente levantada a censura. Ao mesmo tempo em que fazem essa mascarada de "levantar a censura" para o *J do B* e para todos os jornais (o que é um alívio para os pobres majores encarregados da "censura" nos jornais, e que estavam em palpos de aranha, pois não sabiam o que censurar, pois não havia inimigo algum à vista!!) – mas, ao mesmo tempo que fazem essa farsa de levantar a censura, prendem o representante do *Le Monde* aqui, o jornalista que se assina (no *Le Monde*) Irineu Guimarães, que é Deusdedit Guimarães, parece, e que mantém o *Le Monde* bem informado das misérias feitas por esse bando de assaltantes. Esse é o "levantamento da censura" na sua realidade: mais uma bomba de gás lacrimogêneo para dissolver comício ou, antes, um bombom envenenado, que começa com jujuba com açúcar cândi e acaba com aquela cola enjoada que a gente cospe enojado... Regime de jujuba...

(...)

Como prometi, falei ontem na Academia, protestando contra a censura e recordando aquele episódio de há 25 anos, pois ocorreu em 1944, na presidência Múcio Leão,[32] como este ontem me confirmou. Lembrei o episódio e a ação silenciosa e eficiente do próprio Getúlio acadêmico... Se eu quisesse tirar ilações falsas de episódios verdadeiros, poderia dizer que o levantamento da censura hoje do *J do B* e, possivelmente, de todos, foi consequência imediata das minhas palavras, como há 25 anos... Mas, na verdade, não tem nada uma coisa com outra, e nada há mais falso em nossa terra do que procurar qualquer lógica entre quais-

32_ Múcio Carneiro Leão (1898-1969), jornalista e escritor, membro da Academia Brasileira de Letras.

quer fenômenos. Tudo acontece mais ou menos e por acaso. Amanhã esse mesmo general-comandante, que mandou retirar os majores-censores do *J do B*, manda-os de novo para lá, com tanta desfaçatez como os mandou retirar. É o regime do puro acaso, do mais ou menos, do deixa estar, do vamos ver.

(...)

P.

Rio, 4 de janeiro de 1969

Cartinha curta, pois são já 9h30 e espero poder subir (ai!) para nossa terrinha, embora ainda não de vez como quisera, às 10h.

Os jornais recomeçam timidamente a abrir suas colunas, mas tudo está sujeito ao critério (ou, antes, ao descritério) dessa tropicha que assaltou o poder no dia 13, com vontade de fazer tudo por si, na convicção de que agora, sim, a coisa vai, nome de bloco carnavalesco que bem cabe a essa turma de patetas ou, antes, de assaltantes nada patetas, mas muito consciente de seus propósitos autoritários, de governar 90 milhões de brasileiros como governa uma só caserna. Fico roxo por não poder desabafar, já que toda essa liberdade é apenas consentida... o que mostra que é apenas uma máscara, ou mesmo um alçapão.

Telefonema da Clarice Lispector[33] que, há dias, está pelejando para marcar uma entrevista comigo, para a *Manchete* onde ela trabalha e cujo redator-chefe é o Magalhães Junior.[34] Acho que essa insistência é produto dos ataques miseráveis (como sempre) do "tigre" contra a *Manchete*. Não sei. Só sei é que a Clarice se mostrou muito ansiosa por esta entrevista, que ficou para terça-feira às quatro, no Centro,[35] que para isso ainda serve...

Ontem à noite um telefonema muito gentil, como sempre, do Aloísio Novis,[36] dizendo-me, entre outras coisas, que estava informado – e me felicitava pela minha intervenção na Academia contra a censura –, e também – coisa que eu pensava ter sido o único a pensar – por ter verificado a estranha coincidência com o que se passara há 25 anos, já que, ontem mesmo de manhã, fora (aparentemente ao menos...) levantada a censura nos jornais, como em 1944 fora revogado o tal aviso do DIP. . Não sei quem terá informado o Aloísio de tudo isso. Talvez o Deolindo Couto,[37] mas penso que este já não estava na sessão quando eu

33_ Clarice Lispector (1920-1977), escritora.
34_ Raimundo Magalhães Jr. (1907-1981), jornalista e escritor.
35_ Centro Dom Vital. Fundado por Jackson de Figueiredo em 1922, no Rio de Janeiro, tinha por objetivo atrair intelectuais para a Igreja Católica.
36_ Aloísio Novis, médico e amigo do autor.
37_ Deolindo Couto (1902-1992), médico e escritor.

falei (vi-o no início) ou então o Levi.[38] Ou então, como disse aquele cobrador de bonde, "outro qualquer motivo"... E aproveitando para lançarem uma enxurrada de leis, que os chefes de serviço dos ministérios prepararam "por si acaso", de prevenção para quando o governo quisesse, e estão certos os ministros e, principalmente, o inefável palhaço da Justiça,[39] obrigando o bocó do Costa e Silva[40] a cansar os dedos assinando uma decretalhada cotidiana que os seus ministros lhe levam e pedem despacho, fingindo que estão (...).

O Nascimento Brito[41] do *J do B* me telefonou para o Centro, comunicando-me o levantamento (...) da censura e pedindo que eu voltasse a mandar meus artigos. Vê-se que ficou grato à minha visita, mas não deixou de acrescentar que "agora temos de conquistar essa liberdade", assim como quem diz o mesmo que me parece: liberdade concedida não é liberdade segura. Só a conquistada, baseada em lei, quando podemos crer em leis num país como o nosso, em que cada cinco anos, ou três ou dois ou um, os donos do poder fazem leis de enxurrada, como agora, pensando que a quantidade supre a qualidade, quando, em matéria de leis, como em tudo mais, a qualidade é que voga.

Ontem aproveitei a tarde, perdida para Petrópolis, indo buscar – duas horas de espera! –, no colis,[42] os dois volumes que Mamãe despachou, via marítima, de Paris. Tudo em ordem. Depois, passei pela biblioteca para completar as bibliografias dos cinco indicados para o prêmio Machado de Assis da Academia, de que ontem te falei. A Maria José[43] também tinha feito o mesmo trabalho, de modo que já deixei com o Carlos[44] o parecer para ser apresentado na próxima quinta-feira. Por sinal, os jetons da Academia agora subiram de 15 para 25.

Uma notícia chata, que Luiz[45] me deu, agora, e que pretendo verificar em Petrópolis, é que "a editora Vozes foi fechada!". Não duvido, pois o bispo de Petrópolis é da turma do vai ou racha e detesta os franciscanos. O nosso pastor carioca idem,[46] e já disse ao José Carlos[47] "agora que perdemos as Vozes"... Por falar nele, presidiu ou, pelo menos, participou ontem de uma cerimônia ecumênica pela Paz, junto a budistas, protestantes e judeus, na ABI. Já é um progresso...

Não duvido que possa ser verdade esse fechamento da Vozes. Mas quero ver para crer... De qualquer modo, os integristas do tipo C.[48] etc. e tal estão, a todo pano, no estado do Rio, aproveitan-

38_ Levi Carneiro (1882-1971), escritor.
39_ Referência a Luís Antônio da Gama e Silva (1913-1979), ministro da Justiça (1967-1969) do governo Costa e Silva e considerado o redator do AI-5.
40_ General Arthur da Costa e Silva (1902--1969), presidente do Brasil entre 1967 e 1969. Decretou o AI-5 e faleceu no exercício do poder.
41_ Manuel Francisco do Nascimento Brito (1922-2003), empresário, proprietário e diretor do *Jornal do Brasil* desde a década de 1950 até 2002.
42_ Sistema de correio francês de remessa de pacotes.
43_ Maria José Negrão, aluna do autor e, posteriormente, assistente dele na Universidade do Brasil, atual UFRJ (Universidade Federal do Rio de Janeiro).
44_ Carlos Ferrario, secretário do autor.
45_ Luiz Alceu, filho do autor.
46_ Referência a Dom Jaime de Barros Câmara (1894-1971), cardeal-arcebispo do Rio de Janeiro de 1943 a 1971.
47_ Refere-se a José Carlos de Mello e Souza.
48_ Referência a Gustavo Corção.

do as costas quentes da milicagem. E já te contei o telefonema no dia em que eu conversei com frei Clarêncio.[49] É gente capaz de tudo, inclusive de mobilizar o Núncio Apostólico, que tambem já teve incidentes com os franciscanos. Será que vamos perder a única ou, pelo menos, uma das duas sérias editoras católicas que prestam? A outra é a Duas Cidades.[50] Seria um desastre a mais e uma vitória para a troupilha integrista, cuja *Permanência*[51] surgiu, exatamente, para combater *Vozes* ou *Convergência*[52] e, então, agora com os *tanks* (sic) e as metralhadoras atrás de si... Que gente sórdida! Que regime!

Por ora vou acabar de publicar os *Bilhetes*, para não perder o trabalho feito. Depois veremos a margem que tenho. O Chico Parente,[53] que trabalha no *J do B*, disse ao Carlos que há assuntos tabus, como: "padres franceses" (sic),[54] militares e mais não sei o quê. Essa é a liberdade que essa gente alega ter devolvido ao povo...

(...)

P.

Petrópolis, 5 de janeiro de 1969

Afinal subimos mesmo ontem de manhã, e parece que se dissiparam minhas preocupações sobre a Vozes. Embora estivesse fechada ao chegarmos, encontrei por perto frei Cleto, o dos "canarinhos",[55] e ele se surpreendeu, mas me disse que o boato talvez se originasse do fato de que "o senhor bispo" se referiu aos franciscanos que se acautelassem contra a possibilidade "de um assalto"... Evidentemente são os mesmos macaqueadores de integristas que, por telefone, caçoaram com o bispo de Petrópolis, como o fizeram com frei Clarêncio naquele dia. Só amanhã é que poderei certificar-me de tudo e saber se posso ou não contar com os meus livros... "*Selfish*"? Ou apenas consciente de que estamos, mais cedo do que eu pensava, no ramerrão político e social, apenas com os assaltantes de 13 de dezembro, donos do Brasil, se... se realmente tivessem capacidade para isso. Apoderaram-se, de surpresa, de uma pistola automática ou de uma metralhadora, acham que estão construindo um novo Brasil, quando apenas estão dando trabalho aos tipógrafos da Imprensa Nacional e aos encadernadores de volumes de leis,

49_ Frei Clarêncio Neotti (1934-), franciscano, editor da editora Vozes, com sede em Petrópolis.
50_ Editora e livraria de São Paulo, fundada pelos frades dominicanos e dirigida por frei Benevenuto de Santa Cruz.
51_ Referência à revista *Permanência*, fundada, em 1968, por Gustavo Corção, e que declarava ter por objetivo "militar contra os inimigos da Igreja Católica".
52_ Revistas editadas pela Vozes.
53_ Francisco Parente, jornalista.
54_ Três padres assuncionistas franceses e um diácono foram presos em Belo Horizonte, em dezembro de 1968, acusados de subversão.
55_ Referência aos membros do coral infantil patrocinado pelos frades franciscanos de Petrópolis.

que vão ficar muito bem encadernadozinhos no alto das estantes, para ver como fica a coisa... E o Brasil irá caminhando, com elas ou sem elas, como lhe é possível.

Eu estava vendo os pobres funcionários do colis, de mangas de camisa, suando em bicas, enquanto algumas funcionárias bem penteadinhas (ou penteadonas, pois já não eram brotos) falam pelo telefone com suas amigas, displicentemente, tudo no meio de uma barafunda de embrulhos, que não sei como vão embrulhar tudo, definitivamente, enquanto uns pobres carregadores, empapados de suor, carregam os colis mais pesados para a porta da rua, e os fregueses, como eu, ficam ali de espera, afundados em poltronas de molas arriadas, e lá no bar como moscas uns malandros ingerem chopes... Tão Brasil que não liga a mínima aos Atos mais ou menos Institucionais ou às avalanches de decretos-leis, porque caminha com elas ou sem elas, como Deus é servido... Tão Brasil!

O que se nota é que o Costa e Silva está doido para que o deixem, de novo, fazer suas excursõesinhas pelo interior, para inaugurar umas linhas, e receber palmas de algumas das escolas públicas locais, que o pobre-diabo pensava ser a opinião pública. Enquanto isso, alguns políticos, os de mais valor, são postos à margem, e alguns marmeladeiros serão confiscados em seus bens. Provisoriamente, pois já os escritórios dos advogados estão preparando os "*cahiers*"[56] de seus clientes, para daqui a cinco, ou mesmo dois ou três anos receberem, com juros, o que os "confiscadores" de agora lhes tiraram por verem reconhecidos os seus direitos às marmeladas, já que havia tubarões de salões envolvidos nas negociatas. Não sem que alguns menos protegidos, culpados ou inocentes, sejam realmente envolvidos nessa onda e percam tudo quanto Marta fiou e desfiou. Tão Brasil.

Só pergunto é quando será possível, ao menos, escrever como nos tempos de Castelo Branco,[57] de saudosa memória, como no caso da velha de Siracusa...,[58] pois, por ora, para "dedo duro" ver, os próceres de 13 de dezembro continuam a exigir dos jornais certos tabus como, por exemplo, os padres franceses, que estão representando em 68 o papel que, em 64, representaram os "chineses" que o Sobral defendeu e foram, então, acusados de terem vindo ao Brasil como enviados especiais de Mao Tse Tung para armarem a Revolução Cultural, e acabaram voltando à China como vieram: negociantes que vinham tratar de comerciar

56_ Expressão francesa: Caderno ou agenda. Aqui equivale a dossiê.

57_ Marechal Humberto de Alencar Castello Branco (1897--1967) foi o primeiro militar a governar o Brasil (1964-1967) após o golpe perpetrado pelas Forças Armadas, em 1 de abril de 1964, e que derrubou o governo constitucional do presidente João Goulart (Jango).

58_ "Em Siracusa, no tempo em que toda a gente desejava a morte de Dionísio, uma certa velhinha constantemente rezava para que não lhe acontecesse nenhum mal e ele vivesse mais tempo do que ela. Quando o tirano soube disso, perguntou-lhe a razão. Ela respondeu: 'Quando eu era moça, tínhamos um tirano muito cruel e eu desejava a sua morte. Quando ele foi morto, sucedeu-lhe um que era um pouco mais cruel que ele. Eu também estava ansiosa por ver o fim do seu domínio, mas então tivemos um terceiro tirano, ainda mais cruel. Este és tu. Por isso, se fores levado, um pior vai suceder-te'." (*Valerius Maximus Factorvm Et Dictorvm Memorabilivm Libri Novem* VI, 2).

com o Brasil. Tanto assim que a Justiça Revolucionária do Castelo Branco nada pôde fazer, nem encontrou nada que os incriminasse. A única prova que havia era uma carta, que se provou ter sido escrita em caracteres que não são mais usados na China de hoje, o que prova que havia sido forjada na própria polícia por algum velho chinês estabelecido há 30 ou 50 anos, e que recebeu um bom dinheiro pela falsificação...

Lembra-me o caso de uma bengala que papai tinha, com inscrições em caracteres chineses. Eu me lembro, mas não sei que fim levou. Papai pediu, certa vez, a um camarada chamado Napoleão Reis (era até Reys), que dizia saber chinês. Ele levou a bengala e, no fim de 15 ou 30 dias, devolveu-a a papai com a tradução de um poema... Passados tempos, papai conheceu um verdadeiro chinês da Legação da China, penso eu, e mostrou-lhe a tal bengala, perguntando o que queriam dizer os tais caracteres. O chinês olhou, olhou, olhou, e disse: "Nada. São simples arabescos!". O nosso patrício havia inventado o poema... É o caso dos "chineses" da nossa primeira (de 64), como é o dos "padres franceses" da segunda (de 1968). Mas o assunto é tabu, e se pegam esta carta vão mandar decifrar por algum intérprete e dizer que eu sou... agente do general De Gaulle, de Fidel Castro ou do Comissário Kosygin,[59] para tramar a queda das nossas constituições... Tão Brasil!

Enquanto a comédia não se transforma em tragédia – que, para alguns, já se transformou com a perda dos mandatos ou com exílios forçados, como no caso do Marcito e do Hermano – este mais grave, pois é pobre e acho que, além da mulher tuberculosa há tempos, e que conheci em Washington, de volta de um congresso da *Pax Romana* no Canadá, jantou em nossa casa e me levou 20 dólares, que o pai, também do Banco do Brasil, aqui no Rio, nunca naturalmente me devolveu, o que não tem nenhuma importância, mas também o Hermano sustenta os pais, ouvi dizer, e agora está numa embaixada, e arriscado, como o Arraes,[60] a passar anos no estrangeiro. Para esse e outros como ele, e os líderes estudantis principalmente, o maior dos quais[61] passou inclusive pelo golpe terrível de perder o pai, o senador Rui Palmeira, que, certamente, teve a morte por infarto apressada pelo desgosto de ver o filho preso, e até quando?! Para esses, a Comédia

59_ Referência a Alexei Kosygin (1904--1980), que presidiu a extinta União Soviética de 1964 a 1980.

60_ Miguel Arraes (1916-2005) foi três vezes governador de Pernambuco. Derrubado do poder pelo golpe militar de 1964, após um período de prisão, exilou-se na Argélia.

61_ Referência a Vladimir Palmeira (1944-), líder estudantil atuante no Rio de Janeiro, perseguido, preso e banido do país pela ditadura militar.

já está em termos de Tragédia. Mas para 90% da população tudo voltou ao normal, e mesmo não chegou a voltar, porque não mudou nada para eles.

(...)

P.

Petrópolis, 6 de janeiro de 1969 – Epifania. Reis[62]

É estranho como as festas litúrgicas também têm suas vicissitudes. Veja esta festa da Epifania[63] considerada, nos três primeiros séculos do Cristianismo, como uma festa superior ao Natal. Dizem mesmo que o Natal só adquiriu tom de festa central depois da Reforma,[64] quando a Encarnação apareceu ligada ao movimento humanista do Renascimento. Se bem que humanismo e protestantismo... protestassem humanamente *"de se trouver ensemble"*...[65] O fato é que os ortodoxos, parece, até hoje consideram a Epifania – que Dom Guéranger[66] tentou restaurar em sua importância litúrgica inicial – como uma data pelo menos igual ao Natal.

Mas na Igreja Católica a festa foi decaindo a ponto de a missa de hoje ter sido celebrada, ontem, pelos franciscanos,[67] e a missa desta manhã ter sido a de 1º de janeiro. E ainda dizem que a Igreja é imóvel ou, pelo menos, tradicionalista, e tudo que é novo é mau, desde que não esteja no interesse das Forças Armadas... O fato é que até o povo há muito se esqueceu da festa de Reis, e só na Bahia é que os ternos com préstitos semicarnavalescos (como ainda os vimos há quatro anos) continuam a aparecer. Cá por estas plagas nada, nem na Igreja, nem fora dela. É uma velha querela minha com Mamãe e, ainda ontem, eu lhe lembrava que a missa (tradicional...) do dia 1 é "duplex de segunda classe" e, a de hoje, "duplex de primeira"... Mas isso mesmo não terá sido mudado pela Reforma Litúrgica...[68] Não estou defendendo o passado. Para isso bastam os integristas. Estou apenas lembrando, contra estes, que é a própria Igreja oficial que também muda... E o povo é que, por algum tempo, ainda se mantém fiel aos seus costumes tradicionais.

Pelo interior, e provavelmente no Nordeste mais ainda, ainda encontramos pelas estradas ternos com chapéus coloridos cantando os Reis. Na fazenda de São Lourenço, me lembro de

62_ Efemérides da liturgia da Igreja Católica.

63_ Significa: Manifestação. Festa cristã que celebra o encontro dos reis magos com o menino Jesus, no qual reconhecem a manifestação de Deus como homem entre homens e mulheres.

64_ Referência à reforma protestante operada, no século XVI, por Martinho Lutero (1483-1546), e que resultou na perda da hegemonia da Igreja Católica na Europa.

65_ Expressão francesa: De estarem juntos.

66_ Dom Prosper Guéranger (1805-1875), abade da comunidade beneditina de Solesmes, na França, sistematizou o Ano Litúrgico da Igreja Católica.

67_ Os franciscanos celebraram a festa dos Reis ou da Epifania na véspera da data estabelecida pela liturgia, 6 de janeiro.

68_ O Concílio Vaticano II (1962-1965) implementou uma reforma litúrgica na Igreja Católica, estabelecendo, por exemplo, que a missa fosse celebrada em língua vernácula com o sacerdote de frente para os fiéis.

um dia 6 de janeiro em que o Malvino, ou um molecote de sua corte, veio fazer piruetas na sala grande com um boné vermelho, e mais não sei quê de roupagem colorida![69] Tudo já esfumado, como tantas outras coisas, nas brumas dos dias idos e vividos.

Cada vez mais começo, realmente, a me sentir gradativamente só, vendo os cadáveres que ficaram pouco a pouco pelo caminho, o último dos quais esse Merton[70] – cuja ausência do mundo, num retiro de Gethsemani, está se tornando, cada dia mais, para mim, um vácuo sério. Ainda não consegui escrever mais longamente sobre ele... Ontem, pela primeira vez, no remate da série Gandhi, toquei na ferida. Sangrou logo. Estava habituado a sentir, à distância, que havia alguém no eremitério de Kentucky que representava exatamente o meu pensamento em face do mundo moderno.[71] Ou, pelo menos, eu assim o sentia. E não me decepcionei nunca, como aconteceu com Maritain.[72] [...]

Mas o vazio que Merton abriu – embora muito poucos no mundo o sintam, pois nunca chegou, nem de longe, a exercer a influência imensa de Maritain – que realmente foi um revolucionário e, por isso mesmo, recebeu em cheio a alma e o assentimento total de nossa geração – é único. Merton já chegou na sua esteira. Depois, pouco a pouco foi se libertando da couraça tomista que Maritain e Gilson[73] vestiram e procuraram vestir toda a sua audácia renovadora dos tempos da guerra da Espanha (1936) que foi, realmente, o "*point of no return*"...[74] Merton foi um dos chamados. Mais tarde – e por isso é que tanto o senti unido intimamente ao meu próprio périplo interior – foi se libertando da couraça e tornando-se um homem realmente livre.

De modo que, hoje, ao partir, me deixa totalmente desamparado como apoio intelectual e espiritual de fora. E deixado às minhas próprias forças ou, antes, fraquezas. Não tenho hoje mais nenhum mestre... Só o Mestre. O Único... Ninguém. Tenho de me virar, como se diz. Merton foi o último. Não vejo ninguém no horizonte, nem longe nem perto. Maritain está vivo. Mas é como se já não o estivesse, e dos seus fiéis e incondicionais seguidores até hoje, você sabe o que penso deles... Mumificaram-se. Foi-se João XXIII, no alto da colina, aguentando a gente cá em baixo. Foi-se agora o ermitão que, do fundo de sua solidão, via melhor do que todos. Agora, ninguém no horizonte. O oceano azul e deserto, como se via do tombadilho nos tempos em que viajar à Europa ou aos Estados Unidos não era apenas um transporte cego, mas

69_ Referência à dança popular, de origem portuguesa, com elementos da tradição africana, conhecida como reisado.
70_ Thomas Merton (1915-1968), monge trapista norte-americano, conhecido por seus livros de espiritualidade.
71_ O mosteiro trapista de Gethsemani fica em Kentucky, nos EUA.
72_ Jacques Maritain (1882-1973), filósofo católico francês, de orientação tomista, influiu no pensamento católico brasileiro, sobretudo nas décadas de 1940 a 1960.
73_ Étienne Gilson (1884-1978), filófoso tomista francês.
74_ Expressão inglesa: Ponto sem retorno.

umas férias para meditação e criação. Que saudades dos Andes, dos Uruguais, das Argentinas, dos Joios Casares, dos Augustus, das últimas férias oceânicas bem vividas. Hoje é apenas uma noite enlatada para, já no dia seguinte, amanhecer ou anoitecer do outro lado, no Velho Mundo, com todos os seus problemas, ainda mais dinâmicos que os nossos, atingidos com 18 horas a mais (...).

P.

PS – Estou terminando o segundo dos dois capítulos (VI e VII) que escrevi, agora de manhã, para a série Gandhi. E ao começar o oitavo preciso saber, exatamente, os termos da sentença que lemos há dias, juntos aí, com que comecei tempos atrás um artigo sobre o Merton. Quero citar na íntegra, mas só a sentença inicial em que o coloco como a figura que considero máxima no pensamento católico contemporâneo como conjunto de qualidades. Não se trata ainda do que eu quisera escrever sobre ele. No momento, ainda me encontro meio incapaz, meio "*groggy*", como dizem os boxeadores, com o impacto de sua morte. É apenas para dizer já o que penso da perda imensa que sofremos (sem querer matar nenhum dos vivos que continuam a empestar o mundo com sua presença...) e para encerrar essa série Gandhi com citações do próprio prefácio que Merton escreveu em 1964 sobre uma antologia dos seus pensamentos que, afinal, foi ver de perto na própria Índia, onde afinal veio, pela graça de Deus, realizar uma de suas grandes aspirações, que era conhecer de perto o monaquismo hindu.

Rio, 10 de janeiro de 1969

(...)

Na ata de ontem, na Academia, o meu protesto da outra sessão ficou reduzido assim: "AAL[75] manifestou sua tristeza (sic) pela falta de liberdade de pensamento, sem a qual não há verdadeira cultura". Nada mais. Nem mesmo o apoio do Aurélio,[76] que ontem veio dizer-me como estranhou que só dois me apoiassem explicitamente, embora todos aplaudissem. O do Levi foi mencionado. O A de A[77] não quer histórias com a milicagem.

Ainda hoje leio nos jornais um telegrama do Vicente Rao,[78]

75_ Alceu Amoroso Lima.
76_ Aurélio Buarque de Holanda Ferreira (1910-1989), crítico literário e dicionarista, membro da Academia Brasileira de Letras.
77_ Belarmino Maria Austregésilo Augusto de Athayde (1898--1993), jornalista, eleito para a Academia Brasileira de Letras em 1951, e seu presidente de 1959 até a sua morte. Alceu também se referia a ele como "xará".
78_ Vicente Rao (1892-1978), jurista e político.

ex-companheiro de escritório do José Frederico Marques,[79] com um sobrinho afundado num negócio de alta marmelada com milhões de prejuízos a muita gente, como acho que em tempo te contei, e precisando, portanto, estar bem com os milicos – que é dar engulho a um estômago de avestruz! Assim como é no jogo e à mesa, dizem, que se conhece a educação das pessoas, é durante os períodos de ilegalidade e tirania que se conhece o caráter das pessoas.

Por falar nisso, a Guiomar Muniz Sodré, dona do *Correio da Manhã*, está presa! Dizem que a edição de terça-feira continha os nomes de todos os que estão presos e outras notícias e, por isso, foi apreendida...

O *J do B* de hoje responde, num artigo violento da redação, aos artigos venenosos que a serpente das Laranjeiras[80] tem escrito contra os judeus ou, antes, contra os Bloch da *Manchete*[81] e o Dines[82] do *J do B*, a propósito de um artigo publicado no Natal de 1967 (sic)! Levou um ano concentrando a peçonha! O artigo que inspirou o ódio da serpente foi escrito por um homem cristão, sábio e santo, o Albert Schweitzer,[83] prêmio Nobel da Paz, e que passou os dez últimos anos de sua vida servindo, como médico, aos leprosos na África. Pois a serpente foi desencavar este artigo para desabafar o seu ódio contra essa gente da *Manchete*. Não tenho por eles, gente e revista, nenhuma especial simpatia, e acho um magazine tão pernicioso como todos eles: *Match*, *Life*, *Fortune*, *Time*, *Spiegel* etc. etc., explorando o sexo, misturado com a Igreja e com a cultura. Mas quando se procura fazer alguma coisa que possa ser bem feita, esteticamente, como a *Manchete* e *Realidade*[84] ou *Cruzeiro*[85] (esta cada vez pior, mas moralmente menos indecente), o cardeal é o primeiro a liquidar com a empresa, como aconteceu com o Painel Brasileiro.

(...)

P.

Rio, 11 de janeiro de 1969

(...)

A Clarice[86] me telefonou agora, sempre confusa: "Qual a família que mora aí nesse número que tenho aqui anotado, mas não sei bem de quem é?"... Como reconheci logo o sotaque, respondi:

79_ José Frederico Marques (1912-1993), advogado, professor e autor de livros de Direito.
80_Referência a Gustavo Corção, que residia no bairro das Laranjeiras, no Rio de Janeiro.
81_ Revista *Manchete* foi publicada, no Rio de Janeiro, de 1952 a 2000, pela editora Bloch. Era semanal e de circulação nacional.
82_ Alberto Dines (1932-), escritor e jornalista.
83_ Albert Schweitzer (1875-1965), teólogo, filósofo, médico, organista. Fundou, no Gabão, um hospital para leprosos. Foi-lhe atribuido o prêmio Nobel da Paz em 1952.
84_ Revista *Realidade*, publicação mensal da editora Abril, circulou de 1966 a 1976.
85_ Revista *Cruzeiro*, de circulação nacional, era semanal. Foi editada de 1928 a 1975.
86_ Refere-se a Clarice Lispector.

"É você, Clarice?" e ela riu. "Você não pode se ocultar com esse sotaque." "Gostei muito de sua entrevista." "Tanto melhor."

Deve sair na próxima *Manchete*, se não acontecer como tantas outras vezes que pedem urgência urgentíssima e, depois, deixam o negócio cozinhar em água fria.

Passei duas horas, de tarde, na Biblioteca,[87] lendo o livro de Constâncio Alves sobre Santo Antônio, para o artigo que o Lêdo Ivo[88] me pediu também para a *Manchete*. Parece de propósito... Mas o que quero é apenas uma biografia com dados e não comentários sofisticados como esses do velho Constâncio Alves. Mas o chato da Biblioteca é que a gente tem de devolver o livro e como eu também tinha hora marcada para encontrar-me com o Luiz, às 5h30, no estacionamento do Ministério, nem mesmo pude terminar o Constâncio e pegar no outro livro, sem pretensões literárias, de um religioso holandês da Bahia, mas com abundantes dados, pelo que vi, tanto da vida real do santo de minha devoção – e a maior do povo brasileiro e português[89] – cuja cabeça (?) vislumbramos, em 50, no convento de Coimbra. Aliás, tanto nessa visita ao seu convento coimbrão, como a que Mamãe e eu fizemos a Pádua, em 1962, pouco ou mesmo nada de interessante encontrei sobre o nosso santo, que só ontem vim a saber que era gordo (o mesmo com Santo Tomás de Aquino), pois você bem sabe que um dos meus ideais, já agora inatingíveis, seria voltar ao tempo de magro, que já fui e desbarrigado... Anteontem mesmo, na Academia, o Silva Mello,[90] mais uma vez, olhando de par a minha barriga, me censurou. "Está gordo demais". E eu, mais uma vez, repeti a frase de sempre: "Continuo com o peso da minha saúde, até que...". Ele sorriu e deve ter pensado: "Até que... já seja tarde...".

Mas, afinal, 75 nunca é tarde daqui por diante... Mas que tenho saudades dos tempos de esbelteza, do retrato jogando tênis (lembra?) ou quando Cipriano[91] me disse: "Vi você no canto da rua do Ouvidor com a avenida, e estava esbelto, diga à Maria Thereza...". Ou quando Temístocles,[92] no parque da Gávea, quando Henriquinho prefeito[93] – logo, foi em 1938, pois logo depois esfriei com ele – nos convidou para visitar o parque, ex-propriedade de Guilherme Guinle – Temístocles, de passsagem, voltando da Finlândia, creio eu, e com um dos "três amiguinhos de Petrópolis", dos tempos de solteiro (1916/1917), disse: "Como vocês – e apontou para o meu desbarrigamento – souberam

87_ Biblioteca Nacional, no Rio de Janeiro.
88_ Lêdo Ivo (1924-2012), escritor e jornalista.
89_ Refere-se a Santo Antônio.
90_ Antônio da Silva Mello (1886-1973), médico e escritor.
91_ Cipriano Amoroso Costa, primo do autor.
92_ Temístocles da Graça Aranha, filho do escritor Graça Aranha, foi amigo de infância do autor.
93_ Henrique Dodsworth (1895-1975), amigo de mocidade, ex-prefeito do Rio de Janeiro (1937-1945). Citado também como H.

conservar a linha...", *helás*, há quanto tempo já a quebrei, mas essa vaidade ou, antes, essa saudade da antiga vaidade continua: tenho mágoa de ser gordo... E, por isso, quando penso que Santo Antônio era gorducho e pesadão, fico consolado.

Como você vê, toda essa conversalhada é apenas para ter um pretexto de adiar o trabalho para a Delta.[94] Espero que você tenha recebido o "indicações políticas" que te mandei ontem pelo malote. Relendo o tal artigo de 30, vi que não convém publicá-lo na íntegra. Só o trecho que marquei, não acha? Hoje não escreveria aquele artigo, embora concordando com o essencial, a condenação do processo violento que está no trecho grifado, que você fará o favor, então, de copiar. Mas o estilo do resto é, exatamente, o estilo integrista! Como mudei desde 1930! Eu escrevi, então, sob o impacto da morte do Jackson[95] e com medo de ser infiel à sua memória. Tipicamente cristão-novo. Fórmulas estereotipadas. Tudo convencional e artificial. Não era eu que escrevia. Era o convertido que se substituía, naquele momento, ao meu eu. Quando comecei a voltar a mim depois dessa síncope.

(Como você vê, peguei já um novo pretexto para não começar a trabalhar...)

O tema autobiográfico não é novo entre nós, mas sempre no presente, quando deixei de ficar preso à memória do Jackson e a procurar comportar-me como devia comportar-se um convertido... Sinto, hoje, vendo as coisas de longe, que essa conversão foi como que um mergulho que, na hora e por alguns anos, ficou na superfície, na procura do que devia ser, e só pouco a pouco é que fui voltando a ser eu mesmo, como tinha sido até... 1925, digamos, antes das cartas-diálogo com o Jackson. Morre este inopinadamente. Senti-me duplamente forçado a me conformar a um novo modo de ser, que não era o meu, mas o do homem novo. Quando muito conservei, graças a Deus, o nome de Tristão, que por um momento tive vontade de deixar também. Por quanto tempo? Não saberia precisar a época da volta a mim mesmo sem voltar ao homem velho, isto é, a um mim mesmo com Deus, e não com a pura disponibilidade. Seria preciso reexaminar os escritos desses anos para ver quando essa casca da ferida (a conversão foi uma ferida...) caiu e a pele nova voltou. Penso que a leitura de Maritain, do Maritain do *Humanismo Integral*, e o contato com Bernanos,[96] por mais esporádico que fosse, concorreram muito para me libertar do convencionalismo católico que, em 1936,

94_ Editora Delta, fundada em 1930.
95_ Jackson de Figueiredo (1891--1928), intelectual e escritor católico, fundador do Centro Dom Vital. Foi quem reconciliou o autor com a fé cristã.
96_ Georges Bernanos (1888-1948), escritor francês, católico, residiu no Brasil entre 1938 e 1945.

quando publiquei essas *Indicações Políticas*, e mormente em 1930, quando escrevi o tal artigo, tinham abafado em mim o meu eu... Eu escrevia, então, em estilo integrista, como hoje escreve o Plínio,[97] por exemplo. E por isso é que eles têm razão em dizer que eu mudei (o cardeal Câmara[98] me dizia que eu traí). Como eu tenho o direito de dizer que voltei a ser eu mesmo, depois de uma temporada de artifícios sinceros para corresponder a um modelo e a uma disciplina eclesiástica ou doutrinária, que eu julgava ter de assumir, como católico, "católico novo". Teria sido a leitura do tal artigo do Congar?[99] De qualquer modo, acho que 1940 ou a década que começou por aí é que marca o início de uma volta a mim mesmo, depois de uma síncope que o homem novo julgou impor como modelo ao homem velho. Pouco a pouco, este foi retomando o fôlego e permitindo, então, que o homem novo se fundisse com ele, homem velho, até que o Alceu-Tristão voltasse ao natural. Essa volta ao natural, que se operou, portanto, nesses últimos 25 anos, digamos assim, não representa uma superação no sentido de perfeição moral, mas uma autenticidade maior, sem dúvida, mesmo à custa, quem sabe, de alguns arranhões na ortodoxia e de muitas vacilações e perplexidades – típicas do Alceu-natural ou do Tristão, que nunca deixou de ser Alceu – e que tinham sido marginalizados pelo Alceu-católico ou (aconteceu um pequeno desastre tintorial que mobilizou Mamãe, que me trouxe à cadeira para terminar este discurso).

Teria ainda de falar na recaída (?) com o Corção, que não chegou a representar a mesma imposição-religiosa do Jackson-morto, mas foi também um período de contenção, para evitar a dissensão, que acabou vindo, como não podia deixar de vir!

P

Rio, 17 de janeiro de 1969

(...)

Hoje não saiu meu artigo! Logo mais é que vou saber por quê. O Carlos não saberá de nada, pois provavelmente não terá ideia de telefonar para *o J do B* para saber o porquê. Os dois "bilhetes" (o 7º saiu ontem) foram já capinados pelo Carlos e pela encarregada da redação. De modo que não se explica a supressão

97_ Plínio Corrêa de Oliveira (1908-1995), fundador da Organização Tradição, Família e Propriedade (TFP).
98_ Referência a Dom Jaime de Barros Câmara.
99_ Yves Congar (1904-1995), teólogo dominicano francês.

de hoje, a menos que tenham vindo novas ordens da censura. Não antecipemos: mas com essa gente no poder tudo é possível.

Hoje saíram novas cassações e aposentadorias, inclusive de quatro ministros do Supremo que já estavam condenados, um dos quais é nosso companheiro de Academia – o Hermes Lima, que, ontem, durante a sessão, deixou entender que já contava com essa aposentadoria. Terá chegado, agora, o momento de impedirem que qualquer "contestador" da "Revolução" escreva nos jornais?

Fico curioso por saber se aí saíram os "bilhetes" de ontem e de hoje. A propósito desse título, uma engraçada. Não sei se você sabe que, no tempo do Jânio, este tornou famosos, e até jocosos, seus "bilhetes" que, como presidente da República, endereçava a ministros e funcionários. Pois bem, numa roda – contou-me ontem o presidente do Pen Club –, louvavam (...) meus "bilhetes" e, a certa altura, uma senhora presente entrou com sua colher de pau: "e, no entanto, quando o pobre do Jânio mandava os seus bilhetes, falavam mal dele". Se a senhora tivesse espírito, podia-se dizer que era *Un mot d'esprit*.[100] Mas ela era justamente desprovida dele... "Foi um custo convencê-la da diferença," disse-me o Almir Madeira, que quer publicar a série Gandhi no folheto do Pen Club.

(...)

P.

Rio, 21 de janeiro de 1969

(...)

Seu trabalho de catalogação e distribuição por temas gerais, como projetamos, está perfeito, e espero venha a ser aproveitado antes do... centenário do pobre Tristão, hoje com muita honra para mim... – colocado na lista negra por nossos novos donos.

Hoje, dois atos de renúncia a mais no Poder Judiciário: depois da demissão do presidente do Supremo, ministro Gonçalves de Oliveira, demitiu-se também o ministro Lafayette de Andrade, seu substituto legal. E espero que o Luiz Galoti, substituto do substituto, faça o mesmo... Também se demitiu, do Tribunal Superior Eleitoral, o advogado Cláudio Lacombe (deve ser parente, pela mulher, do Laudo,[101] que é também ministro desse Tribunal Eleitoral, que é, hoje, um escárnio, pois as eleições são, hoje, consideradas tão subversivas como a liberdade), que fora, há pouco, escolhido entre os advogados, de novo, (como o Laudo, há

100_ Expressão francesa: Um jogo de palavras.
101_ Referência a Laudo Ferreira de Camargo (1881-1963), advogado, magistrado e político.

anos) para integrar esse Tribunal Eleitoral.

São gestos que não chegam a ter a trágica dramaticidade do holocausto (prefiro chamar assim, e não suicídio) do jovem tcheco que abalou o mundo,[102] capaz de se comover com gestos como esse, ontem imitado por outro jovem estudante tcheco e um húngaro. Esses três gestos – até hoje só praticados por budistas ou, então, por um norte-americano anos atrás - representam a prova mais dramática de que os valores espirituais continuam vivos, vivíssimos, e todos três nos vêm da Europa... Por falar na Europa, tive ontem de substituir o trecho final de um dos dois artigos que eu escrevera aí em Campinas, logo depois da nossa volta, para encerrar a série dos "bilhetes". Um dos bilhetes teve de ser cortado de todo, porque eu previa, como se já tivesse visto por antecedência: o que seria um novo golpe, como foi o de 13 de dezembro, e agora nenhum jornal publicaria. E, dos dois artigos, o final do segundo teve de ser refeito para que os próprios revisores do *J do B* não o pusessem de lado! Até agora não sei se a *Manchete* vai ou não decidir-se a publicar minha entrevista com a Clarice, que trata só de religião e literatura, o que me faz crer que não é o tema, mas, antes, que a revista não quer publicar, embora me tenha dito a Clarice que foi a diretoria da revista, ela mesma, que pediu a ela para me entrevistar. Mas, possivelmente, terá sido antes do terremoto de 13 de dezembro. A Clarice vive no mundo da lua!

(...)

Agora um pouco de trabalho no "verbete". Por meu gosto, em vez disso, escreveria uma croniqueta, que surpreenderia a você: gostei muito do discurso do Nixon![103] E sou bem insuspeito para falar dele... Se não forem apenas palavras que o vento leva. Pois as palavras que o vento não leva, essas são mais fortes que o bronze, como os atos, que nos seguem.

Ciao

P.

Rio, 22 de janeiro de 1969

(...)

Agora, o lado claro do dia de ontem que, aliás, é o que motiva esta carta de entrega rápida que ia mandar ontem (vou rasgar a que não mandei ou, pelo menos, inutilizá-la só para seu conhe-

102_ Jan Palach (1948-1969), estudante tcheco que se autoimolou, em Praga, em protesto contra a ocupação soviética.

103_ Richard Milhous Nixon (1913-1994) presidiu os EUA entre 1969 e 1974.

cimento e, por isso, vai junto) e fica substituída por esta.

Fui ao José Olympio e, para surpresa minha, aceitou as duas coisas: dobrar o volume das *Vidas bem vividas* (não gosto do título, por isso já estou pensando em outros, como, por exemplo, *Do balcão da saudade*) e a antologia da crítica, sob o título: *Cinquenta anos de crítica*, proposto por ele.

Só me pediu a máxima urgência na entrega dos originais. Como concordo cem por cento com os planos que você mandou (e deixei, por cópia xerox, nas mãos dos Olympio) acho melhor que seja você a arquivar tudo aí. Seu Carlos já deu uma batida e continua, hoje, no nosso arquivo. Anotou a lápis, na lista sua que vai junto, o que não tem. Diz ele que foi saindo aos poucos, para inclusão em livros anteriores, mas tenho cá minhas dúvidas... O essencial é que não encontrou nenhum desses que vão anotados a lápis, e você terá de completar com o seu arquivo, *helás*, mas não há outro remédio, pois não haveria tempo material de mandar copiar no *J do B*, mesmo que eles fornecessem os jornais antigos. Aos poucos veremos como repor o seu artigo.

Você então mandaria de volta pelo malote e, quanto antes, os dois volumes: o da *Crítica* e o dos 44 restantes, para completar. Quanto ao da *Crítica*, eu vou na... (vou aposentar definitivamente a douradinha, pois o material para consertá-la só chegará aqui, dos Estados Unidos (incrível!), em julho, se vier! É um pretexto para se comprar uma nova).

Quanto ao volume da *Crítica*, vou mudar um pouco a ordem cronológica de sua relação por uma combinação com outra classificação: a doutrinária (1ª parte) e a aplicada (2ª parte).

Creio que haverá uns dez capítulos, ou mesmo mais, de crítica doutrinária, que ficariam constituindo a 1ª parte e, os outros, por ordem cronológica, dentro de cada uma das duas partes, serão de crítica aplicada. Será que está claro?

O Carlos está terminando a pesquisa e, talvez, eu deixe para amanhã a remessa desta, para mandar logo uma informação completa, pois ontem só me deu informações sobre a primeira lista sua. Não verifiquei nessa lista o que correspondia a um ou outro volume dos <u>dois</u> que o José Olympio vai fazer.

(Veja você que diferença entre a J.O. e a Agir. Nesta, fui eu que informei sobre o cinquentenário e perguntei, timidamente, como por obrigação... se fariam um volume. Aceitaram, sabe lá com que constrangimento, e por vergonha de dizer não).

Quanto ao J.O., me disse logo: "Não é favor. É honra para a casa". E me mostrava então esse "colofon" (é um termo técnico) dos livros por eles lançados este ano, e de que te mando a folha correspondente à 9ª edição do *Doidinho* do José Lins do Rego![104]

Que diferença!

A única coisa que o José Olympio me pediu é que não saísse nada de política. Como se trata de coisas antigas, e tudo na linha da saudade pessoal e da literatura, espero que nada precise cortar. Em todo caso, passarei a vista logo que você mandar os embrulhos pelo malote. Por este também mandarei hoje, para aí, todo o material que o Carlos recolheu.

Poderia ficar com este aqui, esperando que você mandasse o daí; tanto mais quanto terei de mudar, para o livro da *Crítica*, a ordem dos fatores. Mas acho melhor que você veja tudo aí. Só você é que tem ordem na cabeça para pôr ordem nesses volumes!

Sem você nenhum deles sairia! Deus é que sabe.

Vou deixar em branco este resto de página, para alguma informação que o Carlos me dê logo mais, antes de mandarmos esta. O "entrega rápida" fecha às cinco.

P.

PS – Vai também a lista do vol. II (*Crítica*). O que está marcado a lápis é o que o Carlos não encontra. Mas os do *D. de N.*,[105] Maria Helena tem para repor. Vai tudo hoje mesmo pelo malote, com a nota de entrega urgente. Talvez chegue até antes desta.

Rio, 23 de janeiro de 1969

Espero que, a estas horas, 10 e 15 da manhã, você já esteja de posse da minha "entrega rápida", como espero que, logo mais à tarde, lhe tenha sido entregue, pela agência da Tema-Terra, o pacote com os recortes que o Carlos pôde arranjar. Veja agora se com esse material você pode arrumar os 3 volumes: o *Adeus à disponibilidade*, da Agir, para ser completado aqui pelas cópias que o Carlos fez; o livro dos fragmentos críticos, do José Olympio; e a outra metade (de 63 a 68) do exemplar *Vidas bem vividas*, que eles querem mudar de título, e estou preparando uma

104_ Romancista (1901-1957), autor, entre outras obras, de *Menino do engenho.*
105_ Refere-se ao jornal *Diário de Notícias.*

série de novas sugestões assim: *Do balcão da saudade*; *Saudade*; *O passado que não passa*; *O fim da picada*; *Aos que partiram antes*; *Despedidas*; *Mortos não*; *Morte, limiar da vida*; *Companheiros de viagem*; *Foi assim que os vi*; *Na esteira dos que partiram*; *Os que se foram*; *Para mim não morreram*; *No limiar da eternidade* (que penso ter sido o título que sugeri de início, quando o volume esteve entregue às mãos frias do Fromm...).[106]

Não será por falta de títulos que esses "mortos" não sobreviverão nas páginas do volume que a generosidade do José Olympio vai, talvez, permitir que figure na lista do cinquentenário. Mando junto o "colofon" a que me referi na carta de ontem.

Espero agora que você devolva o material para completarmos aqui. Vamos ver se neste fim de semana consigo rabiscar os dois prefácios ou mesmo três, já que o da Agir, apesar de tudo, talvez comporte algumas palavras, a não ser que o Fromm (ou o Cândido)[107] queira pessoalmente escrevê-las. Se fizerem questão cederei o lugar...

Como te disse, mudarei um pouco a ordem do volume de crítica, caso os "doutrinários" deem para uma parte à parte. Estou pensando em pedir ao Carlos que copie o prefácio do Affonso Arinos,[108] embora já republicado no volume do Aguilar, pois, afinal, é lá que aparece, pela primeira vez, o termo "crítica expressionista", que foi possivelmente a nota de reação contra o "impressionismo crítico" dos <u>amadores</u> que fizeram crítica no Brasil, depois da morte dos "big three"[109] do século XIX.

Ainda continuo bastante inibido de escrever alguma coisa. Depois de 13 de dezembro ainda não consegui escrever nada de novo. O que vem saindo são os "bilhetes" antigos. Minto: escrevi o Gandhi, é verdade, e isso me anima a pensar que os assaltantes não secaram de todo esta minha fonte, já tão diminuída como a nossa <u>mina</u> da Moselinha, que dava uma polegada de água corrente, dia e noite, quando para lá fomos em 1948 e, agora, diz Arminda, é preciso, às vezes, um dia inteiro para encher uma garrafa, e isso quando chove e a mina não seca de todo... A minha mina interior está direitinho, nas mesmas condições. A trovoada de 13 de dezembro, se não a secou de todo, reduziu tanto o olho d'água que não me espanta que seque de vez de um momento para outro.

(...)

P.

106_ Gerente da Livraria Agir, no Rio de Janeiro.

107_ Cândido de Paula Machado (1918 - 2000), empresário, dono da Agir.

108_ Affonso Arinos de Mello Franco (1905-1990), político e escritor, autor da Lei Affonso Arinos contra a discriminação racial.

109_ A expressão refere-se à trindade formada pelos críticos Sílvio Romero (1851-1914), José Veríssimo (1857-1916) e Araripe Júnior (1848-1911).

Rio, 24 de janeiro de 1969

Hoje me antecipei a esta – que, diariamente, é a primeira – com outra carta que, dadas as circunstâncias, é mais urgente.

Esteve ontem aqui a mulher do Hermano Alves,[110] que está refugiado na embaixada do México, à espera que lhe deem salvo-conduto para sair do Brasil. É provável que o consiga, mas terá logo de enfrentar o grave problema de subsistência no estrangeiro! Problema trágico, mesmo que a família (mulher e quatro filhos) esteja na residência do pai dela, alto funcionário aposentado do Banco do Brasil, Pimenta Veloso, que há muitos anos, nos tempos da Praça 15, conheci como autor de um folheto sobre coisas sociais. A senhora deve procurar-me hoje e, na carta, ele me pede conselhos. É um rapaz de altas qualidades intelectuais e morais e, por isso mesmo, temido, especialmente pelos militares, pois sempre denunciou o militarismo.

Fazendo o balanço das relações que tenho no estrangeiro e que poderia ser de alguma valia para que ele possa trabalhar para ganhar a vida e mandar ir a família, pois tão cedo não poderá voltar – no Chile, há muitos que lá estão há cinco anos, e o Frei[111] declarou ao embaixador aqui que não pode aceitar mais nenhum refugiado na embaixada, pois já está com problema com o governo brasileiro, e mesmo lá a penúria é grande. Li notícias trágicas que assolam o país há dois anos, como jamais ocorreu.

O único lugar onde creio poder ajudar o Hermano no estrangeiro é a Venezuela, com o Rafael Caldera na Presidência e... a Josefina[112] como traço de união... A Josefina escreveu-me de lá, por intermédio do Carlos, pois imaginou que as cartas anteriores, de Paris ou de Buenos Aires, não tivessem chegado. Chegaram. O que não chegou foi a paciência de responder. Agora, paradoxalmente, se o Hermano aceitar a hipótese de Caracas, poderá ser ela, mais uma vez, que nos ajudará!

A solução venezuelana é, no momento, a que me parece mais razoável e eficaz. Vamos ver como param as modas. A não ser que eu tenha também de recorrer ao Caldera para mim mesmo... Aliás, para cúmulo da desfaçatez, o ministro da Justiça declara hoje, com todas as letras, que: "Não há censura no Brasil" (sic). Há apenas a "consciência maior" dos jornais. É preciso que o cinismo e a covardia tenham chegado a um grau máximo para que seja possível proclamar isto oficialmente.

110_ Hermano de Deus Nobre Alves (1928-2010), jornalista, deputado federal entre 1967 e 1968, foi um dos fundadores do jornal *Tribuna da Imprensa*.
111_ Eduardo Frei (1911-1982), presidente do Chile no período 1964-1970.
112_ Josefina Molina y Anchorena, argentina, amiga da família do autor.

Quando um jornal, o *Correio da Manhã*, caiu na asneira de acreditar numa afirmativa dessas, feita por um general, aconteceu que, há mais de 30 dias ou quase, os dois diretores, inclusive a Niomar,[113] viúva do Paulo Bittencourt,[114] estão presos! E ainda ontem o Barbosa Lima Sobrinho me dizia, na Academia, que um artigo seu, que se ocupava de "coisas religiosas", não sa u no *Jornal do Brasil*. Provavelmente se ocupava do caso dos padres franceses, e este é um dos temas tabus, embora se saiba que "não existe censura no Brasil". E na sexta-feira passada o meu não saiu porque dizia que "quanto mais envelheço, mais amo a liberdade"...

Mas é gente dessa espécie que está nos governando até quando Deus quiser. E o José Olympio me dizia, como aliás eu também penso, que ninguém sabe até quando. O J.O. acha que por muito tempo, e gostou de ouvir de mim aquela frase do San Tiago Dantas, no dia 31 de março de 1964: "Teremos 20 anos de fascismo". Já estamos com quase cinco. Faltam 15, o tempo do Estado Novo do Getúlio. Se você nessa época, isto é, em 1984 (título do livro famoso de George Orwell, que proclamava este ano como data do domínio universal do totalitarismo, com tudo nas mãos do Estado, até a linguagem), reler estas páginas, diga-me lá para cima se fui pessimista, contra meus hábitos. Oxalá que erre!

Ontem conversei no CDV[115] com um austríaco, que me disse – e é verdade, e eu já não lembrava – ter estado aqui há quatro anos, e eu lhe ofereci o meu livro sobre economia. É um aristocrata austríaco, cuja mulher é parente dos nossos Orléans. Diz-se <u>eclético</u> e antidemocrata. Esteve em São Paulo com o pessoal da "tradição e cia"[116] e ficou assombrado com o luxo e o aparelhamento eletrônico (sic) das 30 ou 40 salas que eles têm em SP. Visitou três, levado por um <u>aristo-austríaco-brasileiro</u> do grupo do Plinio.[117]

Pois é dessa corja monárquica, junto à dos ricos fazendeiros latifundiários e seus rebentos de gravata, que se alimentam as hostes dessa gente do <u>direitismo</u> triunfante, hoje apoiada – e sempre – nas metralhadoras e nos tanques!

Contou-me que na Argentina é a mesma coisa. Não me disse, como você imagina, censurando, pois pertence a essa camada dos resquícios das velhas aristocracias – que têm uma coisa ótima, um amor pela liberdade e uma grande <u>classe</u> no modo de tratar – que estão, hoje, engrossando as fileiras dos direitistas militares, que de fato são os donos da situação. Na Argentina, o general Ongania, o ditador de lá, "<u>tem um pequeno gabinete</u>

113_ Niomar Moniz Sodré Bittencourt (1916-2003), após a morte do marido tornou-se proprietária e diretora do *Correio da Manhã*.
114_ Paulo Bittencourt (1895-1963) fundador, jornalista e proprietário do *Correio da Manhã*.
115_ Centro Dom Vital.
116_ Referência ao movimento católico ultramontano Tradição, Família e Propriedade (TFP).
117_ Plinio Corrêa de Oliveira (1908-1995), fundador e mentor da TFP.

composto de 12 ou 15 jovens de 27 a 37 anos, todos católicos praticantes" (sic). Como a Igreja se afunda!

Mas o tal austríaco me disse também: há quatro anos o que vi na América Latina, especialmente espanhola, foi ainda a marca da maçonaria, Bolívar etc. Esses católicos aristocráticos têm todos a mania da maçonaria, como eu via no Plínio Correa de Oliveira um verdadeiro obcecado. Hoje, continua ele, o que vi, em toda a A.L. (e esta observação é muito interessante) "foi o choque entre católicos da direita e da esquerda".

Esta observação de um estrangeiro é muito importante.

Perguntou-me, naturalmente, o que eu penso do Corção... E acrescentou "ele também não é a favor da tradição e cia"... Com certeza foi o que acho que encontrou em São Paulo nesses meios "tradicionalistas" dos Paganos e cia! O que corre é o dinheiro! Na Argentina também lhe disseram – ao tal austríaco – que a situação econômica é ótima! E em São Paulo os grandes industriais lhe disseram que era preciso que o nosso governo desse liberdade... econômica! Econômica, já se vê.

Em tudo isso o que se vê é o mais cínico materialismo reacionário e capitalista. Só pensam em termos de Riqueza! A liberdade que lhes importa é apenas a dos Bons Negócios. E ainda criticam o marxismo por desdenhar dos "valores espirituais"!!!

Fico tão enojado de tanta desfaçatez e tão revoltado de não poder falar ou, pelo menos, escrever a respeito. Pois falar falo, e até demais!

Vivemos em plena hipocrisia, esmagando o "esquerdismo" em nome da "civilização ocidental cristã", por desconhecer os valores morais, e só pensando em termos de bons negócios, de valorização da moeda, de orçamentos equilibrados, de livre empresa, de importação de capitais, embora em nome da Revolução de espírito revolucionário. E o José Olympio, que é um grande tipo, e agora mesmo o acaba de demonstrar desinteressadamente – dizem ser um homem boníssimo e está se vendo em tudo que o é – me diz: "Você não se admire se esses militares realizarem tudo aquilo que o Jango ou o Jânio quiseram fazer em matéria social". E não é impossível. Mas à custa de quê? Dos valores espirituais e das liberdades públicas que eles acusavam os outros – e os desmontavam e perseguiam – de não respeitar! Hipocrisia, nada mais.

(...)

Na Academia, o Peregrino Jr.[118] pediu que a Academia comemorasse os 50 anos do Tristão... O A de A imediatamente designou o próprio Peregrino Jr. para fazer uma conferência a respeito, no dia 17 de junho... O Levi: "Acho pouco. Devia ser uma série. Eu faria uma sobre o "jurista"... O Gilberto Amado também falou, com aquele jeitão dele, chamando-me "o maior dos brasileiros", o que não concorre para que os outros 99 "maiores dos brasileiros" o tomassem a sério, mas com a maior simpatia, embora logo voltando a homenagem para si próprio, recordando a sessão noturna na casa do velho Rodrigo Otávio,[119] onde tocou a Guiomar Novaes,[120] e onde nós dois, ele e eu, nos sentamos ao lado um do outro, com moços quase da mesma idade, e começou a nossa amizade! E acrescentando: "Ele (eu) foi quem, em 1919, viu no meu livro (*A chave de Salomão*, creio eu) o que continha de profético para o Brasil etc. e tal".

Fico encabulado. Pedi, então, ao A de A que me desse a palavra para que eu pedisse que "desistisse de qualquer manifestação". Ele, então, respondeu: "Não posso atender ao pedido de V. Excia., inclusive porque todas as homenagens que lhe são prestadas revertem em meu benefício, pela confusão de nomes..."

Em tudo isso, o que há de sincero? ...

(...)

Gostei hoje de ler o que a Rádio Vaticano disse dos jovens tchecos, dizendo que não houve suicídio. Dom Estêvão Bettencourt[121] também fez boas observações. Mas, por que não disseram o mesmo quando os monges budistas se queimaram pelo seu país? Eis o terrível "dois pesos e duas medidas" que, com razão, nos (nós, católicos) jogam em face...

P.

Rio, 25 de janeiro de 1969

Sempre que passa este dia da conversão de São Paulo, o primeiro pensamento que me ocorre é o das nossas idas a Itaipava. Tinha qualquer coisa a ver com Dom Benedito.[122] Seria seu aniversário? Cada vez mais me vem à mente essa nossa vida passada. Estou mesmo notando em mim algo de novo, que não deixa de estar ligado, por mais incrível que seja ao 13 de dezembro de 68.

118_ João Peregrino Júnior (1898-1983), médico e escritor.
119_ Rodrigo Otávio de Meneses (1866-1944), jurista e escritor.
120_ Guiomar Novaes (1894-1979) foi pianista.
121_ Dom Estêvão Bettencourt (1919-2008), monge e teólogo beneditino, da abadia do Rio de Janeiro.
122_ Dom Benedito Paulo Alves de Souza (1873-1946), bispo auxiliar da arquidiocese do Rio de Janeiro. Fazia aniversário no dia 25 de janeiro.

Nesse dia se instalou entre nós o que eu vinha temendo e predizendo: a "segunda Revolução", isto é, a revolução pra valer. Ainda não estou bem seguro de que ela o seja, dado o traço profundo do temperamento brasileiro que Jackson chamava depreciativa, ou mesmo indignadamente, de "extralimitação de todos os valores", expressão que está em Nietzsche com o nome de "transmutação de todos os valores". Essa "extralimitação" significa que... as coisas aqui não duram muito, ou que somos "desmemoriados", como eu mesmo costumo dizer. Eu, que acho essas coisas benéficas, e não maléficas, como pensam os nossos mais recentes "salvadores" militares – e o Jackson, sem dúvida, também pensava assim, com a diferença de que ele não confiava nos militares, e até combatia o militarismo, que ele ainda julgava estar sob o impacto positivista do princípio da República, mas achava que a função de corrigir essa "extralimitação" pelo autoritarismo e pela disciplina devia competir à Igreja –, e isso explica a semelhança entre a concepção eclesiástica do Jackson com a concepção maurasiana de "*église de l'ordre*",[123] que é, hoje, a dos corçonianos, integristas e "tradicionalistas latifundiários".

Dirá você: lá está Papai voando na sua cápsula para regiões lunares, senão lunáticas.

Voltemos ao fatídico 13 de dezembro e à sua ação sobre a minha própria vida. Nesse dia, começou a "segunda revolução", isto é, a Revolução farisaica, implacável, arrogante, violenta, convencida de que é realmente salvadora e que tem todos os direitos.

Fora dela não há salvação ...

Em suma, o fascismo brasileiro que Plínio Salgado lançou com o "integralismo", em 1932, agora está tomando conta do poder. E... pra ficar por tempo indeterminado, como Ongania na Argentina, que há dois anos falava em "dez anos" e, ontem, já falou em... "50 anos"! Isto é, para sempre!

Já Hitler falava em mil anos: "Moldamos a Alemanha por mil anos", disse ele certa vez. O mesmo dizem todos os fascistas, comunistas, todos os totalitários.

É o que temos no Brasil depois de 13 de dezembro, é o nosso totalitarismo indígena nas mãos das Forças Armadas. O mesmo ocorre na Argentina, no Peru, no Equador, na Nicarágua, na Guatemala, na Bolívia, especialmente nesses que sublinhei. E acima de tudo na Argentina. Estamos sendo argentinizados sob o pretexto de fazermos a Revolução que esses pândegos cha-

123_ Expressão francesa: Igreja da ordem.

mam de democrática, como ontem insistiu em dizer aos "cadetes da Aeronáutica" o deputado Stengel (este, ex-integralista e, hoje, porta-voz político do governo)...

Pois bem, com essa perspectiva de um domínio definitivo ou prolongado – o San Tiago Dantas, como mais de uma vez te tenho dito, falava em 20 anos, no dia 31 de março de 1964, logo ainda temos pela frente 15 anos ... – e, por isso, já não posso esperar viver sob um regime de liberdade de palavra e de opinião, mesmo como simples espectador, como anos atrás, com certo desprezo, nos apelidou o Affonsinho-pai, ao Corção e a mim, quando ainda podíamos ser citados em conjunto...

Com isso me sinto totalmente desinteressado da política, impossibilitado como estou, ao menos por muito tempo, de sequer manifestar a opinião de um "espectador". Eles julgam que eu tenho uma grande influência... É, pois, uma fase nova em minha própria vida, como terá sido a homens – mal comparando... – como Ortega y Gasset[124] na Espanha, que passou a viver na Argentina. Como, em nível um pouco, ou mesmo muito menor, do escritor católico José Bergamin ou do chefe político Gil Robles, na Espanha.[125] Todos, no fim de dez ou quinze anos de franquismo, acabaram voltando para a Espanha, mas totalmente desligados de qualquer preocupação aparente com as coisas públicas.

Aplicando esses exemplos à minha própria evolução de escriba, o 13 de dezembro introduzindo no Brasil o regime que eu mais detesto, o totalitarismo, seja direitista – como é o que temos – seja o esquerdista, que fez com a Tchecoslováquia o que, agora, permitiu que o jovem Jan Palach, imolando-se, se tornasse um herói nacional igual a um Jan Huss,[126] o "herege" que foi queimado pela Inquisição e pela Igreja Católica da época, como o foi Jeanne d'Arc...[127]

Como não tenho a fibra nem de uma Jeanne d'Arc, santa católica, nem de um Jan Huss, "contestante" herético, nem de um Jan Palach, que quer um socialismo humano para o seu país e o mundo futuro – que me resta fazer? Encerrar não digo minhas atividades, mas minhas preocupações de ordem política e... calar a boca, se não puder voltar por uma, ainda no momento aparentemente invencível, vontade de escrever ou mesmo necessidade de o fazer para ganhar a vida, a não ser que venha o Silêncio pela mão de Deus diretamente ou pelo retiro voluntário, para epílogo a uma nova fase de... leitura e, quando muito, compilação de velhos

124_ José Ortega y Gasset (1883-1955), filósofo e ensaísta espanhol.
125_ José Bergamin Gutiérrez (1897-1983), dramaturgo e poeta espanhol. José María Gil Robles (1898-1980), advogado e político espanhol.
126_ Jan Huss (c. 1370-1415), padre, professor, teólogo reformador, nascido na Boêmia. Foi excomungado em 1410 e queimado vivo em 1415 por ter a Igreja condenado suas ideias.
127_ Joana D'Arc (1412-1431), francesa, heroína da Guerra dos Cem Anos, queimada viva, foi canonizada em 1920.

escritos, como estamos fazendo, você principalmente, para o cinquentenário do Tristão, que bem poderá fechar também suas portas e janelas, como a Igreja o está fazendo, com medo dos temporais ou, pelo menos, enquanto passa a tempestade...

Será que estou capitulando?

Deixo a pergunta no ar.

Uma frase atribuída, penso que é verdade, ao Costa e Silva, como sendo a que ele repete continuamente: "Foram ver se tinha gasolina... Tinha!". Você conhece a anedota do português. No caso é: os políticos foram ver se havia gasolina no tanque dos militares... eis aí o símbolo do funesto 13 de dezembro. O governo de Goiás é tão servil que mandou cunhar um carimbo no Correio: "A Revolução é irreversível" e não sei mais o quê. Quem é irreversível também, creio eu, são todas elas, desde que triunfem. A de 30 é que o foi de fato. E estas de 64 e de 68 não são mais do que a irreversibilidade daquela; apenas a de 30 foi à esquerda, e as de 64 e 68 à direita, à direitíssima.

Quando chegaremos ao centro e ao alto?

Coisas como essas é que eu podia escrever no *Brasil em Marcha*, há dois anos, e mesmo no *J do B*, há dois meses. E, hoje, não posso. Nem poderei, provavelmente (vá lá essa concessão à única lei da história...), escrever nunca mais. Só Deus é quem pode escrever nunca mais. Nem o corvo de Poe,[128] nem qualquer tico-tico como o cinquentenário Tristão...

(...)

P.

Petrópolis, 26 de janeiro de 1969

(...)

O grande acontecimento universal do momento também está ligado a uma morte repentina: a imolação do jovem Jan Palach, que continuo a distinguir de um simples suicídio. O cardeal tcheco, o velho Beran[129], que passou 14 anos preso e, agora, está em Roma, falou condenando o gesto (sic) e chamando-o de suicídio, embora louvando o "heroísmo" do jovem. Há dias, a Rádio Vaticano louvara, sem restrições, o gesto, e Dom Estêvão deu mesmo uma entrevista cuidadosa, mas também elogiosa, embora dizendo que a Igreja continuava a condenar o suicídio. Parece que a palavra do cardeal

128_ Referência ao poema "O corvo" do escritor e poeta norte-americano Edgar Allan Poe (1809-1849).

129_ Josef Beran (1888-1969), arcebispo de Praga entre 1946 e 1969. Foi condenado pelo regime comunista e ficou preso entre 1949 e 1963.

Beran, de reprovação-relativa, foi inspirada pelo próprio papa, diz um despacho de Roma, que "não gostara do tom da Rádio Vaticano". Já estava admirado que o papa tivesse um gesto que merecesse todo o meu apoio. Sua obsessão continua a ser não sair de nenhuma das regras clássicas da moral católica por medo dos abusos. Mas os abusos, haverá sempre. E cada vez mais me convenço de que Pio XII era muito mais audacioso do que o seu secretário e sucessor, que é muito mais Pio XIII do que Paulo VI, talvez porque os tempos são mais duros que os de Pio XII, ou os avanços dos extremistas, maiores. Cada dia, porém, só vejo freios funcionando, e nunca o acelerador, como nos bons e remotíssimos tempos do nosso João XXIII, que você acha que estou romantizando demais. *Puede ser, pero...*

Pio XII abriu alguns horizontes novos, como o "parto sem dor", ou como aquela advertência de que não era uma imposição moral, como se julgava tradicionalmente, fazer tudo para prolongar a vida por medo de se praticar a eutanásia. Pio XII mostrou que, uma vez admitido por médicos de confiança que "não há nada mais a fazer, não há obrigação moral de prolongar artificialmente a vida".

Ainda há dias um jesuíta, creio, no dizer de uma dessas agências telegráficas que ouvem cantar o galo mas não sabem onde, proclamava isso mesmo que Pio XII dissera como uma grande novidade, e a agência chamava isso de "eutanásia consentida". Lembro isso só para mostrar que Pio XII teve audácias que Paulo VI não tem. Minto. No início teve: a primeira encíclica, sobre o diálogo com o mundo moderno, foi toda no sentido de abertura e de prosseguimento da linha joanina. Depois é que começaram os fechamentos de portas e janelas, com medo das "novidades" e por imposição dos velhos cardeais conservadores e dos grupos de filósofos tomistas, como o nosso Maritain, alarmados com a fenomenologia de Teilhard de Chardin[130] e quase renegando o que haviam dito e feito anteriormente em matéria social. É verdade que fora em matéria social e, agora, se fechavam no terreno filosófico e ético. E os nossos Corções foram na onda.

Estamos em plena ressurreição ou, pelo menos, prolongamento do integralismo nesta segunda Revolução que está argentinizando o Brasil. Essa argentinização do Brasil é o fato mais notório dos novos donos, os milicos de 13 de dezembro. São apenas imitadores de Onganía e dos seus gorilas. Basta ver que, desde 1964, alguns dos nossos próprios "gorilas" começaram a se orgulhar do nome, embora processassem também escrito-

130_ Teilhard de Chardin (1881-1955), padre jesuíta e cientista francês, escreveu vasta obra sobre a evolução do Universo.

res como o Cony,[131] quando assim os chamou de público. Hoje, o gorilismo é que domina, embora o nome não apareça, e estou certo de que, se eu pudesse, hoje, escrever como nos bons tempos do Castelo Branco, especialmente antes do AI-2 (ah, velha de Siracusa) e se eu falasse nessa argentinização do Brasil, seria logo preso, pois eles fazem as coisas mas não admitem que o digamos. Pois somos, evidentemente, corruptores da mocidade...

Ontem, afinal, consegui desencantar a primeira croniqueta, e mesmo iniciar uma segunda sobre a morte de nosso Merton que, afinal, terá sido também, para mim, o fim de uma era.

Quando conseguirem afastar Dom Helder[132] do Recife, ou levar avante algum atentado contra ele, se eu for vivo até lá, é que essa era terá terminado de todo para mim.

Agora mesmo, entretanto, me telefona do Rio a D. Cecília Monteiro,[133] dizendo que está no Rio um jornalista suíço que escreve um livro sobre Dom Helder. Veio ao Brasil só para o encontrar, e teve o azar de não encontrá-lo no Recife, pois Dom Helder foi a uma reunião nos Estados Unidos – de um grupo de bispos que se interessam por problemas da América Latina. Creio ser aquele que me deu o tal diploma e a placa de bronze, que acho que você ainda não viu, e figura lá em casa, em Paissandu, no móvel da sala de visitas, a velha cômoda estilo Dona Maria I, em que guardamos os meus-nossos álbuns de fotos. De modo que a Cecília marcou um encontro comigo e o tal jornalista suíço na quarta-feira, pois pretendo – e Mamãe já admitiu – esticar esta semana ou *week-end* com um *week-beginning*... Vamos ver se assim, hoje, amanhã e terça de manhã, adianto um pouco os quatro Mertons que, pelo menos, quero escrever para o *J do B*, prometendo mais para o futuro ou completando com alguns dominicais nas *Folhas*. Ou mesmo escrevendo seis croniquetas, se não for chatear demais os leitores com o mesmo tema. De qualquer modo, quero aproveitar estes dois ou três dias moselianos, se for possível, para "trabalhar". Domingo é dificil, ao menos de manhã, pois os jornais, por mais vazios que estejam em matéria de artigos, ou mesmo de comentários da redação, sempre têm coisa muita para alimentar a preguicite... E os temas são também limitados, pois a política está vedada, e são os próprios jornais que não deixam publicar nada. Tristes tempos. E, possivelmente, para mim, definitivos, se é possivel falar em coisas definitivas nesta Terra de coisas provisórias, que é esta da Santa

131_ Carlos Heitor Cony (1926-), jornalista, cronista e romancista.
132_ Dom Helder Câmara (1909-1999), foi arcebispo de Olinda e Recife, considerado da ala progressista da Igreja.
133_ Assessora de Dom Helder Câmara.

Cruz, tão mal nomeada, já que não há nada de mais definitivo que a Cruz!

[...]

P.

Petrópolis, 28 de janeiro de 1969

Ontem choveu copiosamente, mas hoje está, de novo, um dia lindo, de ar lavado e convidando a ficar... Mas nós vamos descer, embora com a esperança de subir no sábado ou, quem sabe, na própria sexta, para ficar um pouco mais.

Aproveitei o dia de ontem para rabiscar mais duas croniquetas da série Merton que, possivelmente, poderão figurar no fim dos "adeuses", como "Adeus a Merton", de preferência, ou então conjugado com a série anterior.

[...]

Fico com remorsos de ver tantos dos nossos sofrendo e eu por aqui, nesta santa-Moselinha, junto à Mamãe. Ainda agora vejo que na Espanha, onde as coisas iam caminhando para certa abertura como em Portugal, o tempo de novo fechou, e sempre por imposição dos militares. Estamos sendo todos esmagados pelas armas, tanto à esquerda (os russos em Praga etc.), como à direita (toda a América Latina e a Península Ibérica, que há 30 anos o é e espalhou o seu veneno por toda a "latinidade", agora mais do que nunca um simples pseudônimo para o militarismo). Em Barcelona, o escritor Alfonso Comin, que já ficara preso por dois anos por ter publicado um artigo considerado <u>ofensivo</u> à Espanha franquista, foi preso ontem, ao pronunciar uma conferência sobre "o personalismo de Mounier"[134] – e a viúva deste esteve também presa algumas horas. Eis o quadro do novo reacionarismo militarista que fecha todas as nossas janelas.

Leio também que foi decretada a prisão preventiva de Yedda Linhares[135] – vingança do Eremildo[136] e do Sílvio Elia[137] (freudianamente esqueço o nome, ah! Sílvio Júlio, irmão do general demissionário do Ministério do Interior, hoje preenchido por um outro dedo duríssimo, o tal coronel Costa Cavalcanti[138], sectário do Sigaud!)[139] É o triunfo do direitismo bélico em toda a linha! Civilismo, constitucionalismo, direitos políticos, liberdade de imprensa, democracia sem máscara, partidos políticos, em suma,

134_ Emmanuel Mounier (1905-1950), filósofo francês de inspiração cristã progressista.

135_ Maria Yedda Linhares (1921-2011), pesquisadora e professora de história da Faculdade Nacional de Filosofia (antiga Universidade do Brasil), no Rio de Janeiro.

136_ Eremildo Luiz Vianna (?-1998), diretor da Faculdade Nacional de Filosofia entre 1963 e 1965, e diretor do Instituto de Filosofia e Ciências Sociais a partir de 1965. Denunciou e conseguiu afastar professores e estudantes considerados subversivos.

137_ Sílvio Elia (1913-1998) catedrático de linguística da Faculdade Nacional de Filosofia.

138_ José Costa Cavalcanti (1918-1991), militar e político, foi ministro do Interior de 1969 a 1974.

139_ Dom Geraldo de Proença Sigaud (1909-1999), arcebispo de Diamantina (MG) e um dos inspiradores da TFP.

tudo aquilo em cujo nome foi feita a Revolução de 30 e, de certo modo, no início, a de 64 – pois o Castelo Branco vinha da UDN e julgou, de início, com sinceridade, que o Jango queria mesmo implantar no Brasil um tipo de esquerdismo revolucionário que, na realidade, era apenas uma "*apertura a sinistra*",[140] como ainda hoje impera na Itália... até quando, lá também, o fascismo voltar às suas fontes. Pois, afinal, tudo isso que está ocorrendo com a ascensão do gorilismo na América Latina, e antes na Península Ibérica, nasceu em 1921 com o fascismo. De modo que nada mais fácil do que a sua volta à Italia, onde nasceu, de um momento para outro. Pois, no momento, ainda é a Itália o único país onde domina a solução da aliança entre a democracia cristã e o socialismo não comunista para impedir os dois extremismos: o comunista e o fascista, este já instalado em quase toda a América Latina.

São tempos os mais sombrios, em que volta de novo a dominar a divisão perpendicular do mundo, separado pela barreira, digo, pela cortina de ferro, como se dizia há 30 anos, e deixou aparentemente de se dizer quando começou o chamado degelo stalínico.[141] Hoje vemos a volta do stalinismo na Rússia e na China e, consequentemente, a volta do fascismo no Ocidente. E, com isso, a nova ameaça de uma terceira guerra mundial, nuclear. Por ora ainda Rússia e Estados Unidos, com medo da potência uma da outra, procuram entender-se na cúpula, mas cá por baixo os partidos extremistas, e a divisão do mundo na base do ódio recíproco são fatos.

Fico "*enragé*"[142] de não poder dizer nada disso francamente, pois os jornais não publicam. E, no entanto, é o que vejo cada dia mais claramente. O mundo marcha de novo para o abismo, com os dois exércitos do ódio e da violência postados um em frente do outro, doidos por resolverem (como pensam resolver) pela força das bombas atômicas o que não conseguem resolver nem pela ONU, nem pela pregação do papa em favor da paz, nem pelas tímidas tentativas de conciliação, pela "*apertura a sinistra*", pela política do De Gaulle[143] que, paradoxalmente, está nessa linha do não extremismo. Ou por essas vitórias de Pirro da "democracia cristã" no Chile e na Venezuela, que não têm nenhum futuro imediato, como não o tem a Itália com seu governo misto, ou a Alemanha com a sua tentativa de aliança entre as mesmas forças políticas que na Itália, os socialistas não comunistas e os democratas cristãos, ou na Inglaterra, sempre, ou ainda conse-

140_ Expressão italiana: Abertura à esquerda.
141_ Referência a Josef Stálin (1878--1953), ditador que governou a União Soviética de 1922 ao ano de seu falecimento, em 1953.
142_ Em francês: Irritado.
143_ Charles De Gaulle (1890-1970), militar francês, presidiu seu país de 1959 a 1969.

guindo manter-se dentro de um regime de liberdade. Esta, por toda a parte, é a grande vencida. Nos Estados Unidos também é força confessa, onde ainda ela, a liberdade, consegue manter-se um pouco. O que mostra que ainda temos algumas ilhas de bom senso político, dentro de suas limitações. Inglaterra, Estados Unidos, França, Itália e Alemanha. Fora disso – e aí mesmo como que em "corda bamba" –, só o caos endurecido pelo ódio, representado pelos Partidos Comunistas implacáveis (mesmo quando aparentemente inimigos, como o russo e o chinês) e os militares fascistas do Ocidente, os francos, os onganias, os gorilas peruanos, bolivianos, paraguaios ou brasileiros, cujo anonimato nem merece ser desvendado.

Por tudo isso você bem compreende que, não tendo por mim mesmo inclinação pela política, nem militando nela, a única reação que posso ter é me sentir cada vez mais alheio a ela e voltado de novo para os antigos amores literários, mas já agora, depois de ter perdido o contacto, impossível de reatar...

Eis aí o paradoxo. Para não falar em drama... Para não dar ênfase excessiva ao que pode não passar de um momento ou de uma fase de mau humor. Ou, então, realmente, de um adeus a mais, a acrescentar a todos os adeuses do cinquentenário do Tristão e o convite ao silêncio, que é a saída mais digna para quem, há meio século, vive de portas e janelas abertas, escrevendo demais, falando demais, e vendo ruírem, um a um, todos os seus castelos de cartas para tentar resolver os problemas do mundo pela compreensão, pelo diálogo ou, pelo menos, pelo monólogo livre e, também, na palavra-chave, pela Liberdade.

Como compreendo cada vez mais a fúria bernanosiana[144] que, de perto, eu detestava, contra um mundo no qual o valor da liberdade ia caindo dia a dia, até chegar, hoje, a este estágio de negação profunda, mas inconfessada, que é uma última homenagem do mal ao bem – pois eles não têm coragem de confessar-se inimigos da liberdade, então se apresentam como tentando defendê-la... negando-a.

(...)

P.

144_ Referência à obra de Georges Bernanos (1888-1948), romancista francês.

fevereiro | **1969**

Rio, 7 de fevereiro de 1969

(...)

Estive à tarde com José Olympio e companheiros. Gostaram muito dos dois retratos de 1918 (portanto, a cara do Tristão de 1919), um dos quais pretendem que figure no livro. O Daniel,[145] que é o técnico, achou que o "bonitão" (...) era mais fácil de reproduzir do que o outro – aquele em que estou de pé, no canto dos livros da minha saudosa saleta da praia de Botafogo, e que eu preferia. O José Olympio disse: "O Alain Delon vai ficar com inveja" ou coisa parecida. O Alain Delon é um galã do cinema francês moderno que, aliás, andou envolvido, enquanto estivemos em Paris, no caso do assassinato de um antigo guarda-costas dele![146]

Ficaram então com eles os dois originais, sendo que o dos *Companheiros de Viagem*,[147] digo, o outro, está com o G.A.[148] para o artigo que irão publicar como prefácio.

Esteve lá o Adonias,[149] que contou vários casos das prisões que ainda estão cheias, e de que nada se sabe pelos jornais.

Por falar nisso, a ausência da minha "dominical" no último domingo pode ter sido culpa do Carlos que, por engano, mandou entregar o artigo no *Jornal do Brasil*!

Como hoje à tarde posso ir ao Centro, vamos ver se a Maria José[150] entrega a tarefa que ficou de restituir hoje. Poderei assim cuidar do último dos volumes – o destinado à Agir – para entregar no decorrer da próxima semana. Ficam assim entregues os "presentes" do Tristão pelas bodas de ouro... Aliás, tenho ainda de entregar o *Violência ou não*[151] ao frei Clarêncio e perguntar-lhe se tem interesse pelo Merton para daqui a um mês, quando o Carlos tiver copiado.

Ontem também estive no Conselho de Educação para buscar um atestado de imposto de renda, pois, no ano passado, ainda recebi janeiro e fevereiro, e agora, este ano, é que tenho de pagar.

Lá é uma festa com cada um que encontro, tanto "conselheiros" como funcionários. Henriquinho firme e querendo, a todo custo, almoçar comigo, pois não se conforma de eu "só comer pastéis como almoço", tanto mais quando houve aí um escândalo de um barzinho que fritava pastéis com óleo diesel... Contou-me um caso da vida dele, que se parece com aquele da "Nossa Mãe Fundadora".[152] No dia em que deixou, pela última vez, a casa da

145_ Irmão do editor José Olympio.
146_ Stefan Markovic, guarda-costas de Alain Delon quando foi assassinado, possuía fotos comprometedoras de várias personalidades e as chanteava. Entre os envolvidos, estavam Georges Pompidou, então primeiro-ministro da França, e sua esposa, Claude.
147_Obra do autor, de crítica literária, editada no Rio de Janeiro pela José Olympio, em 1971.
148_Refere-se a Gilberto Amado.
149_ Adonias Filho (1915-1990), jornalista e romancista.
150_Refere-se a Maria José Negrão.
151_ Editado em Petrópolis pela Vozes, em 1969.
152_ Ana Abiah da Silva Prado, fundadora do mosteiro das monjas beneditinas em São Paulo.

rua Marquês de Abrantes, em que nascera e vivera 50 anos, percorreu a casa toda deserta e o jardim, especialmente um velho abacateiro. No momento em que pousou o pé na calçada da rua, ouviu um estrondo. Foi ver. Era o abacateiro que tinha desabado.

O caso com a árvore daí não foi no dia da morte da dona Gertrudes?[153] Caso semelhante ocorreu, e acho que já te contei, no dia da morte do João Daudt,[154] e me foi contado pelo Didi, Rodrigo Otávio.[155] E diz Henriquinho que o José Lins do Rego conta outro igual nas suas memórias. Impressionante. Aliás, diz H. que uma moça amiga dele tem visões estranhas e é, no mais, perfeitamente normal. Mãe de filhos, como se diz. Aliás, há dias ocorreu o seguinte: na noite em que Lulu[156] caiu e se machucou tão gravemente, na mesma hora, ou pelo menos durante a noite, a Poupon,[157] já deitada, diz para o João, o marido: "Lulu teve alguma coisa". Ele caçoou. No dia seguinte, a Poupon telefonou para Tatá,[158] perguntando como iam, só para experimentar. E aí soube do acidente. Ah, velho Shakespeare, "há mais coisas debaixo do sol do que as que a nossa razão pode conhecer".[159]

Na J.O. pediram para escrever um prefácio para uma reedição que vão fazer da *História da Literatura Brasileira*, do José Veríssimo. Para daqui a um mês. E já tenho que começar a pensar nas colaborações semanais.

Vários me falaram na croniqueta de St. Germain, que vou incluir nos *Adeuses* com o título de "Elegia de Saint Germain des Prés".

Ah, uma coisa: você não imagina a bruta decepção que tive relendo o *Adeus à Bahia*, que Alceuzinho[160] me mandou e que está num volume comemorativo do Congresso Eucarístico de 33 e, agora, vejo que já me haviam dado, mas creio que já dei para a biblioteca de Petrópolis. Mas foi uma decepção medonha. Em 33 eu era um integrista total! E o próprio estilo é ilegível hoje! Vou devolver o livro o quanto antes. Como se muda! Hoje me parece que não era eu quem escrevia aquilo. Houve realmente, em 28, uma mudança de casca, mas a mudança de polpa só muito lentamente. Você não imagina que sensação desagradável eu tive em reler uma página que eu pensava poder incluir nos *Adeuses*, mas que destoaria totalmente dos demais: enfático, artificial, palavrório convencional, caxias no pior sentido da expressão. Que diferença, porém, com o *Balcão da Graça*. Neste é a Bahia vista por mim mesmo. Naquele *Adeus à Bahia* de 33 é a Bahia vista pelo próprio presidente da Ação Católica Nacional, e

153_ Monja da abadia de Santa Maria, mosteiro das beneditinas em São Paulo, cuja abadessa, Maria Teresa Amoroso Lima, é filha do autor.
154_ João Daudt Filho (1886-1965), empresário.
155_ Rodrigo Otávio Filho (1892-1969), amigo de mocidade do autor, advogado e escritor.
156_ Heloísa de Faria, também conhecida por Lulu, cunhada do autor.
157_ Casada com João Proença, concunhado do autor.
158_ Apelido do romancista Octavio de Faria (1908-1980), cunhado do autor.
159_ A citação exata, da peça *Hamlet*, é: "Há mais coisas no céu e na terra do que sonha a nossa vã filosofia."
160_ Alceu Amoroso Lima Filho, filho do Alceu.

sentindo-se na obrigação de fazer reverências às autoridades, como o Juracy Magalhães,[161] então interventor, por "terem acompanhado a procissão sem respeito humano"... Até parece o Joaquim Moreira da Fonseca[162] ou o Bentoca[163] descrevendo a procissão. E frases feitas à vontade... E, no entanto, no momento foi escrito com muita emoção, tanta que fizeram a *Era Nova* publicar de novo o *Adeus* no dia seguinte.

Será que a honestidade me obrigaria a publicar também esta página formalista que, afinal, era o estilo do Alceu recém-convertido (cinco anos antes) e se sentia na obrigação ou, antes, sinceramente, se revestia de um uniforme de católico que se tornou, naquele momento, perfeitamente sincero? E só muito lentamente fui voltando ao natural, à medida que o sobrenatural se naturalizava em mim. Só assim acho explicação para textos como este que, hoje, me parece escrito por um estudante. E servem para eu moderar os meus arroubos de irritação contra os integristas de hoje!

(...)

P.

Petrópolis, 9 de fevereiro de 1969 – Sexagésima[164]

Já quase meio-dia. Leitura descansada dos jornais, embora estes continuem a apresentar o aspeto melancólico e, sobretudo, o *Correio da Manhã*, de uma imprensa autoamordaçada pelo militotalitarismo que é, agora, o regime a que estamos submetidos desde o trágico dia 13 de dezembro de 1968, em que se consumou – por tempo indefinido – a entrega do Brasil aos militares e aos tecnocratas, seus dóceis servidores. A tecnomilitocracia, desde então, tomou conta do Brasil, como conclusão absolutamente lógica e prevista por todos que tinham dois dedos de sensibilidade política, como o Santiago Dantas que, na manhã de 1 de abril de 1964, me disse por telefone: "Vamos ter vinte anos de fascismo". E ele sabia do que falava, pois conhecia por dentro o regime que se havia, de certo modo, suicidado com os episódios dos marinheiros e dos sargentos, e pela indecisão do Jango, somado à inflação galopante e, naturalmente, minado pela conspiração dirigida pelo chefe do Estado Maior das Forças Armadas, marechal Caste-

161_ Juracy Montenegro Magalhães (1905-2001), militar e político, governou a Bahia por três mandatos.

162_ Joaquim Moreira da Fonseca (1886-1970), médico homeopata, membro da Academia Nacional de Medicina.

163_ Bento Ribeiro de Castro, médico, casado com Carlota, irmã da sogra do autor, Maria Thereza Almeida de Faria.

164_ Tempo litúrgico da Igreja Católica: os 60 dias que precedem a Páscoa.

lo Branco, futuro presidente eleito [...] pelo Congresso e que, por sua vez, preparou o terreno para a "segunda revolução", desencadeada, afinal, pelo ótimo pretexto que lhe forneceu o inábil discurso do Marcito contra o Exército. E, assim, estamos nós mergulhados neste regime de arbítrio militar, de autoritarismo revolucionário fascista e puritano e tecnocrático, que desova, semanalmente, uma dezena de decretos-leis, afastando toda possibilidade de reação da opinião pública, totalmente silenciada pelo arbítrio autoritário, pela autocensura da imprensa, pela euforia dos negócios capitalistas, pelo direitismo aparentemente invencível contra o qual só vejo três soluções: o tempo, que dissolve tudo no Brasil – a começar pelo nosso caráter, desfibrando o povo e impedindo toda reação; a luta dos milicos entre si na cúpula, de que já houve uma mínima amostra com a saída do general Albuquerque Lima, tido como o "homem forte" do 13 de dezembro ou, então, terceira hipótese – e a mais improvável das três: uma guerra universal com a vitória da Rússia, já então aliada à China, contra os Estados Unidos e os regimes capitalistas, o que faria, no dia seguinte, o desmoronamento de toda a gorilada e a substituição pela gorilada comunista – que seria talvez ainda pior...

Das três hipóteses, só a primeira é viável, mas.. daqui a quanto tempo? Ninguém sabe. Os 20 anos do Santiago? Pode ser, o que significa que já não voltarei a ver a liberdade na política brasileira, pois os ensaios que já se estão fazendo de reabrir o Congresso são a pior das imposturas, pois será num regime "constitucional" ou, pelo menos, "decreto-legal", em que o Congresso virá apenas coonestar o arbítrio do Poder Executivo.

Com isso, será que ao menos a liberdade de crítica voltará aos jornais? Já é o mínimo a que podemos aspirar. Pois você bem sabe que não acredito, nem por um segundo, na existência de qualquer levante popular ou qualquer guerrilha. Como estamos prestes a pensar e dizer, o mal mais catastrófico desta segunda revolução é abastardar o caráter brasileiro que, de si próprio, já não é muito forte, como pessimisticamente já o dizia Mário de Andrade,[165] com o *Macunaíma*. A prosperidade econômica que está se esboçando vai ter duas consequências: os ricos ficarão cada vez mais sem-vergonha e, os pobres, cada vez mais desiludidos e céticos. Somando o sem-vergonhismo dos beneficiados diretamente pela sua prosperidade (se é

165_ Mário Raul de Moraes Andrade (1893-1945), um dos fundadores do modernismo brasileiro, escritor, autor de *Pauliceia desvairada* (1922) e *Macunaíma* (1928), entre outras obras.

que vem mesmo...) com o ceticismo, digo, o cinismo natural dos pobres, já desiludidos de tudo o que seja voto, política, liberdade, lei, e só pensando em ganhar dinheiro para não morrer de fome – somando as duas parcelas, temos o resultado do neocolonialismo, ou antes, o autocolonialismo, isto é, a oligarquia dos militares e tecnocratas aliados e dando as cartas, colonizando a massa do resto dos brasileiros, inclusive de nós outros, pseudointelectuais, igualmente contaminados pelo abastardamento geral do caráter do povo.

Como você vê, não vejo nenhuma janela próxima por onde se possa respirar. E o que resta a um pobre cristão como eu é... voltar à literatura. Mas como a literatura já o ultrapassou de muito, o remédio heroico seria... quebrar a pena ou morrer. Mas como só se morre decentemente quando se faz totalmente todo o nosso dever, a angústia, como acontece sempre quando nos defrontamos com uma tirania quase intolerável, é saber onde está o dever. Quebrar a pena? Conspirar? Acomodar-se?

Nenhuma dessas hipóteses me agrada, por motivos diferentes, pois afinal não podemos sair de nós mesmos e, se bem que a conspiração, a ação clandestina contra o regime, fosse a solução mais decente – e imagino que há centenas de pessoas vivendo assim ou, pelo menos, dispostas a isso, como esses jovens líderes estudantis hoje presos (e são centenas, cujos nomes não sabemos) ou calados, à espera do momento oportuno – o fato é que não tenho fibra nem gosto, nem idade para isso. Tenho é mesmo de morrer, quebrar a pena ou... deixar que a graça de Deus vá me inspirando a ação da pena e da palavra – já que sou, hoje em dia, incapaz de qualquer ação – no sentido de escrever e falar o que for possível, dentro desse regime de hipocrisia em que vivemos, sem liberdade de escrever ou de falar mas, ao mesmo tempo, lendo e ouvindo da boca desses bandidos que assaltaram o poder (e a maioria de boa fé) a afirmativa de que estamos em plena democracia, a única compatível com os altos interesses nacionais.

É de chorar com Gregório de Matos.[166]

(...)

Ciao

P.

166_ Poeta satírico baiano (1636-1695).

Petrópolis, 13 de fevereiro de 1969

(...)

Um pequeno fato ocasional, pelo contraste com o ano passado, e até tocante. Eu lia o jornal (ó vício...) cá no meu sossego, quando Jorge[167] bate mansamente à porta, com aquela boa educação que nunca deixou de ter. Sentou-se e ficou mastigando um pão que vinha comendo (come cada vez mais devagar, pois divaga enquanto come). Depois perguntou – eu já meio assustado, relembrando aquela agonia das suas subidas no ano passado: "Papai, é verdade aquilo que Marly[168] me contou, que você procurou o Corção durante a minha moléstia?!". "É." "E por quê?" "Para fazer um sacrifício por sua cura." Ele demorou um pouco, os olhos se encheram de lágrimas, coisa pouco comum nele, e disse: "Então deve ter sido um sacrifício deste tamanho", e demonstrou com as mãos: "Muito obrigado!". E eu: "Um filho nunca tem de agradecer os sacrifícios que os pais fazem por ele". E ele foi saindo mansamente como entrou.

Cena curta, sintomática e tocante. Deus permita que o contraste, daqui a um ano, seja tão favorável como o deste ano com o do ano passado.

(...)

Ciao

P.

Petrópolis, 19 de fevereiro de 1969 – Cinzas[169]

Está uma manhã tranquila, lá fora e cá dentro, pra começar a Quaresma. Aliás, não podia ter sido, com a graça de Deus, mais tranquilo o nosso carnaval. (...)

Ontem, como não houve jornais, o dia foi bem aproveitado. Hoje, já começa a tentação, com as primeiras fotos carnavalescas, em que a fantasia do <u>nu</u> é a que mais predomina, junto ao luxo incrível dos concorrentes aos prêmios de milhões. Não há maior demonstração do que representa o carnaval, realmente, de símbolo de um fim de civilização, com a exibição do mais descarado paganismo, <u>luxo e nudez</u>. E o governo, apesar de seu aparente puritanismo – com o chefão trancado no Palácio Rio Negro[170] a despachar com os seus generais e coronéis proble-

167_ Filho do autor, nascido em 1931. Acidentado em 1967, passou um período de convalescença na casa dos pais, entre 1968 e 1969.
168_ Esposa de Jorge Amoroso Lima.
169_ Quarta-feira de Cinzas, efeméride litúrgica da Igreja Católica, início da Quaresma, os 40 dias que antecedem a festa da Páscoa, que celebra a ressurreição de Jesus.
170_ Residência de verão da Presidência da República, em Petrópolis (RJ).

mas de "segurança nacional"... E deixando que o povo se embebede e se estonteie para esquecer a sua escravidão dourada. Estamos realmente no fundo do poço, moral e político, em que a multidão se agita sob a proteção militar dos tiranos – dos bonzinhos-de-fardão – que é um bloco que tomou conta do Brasil e decide o nosso destino a golpe de "bolinhas" de esquecer e de cachaça dourada (*whisky* nacional), já que o estrangeiro custa 120 contos a garrafa e, a dose, 8 contos... para ajudar o povo a se esquecer e a suportar o peso da ditadura! Nunca vi o Brasil tão apático e tão intoxicado, tão mudo, tão incapaz de uma reação, como se tivesse (ou tenha...) levado um golpe na cabeça e ficasse em estado permanente de coma. Será que alguma reação se está fazendo em alguma parte? Certo que sim: o próprio silêncio, a própria ausência de qualquer reação se, de um lado, é sinal do choque recebido (estado de choque, não estado de sítio) debaixo desse estado de coma, ou há morte ou uma reação violenta futura. Como não creio em nada de violento no Brasil, a não ser desgarrado, improvisado e efêmero, fico na opção entre a morte (nacional) e na reação futura. Fico com esta, pois sou incapaz de ser pessimista. Mas quando, não sei... Os 20 anos do San Tiago não me saem da cabeça. Como pessoalmente, e aos 75, sou (como sempre fui ao esperar pelos 75) incapaz de violência ou mesmo de qualquer tipo de reação política, e já agora de qualquer ação religiosa, só tenho mesmo um recurso, continuar a tarefa da pena, a operação croniquetas dominicais, à espera de que a liberdade volte <u>pouco a pouco</u>, já que sei bem como somos incapazes de um regime duro por muito tempo. É a minha única esperança no meio dessa apatia e desse otimismo oficial que domina, e como que buzinam em nossos ouvidos as manobras milicocívicas que caracterizam a página negra da nossa história que estamos vivendo e que representa a maior impostura que já se viu desde o dia 31 de março de 1964, quando começou a alegria agaloada que não é definitiva, nem contínua, e que um dia terminará, se assim Deus quiser, como acho que Deus quer... No momento, o <u>carnavalesco</u> é a injeção com que os nossos hipnotizadores agaloados procuram adormecer o povo para fazer a cirurgia que pretendem, <u>milicando</u> o Brasil para "ver como fica"...

Terminou o carnaval de rua e voltamos, agora, ao carnaval de leis, de decretos-leis, com que esses foliões do Rio Negro ou do Planalto pretendem salvar o Brasil! O Brasil, este, se encarregará de os expulsar, como todo corpo acaba expulsando os corpos estranhos que nele se introduzem.

[...]

P.

Petrópolis, 23 de fevereiro de 1969

[...]

Junto, se me lembrar, mais essa epístola do nosso incansável Sobral, que se arrogou, com a melhor intenção do mundo, a se fazer de palmatória do mundo e, particularmente, do meio-termo ortodoxo, o único ortodoxo entre o direitista Corção e o esquerdista Tristão. Só ele, Sobral Pinto, está no centro, fiel à Igreja autêntica... Tudo isso me dá uma sensação de passado que não posso evitar. Deus é quem sabe qual de nós três está com a razão, o da direita, o da esquerda ou o do centro – mas posso afirmar, espero que não farisaicamente, que o da esquerda não tem a menor veleidade de estar com a razão, muito menos de ser o único que está com a razão, e muito menos de representar a Igreja. E ainda menos de me meter a dar regras aos outros dois.

Isso afirmo com a esperança de não estar cometendo o mesmo pecado de orgulho dos dois outros. Penso que todos devem ter razão ou, pelo menos, só Deus, ou então as autoridades da Igreja – estas mesmas como meras disciplinadoras e, até agora, não disseram qual dos três tem mais razão – que pode determinar censuras a um ou a outro.

Chego a pensar que a verdade da Igreja e na Igreja só tem a ganhar com a liberdade dos três: um à direita, um ao centro e um à esquerda. Tanto melhor. O essencial é que nenhum dos três queira ser o único. E é o que, sou forçado a dizer, tanto o da direita como o do centro fazem. Nesse ponto ouso dizer que minha atitude é superior à dos outros, delegando à própria autoridade da Igreja, e não a qualquer dos fiéis, o direito de dizer qual é o que tem mais razão. Todos três são sinceros, isso sim, e todos três, até agora, são livres. Isso é o que se pode dizer até hoje. Agora, querer que um imponha aos outros dois sua regra, <u>isso não</u>. É o que o C. faz com a sua brutalidade de fanático. E é, forçoso é confessar, o que o Sobral também quer fazer, com todo o seu acacionismo.

O C. também publica trechos da representação que a CNBB[171] entregou ao Costa e Silva e me parece excelente. Não sei como o *Correio da Manhã* ousou publicar. Pois o próprio cardeal Rossi[172] declarou que tinham decidido não divulgar o documento, mas a reportagem do *Correio* furou o segredo! E o *J do B* não dá um pio. E o *Correio*, que já está sofrendo as consequências de sua coragem, poderá sofrer mais com essa divulgação, que acho ótima.

[...]

P.

Petrópolis, 25 de fevereiro de 1969

[...]

Bom, analisando essas atividades para que fui convocado, só peço que o único deles que me conhece, ou pelo menos mantém certo respeito ao Tristão, Humberto Peregrino, diretor do Instituto do Livro, que não pense em mim para os seus projetos, dos quais dois são seminários sobre o Guimarães Rosa e Lúcio Cardoso. Certamente não escaparei. No entanto, meu maior desejo é que se esqueçam de mim... A única coisa que o Peregrino (tipo simpático, apesar de general, mas justamente porque tudo faz para que não pareça general...), a única coisa seria que publicasse o segundo volume dos meus "escritos literários", mas é isso justamente o que não fará, por falta de verba.

Verba só há para a *Permanência* e outros subprodutos da 2ª R.[173]

A reunião com os Rebouças e seus 15 ou 20 alunos correu bem e quase me fez perder o ônibus. Foram quatro perguntas de 15 minutos cada. Mas, na última, naturalmente me excedi, e quase não pego o ônibus das 4h45. Foram perguntas sobre a situação do mundo em 1969, literatura, minha posição pessoal etc., até a última das interpelantes, que me pareceu a mais esperta e... sofrida, pois esteve presa (é, hoje, um sinal de qualidade entre os estudantes) e foi submetida a 100 horas de inquérito, o que lhe causou um *"nervous breakdown!"*.[174] E me perguntava o que eu faria se fosse, hoje, estudante. Respondi-lhe que, provavelmente, também teria sido preso – como ainda não sei se o serei, mesmo como velho estudante – mas aconselhando a que, entre as cinco coisas, escolhesse a quinta do niilismo

171_ Conferência Nacional dos Bispos do Brasil.
172_ Agnelo Rossi (1913-1995) foi arcebispo de São Paulo e, em Roma, prefeito da Congregação para a Evangelização dos Povos.
173_ Segunda Revolução: termo usado para designar o regime militar após o AI-5.
174_ Expressão inglesa: Colapso nervoso.

marcusiano, do filósofo Marcuse,[175] em moda, e que prega a estaca zero, como os dadaístas de 1915 pregavam o mesmo para a literatura, como o Oswald de Andrade teria imitado com a "poesia pau Brasil". Segundo, comunismo; terceiro, fascismo; quarto, conformismo; e quinto, a não violência. Mas segundo a sentença de Gandhi que dizia "pior que a violência é a covardia" e... paciência, mas firmeza na convicção de tudo mudar para uma nova sociedade e uma autêntica democracia. Em suma, os meus habituais postulados de humanismo integral, segundo a expressão de Maritain, que hoje perdeu muito do seu sentido, com a reação direitista do seu autor... A menos que não seja eu que não tenha entendido o sentido do humanismo integral, e não tenha compreendido que Maritain, no fundo, nunca deixara de ser o autor do *Charles Maurras*[176] *et le devoir des catholiques*, escrito antes da crise da *Action Française*.[177] E quando Maritain e Massis[178] figuravam como uma dupla inseparável igual à de Chesterton e Belloc.[179]

Serei eu que mudei? Que mudei, mudei. Que infleti para a esquerda, infleti. Que voltei ao meu culto da liberdade anterior a 1928, voltei. Tudo isso significa... solidão.

É o que sinto cada vez mais no plano tanto da doutrina como da ação, mesmo ou, sobretudo, entre os católicos. Com qual deles eu me sentiria tão identificado que pudesse refazer o Centro Dom Vital, por exemplo, caso (por impossível) com Dom Helder ou caso (por possível) com Dom Avelar Brandão,[180] o que acho provável venha para o Rio quando o nosso pastor consentir em desocupar o cargo... Olho e não vejo ninguém, e chamo e ninguém me responde... Ou, antes, olho mas não chamo pois sei que ninguém me responderia, nem eu me sinto mais em condições de reunir ninguém. Dos velhos, me sinto totalmente separado, nem Sobral, nem José Carlos,[181] nem mesmo o Hamilton, o mais próximo, mas ainda mais decrépito que eu, os remanescentes do velho Centro não me dizem mais nada, a não ser como amigos velhos... Dos novos, embora muito mais próximo deles, também pouca afinidade, pois os melhores são todos violentistas e estão, hoje, ou presos ou exilados, como o Marcito,[182] e o Candinho[183] seria o único, mas este mesmo, pela sua aproximação com os Estados Unidos, está hoje mal visto pelos jovens, mas ainda assim seria o único.

De modo que o único recurso é mesmo pedir que me esqueçam e me permitam, porém, ser livre de escrever. Vamos ver se

175_ Herbert Marcuse (1898-1979), filósofo alemão radicado nos EUA, pertencia à Escola de Frankfurt.
176_ Charles Maurras (1868-1952), poeta e monarquista francês, fundador do jornal antissemita e germanófobo *Action française*.
177_ Movimento ultramontano católico, fundado em 1899 e condenado pelo Vaticano em 1926, defendia o retorno da monarquia à França e tinha em Charles Maurras um de seus expoentes.
178_ Henri Massis (1886-1970), fundador da *Action Française*.
179_ Gilbert K. Chesterton (1874-1936), escritor inglês, converteu-se ao catolicismo em 1922 por influência de Hilaire Belloc (1870-1953), também escritor.
180_ Dom Avelar Brandão (1912-1986) foi arcebispo de Teresina (PI) e, posteriormente, de Salvador (BA). Considerado, como Dom Helder Câmara, um prelado progressista.
181_ Refere-se a José Carlos de Mello e Souza.
182_ Refere-se a Márcio Moreira Alves.
183_ Refere-se a Cândido Antonio José Francisco Mendes de Almeida.

os autocensores do *J do B* e das *Folhas*[184] permitem as sete croniquetas sobre o P. Vauthier. É uma pequena experiência, como as que fazem os arquitetos sondando o terreno antes de levantarem as paredes. Vamos ver o que dá. Gostaria de comentar também o manifesto dos bispos, que está recebendo críticas dos meios governamentais, que quereriam uma adesão formal dos bispos à Revolução! Graças a Deus os bispos, pelo menos até agora, mantêm sua dignidade. Até quando?

Ciao,

P.

Petrópolis, 28 de fevereiro de 1969

(...)

Quanto à rotina, continuei ontem a série *Direitos do Homem*, terminando o VIII e entrando firme no IX, mas uma dúvida me ocorre: será que os nossos "inquisidores", através da máscara abominável da autocensura, que considero um requinte de perversidade nazista, pois querem deixar a responsabilidade pelas infrações com os próprios jornais, o que aumenta o rigor destes, ficando os censores oficiais – os únicos autênticos – de corpo fora. É como se um assassino obrigasse um inocente a se matar ou coisa semelhante, pondo-lhe a arma na mão. É o que os nossos assaltantes estão fazendo com a censura. Enquanto isso, os assaltos a bancos continuam tranquilamente. Enquanto os imbecis dos Conselhos de Segurança Nacional se reúnem para liquidar a liberdade dos brasileiros de todas as categorias sociais, inventando subversões e guerrilhas por toda parte, os verdadeiros terroristas continuam impunemente assaltando bancos e levando os milhões de cruzeiros para financiarem a verdadeira subversão invisível.

Pois, até hoje, ninguém conseguiu descobrir os dois maiores chefes comunistas do Brasil, que continuam a imprimir e a espalhar manifestos, um dos quais foi lido pelo Ulisses Viana. Esses a polícia não lhes põe a mão, ou porque não quer pôr, ou porque a verdadeira conspiração subversiva, a da "linha chinesa", foi, e a "linha soviética" é que a América Latina não está ainda madura para uma revolução comunista e, por isso, prefere manter relações oficiais com os governos, esperando pacien-

184_ Grupo Folha, editor do jornal *Folha de S.Paulo* e outros periódicos.

temente que estes, com suas "revoluções" militares fascistas, lhes preparem o bolo que eles comerão tranquilamente quando o fruto, o fascismo militarista, cair de podre. A prova é que o Fidel Castro, comunista romântico e bolivariano, acreditou tolamente que era capaz de "exportar a sua revolução" pela América Latina afora, à custa das "guerrilhas". E o que se viu foi que esta tolice não fez senão dar a vitoria ao militarismo e ao fascismo das "linhas duras" do continente, tornando remotas todas as chances verdadeiramente "revolucionárias".

E o que se vê é que o próprio Fidel Castro está, hoje, convencido de que sua tática era uma rematada tolice, e está mesmo lutando com dificuldades econômicas internas consideráveis e deixando uma fresta aberta, na possibilidade de reentrar no pan-americanismo. Para isso, basta que retome relações diplomáticas com os Estados Unidos, o que, a meu ver, não será difícil: basta que ele (Fidel) pague, isto é, indenize as grandes companhias americanas que exploravam o açúcar em Cuba e que ele desapropriou. O governo "republicano" de Nixon, o que quer é bons negócios, e é mais realista que os "democratas", e estará pronto a reatar as relações diplomáticas, arranjando algum pretexto para *sauver la face*,[185] e todos os nossos caudilhos e militares do norte a sul da A.L., por sua vez, inventarão pretextos para fazer o mesmo "em bem da pacificação do continente" e saudando a derrota de Cuba etc. e tal. Quando não fizeram – ou terão feito – senão obedecer direitinho às ordens do mais rico, do velho Tio Sam.

Enquanto isso, o nosso infalível C.L. e seu séquito continuam a desovar decretos em nome da "revolução democrática (sic) brasileira".

Os de hoje são de "reforma agrária". A estas horas todos os nossos "moraises" que advogaram fanaticamente a entrega do poder aos militares – vide minha briga silenciosa com o Morais[186] em São Lourenço, desde a qual esfriei com ele, e venho fazendo o possível por só ir à fazenda quando eles não estão. Os velhos tempos de "São Lourenço em julho", ou mesmo em janeiro, pertencem a um passado morto e enterrado. Os "moraises" latifundiários do Brasil inteiro estão apavorados e na expectativa. Mas, na sombra, certos de que tudo isso é uma cortina de fumaça para encobrir a opinião pública, mas, por via das dúvidas, preparando os seus colóquios secretos junto aos milicos mais moderados, mostrando que, "como sempre disseram, reforma agrária é co-

185_ Expressão francesa: Livrar a cara.

186_ Henrique de Morais, amigo de infância do autor; proprietário da fazenda de São Lourenço, no estado do Rio de Janeiro, município de Trajano de Morais – onde a família e os amigos de ambos passaram muitas temporadas, especialmente em janeiro e julho (férias escolares).

munismo disfarçado"... E os milicos moderados irão, por sua vez, ajeitando os "duros" fascistas de verdade, que sonham realmente com uma revolução (direitista) autêntica, e conseguindo que tudo isso de Reforma Agrária figure como 90% nessa onda legiferante como letra morta.

Quem viver verá. Talvez eu não veja, pois essa gente do estado policial dominante está com a foice na mão, e a sua principal Força é o medo, e o velho costume brasileiro (que é ao mesmo tempo mau e bom) do conformismo. Opinião pública não existe, e os melhores estão amordaçados, como os estudantes, ou então enquadrados na conspiração comunista que, no momento, se faz de morta, e só se manifesta através dos manifestos secretos, feitos não se sabe onde; mas assaltos terroristas, quase já uma centena, sem que nenhum assaltante até agora fosse preso ou morto ou desmascarado, ou então no recrudescimento curioso das inscrições a piche ou zarcão nos muros ou nos tapumes de obras, com a sigla "p.c.b.r." (Partido Comunista Brasileiro Revolucionário). O curioso é que, ultimamente, as inscrições eram dos movimentos policiais ou fascistas anticomunistas. Agora, são inscrições comunistas. Como isso mostra quanto a violência de cima só serve para ativar a violência de baixo! E o grupo milito-tecnocrático que nos governa está convicto de que está "esmagando o comunismo".

Enquanto isso, os tipos que ainda acreditam na ação das ideias não desencarnadas, mas ligadas aos fatos, continuam de mãos amarradas e sem saber ao certo o que fazer, e, na próxima semana, os mais inócuos dos artigos sobre fatos passados terão sinal verde dos jornais amedrontados, e amedrontados com razão, para saírem. Os "Mertons" e os "Gandhis" têm saído. Mas, os outros, os que puderem ser interpretados como tendo relação mais direta com os nossos assaltantes – tanto os da "revolução democrática" como os dos bancos... sairão ou não?!

(...)

P.

março | **1969**

Rio, 13 de março de 1969

Meio-dia. Fizemos ontem boa viagem, apesar de ser São Paulo--Rio e não o contrário... Viemos os três naquele silêncio familiar, que é o melhor dos sinais do melhor ambiente doméstico, e o melhor dos repousos do espírito, deixando que a paisagem se mova e sem conhecidos que venham impedir – como aconteceu outro dia durante uma hora e meia entre SP e Campinas.

(...)

Ontem mesmo recebi convite para ir a Belo Horizonte este mês (semana de Ação Católica), que evidentemente não aceitei, mas gostei de receber, não só por me lembrar os tempos antigos, mas por saber que lá se continua a crer numa coisa que, aqui no Rio, e creio que também em São Paulo, desapareceu de todo. Quando penso em 1934 e no fervor com que Dom Leme[187] nos lançava numa aventura que parecia destinada a grandes coisas... e hoje vejo o que resta dessa bela aventura, fico pensando na precariedade de todos esses movimentos, mas, ao mesmo tempo, na paciência com que a Igreja continua a lançá-los. Hoje mesmo leio nos jornais o lançamento oficial do Comitê ou Secretariado, que nome tenha, do "Desenvolvimento Humano", anexo à nossa Comissão Justiça e Paz, e sob a presidência de Dom Eugênio,[188] para cuidar da educação de base. Já em Roma Dom Eugênio me comunicara, creio mesmo que já foi em 1967, que o papa o sondara para exercer esse cargo e ele hesitara, e ficou mesmo num grande problema de consciência, pois de fato o obrigaria a ficar ainda mais tempo em Roma do que na Bahia, ou então a deixar sua arquidiocese entregue aos bispos auxiliares, se os têm. Mas como uma recusa seria quase que recusar o chapéu cardinalício – como eu mesmo, em nossa conversa, insinuei –, ele acabou aceitando.

Não sei bem o que pretende fazer, se nem ao menos a Comissão Brasileira Justiça e Paz (da qual, a rigor, qualquer secretariado especializado como este deve depender) está organizada. Como pensar em aumentar a tarefa do movimento de educação de base, que já existe, se a Marina Bandeira[189] – aliás em oposição a Dom Eugênio, embora velada, como ela própria me comunicou quando fui vê-la em agosto ou setembro do ano passado, antes de ela ir a Roma ocupar um lugar de grande importância – entrou em choque aqui,

187_ Dom Sebastião Leme da Silveira Cintra (1882-1942), cardeal arcebispo do Rio de Janeiro entre 1930 e 1942.

188_ Dom Eugênio de Araújo Sales (1920--2012), arcebispo de Salvador (BA) de 1964 a 1971 e cardeal arcebispo do Rio de Janeiro de 1971 a 2001.

189_Colaboradora de Dom Helder Câmara e secretária-adjunta da Comissão Pontifícia de Justiça e Paz, criada em 1971.

em 64, com o pessoal da "revolução salvadora". Vamos ver agora como será.

Quanto a mim, só peço que não me peçam nada. Já me desabituei de trabalhar. Tanto em coisas do Estado, como em coisas da Igreja. Agora, nesta reta final, só mesmo em coisinhas particulares, croniquetas, dominicais e companhia.

(...)

Outra notícia de hoje é que o *Correio da Manhã* requereu concordata preventiva, o que pode ser, e provavelmente é, sinal de um colapso total, que aliás é a meta dessa gente que nos domina pela força... O *C da M*, mal ou bem, ainda era uma válvula da liberdade. Agora nem essa, por mais que os *bigs*, inclusive o *J do B*, gozem de uma aparente liberdade, desde que não desagradem aos nossos patrões. Triste situação.

(...)

Ciao,

P.

Rio, 14 de março de 1969

Todos os anos, nesta data, o passado volta sem querer e me reporto a Duas Pontes, ao aniversário de tia Chica e ao recomeço das aulas e de sua descida para o Rio, com Jorge, e tudo o mais que mudava o fim do verão e o início do "*per annum*"[190] em nossa casa, em Dona Mariana. Cada ano que passa tudo isso vai adquirindo um sentido cada vez maior à medida que me sinto marginalizado pelos acontecimentos políticos do Brasil, que me tiraram a liberdade de falar... É um sentimento egoístico, sem dúvida, mas afinal, na minha provecta idade já não posso pretender a mais senão o dizer publicamente o que penso, e quando vejo a mentalidade capitalista e militarista invadir tudo e mentir descaradamente sem que se possa dizer nada, o passado volta e acabamos pecando por aquilo que sempre contestamos: a mentalidade saudosista de ver o presente com óculos pretos e o passado com olhos cor-de-rosa, e nem olhando para o futuro.

Mesmo que isso não ocorra de todo e eu vá procurando atravessar esta era da impostura sem me deixar vencer pelo desânimo, o fato é que volto aos tempos em que se podia escrever livremente, talvez porque, naquele tempo, eu me ocupasse de assuntos sobre os

190_ Expressão latina: Período anual (tradução não literal, adequada ao contexto da frase).

quais, ao contrário de hoje, se podia escrever livremente – talvez por isso é que o 14 de março volta, ou continua cada vez mais, a ser uma data em minha vida em que volta não apenas o tempo de vocês, mas muito antes disso, o tempo do meu noivado, quando levava Mamãe, como noiva, a visitar tia Chica nesse dia.

Ou então, ainda mais longe, quando as Duas Pontes eram a minha infância durante o verão. Por tudo isso é que não posso escrever a data de 14 de março sem que o passado volte e tome conta do presente, e me faça sentir, mais de perto, a presença da velhice, coisa que hoje em dia tenho cada vez mais sentido com prazer, pois afinal o meu tempo e minha missão estão cumpridos, e já agora só posso é ter decepções ou, o que é mais grave, causá-las...

(...)

O caso Sion continua agitando o que resta nas circunvoluções do doente mental, que ontem, ao que dizem (Paulo o lê religiosamente), voltou à carga, citando a carta do Sobral (sic). Veja a falta total de ética. Duvido que o Sobral tenha autorizado a citar a sua carta, tanto mais quanto ele censurava o c. por ter discutido o caso em público... Mas o policial, pois o que há com o c. não é um caso de inveja ou de arterosclerose mental, mas é apenas de erro de vocação: nasceu para policial e é um frustrado numa vocação onde poderia chegar a ser um novo Filinto Müller...[191]

Hoje dona Stela de Faro me telefonou sobre o caso do Sion. "Uma retificação", diz ela. Pensei que fosse para se pôr ao lado do policial. Era apenas para me dizer que o Sion não veio para o Brasil "por causa das perseguições religiosas em França", como eu dissera, e foi o caso do Sacré Coeur e outras congregações francesas. Mas em 1888, quando fundaram um colégio na zona norte, por iniciativa da Condessa Monteiro de Barros – a mesma, penso eu, que trouxe os trapistas e lhes deu uma fazenda, hoje dos beneditinos. Só em 1895. Creio eu, com a morte de quatro freiras por febre amarela, é que se mudaram para Petrópolis, fechando o colégio do Rio, que só reabriria em 1908, na rua São Salvador, tendo fundado em 1901 o de São Paulo, em 1903 o de Campanha, e em 1905 o de Curitiba.

Mas dona Stela de Faro está também furiosa com o "Corçãozinho", como ela disse.

(...)

Ciao,

P.

191_Filinto Müller (1900-1973), oficial do Exército, chefiou a polícia política da ditadura Vargas entre 1933 e 1942. Foi acusado de torturar e assassinar presos políticos e de entregar aos nazistas Olga Benário, mulher de Luiz Carlos Prestes.

Petrópolis, 15 de março de 1969

Por ora ainda não pude trabalhar... Chegamos às 5. Apenas acertei a série "Direitos do Homem". Duas tinham ficado aqui e, na numeração, havia repetido o VI, de modo que estou na 10ª e não na 11ª: se permitirem sair (direito é hoje um termo subversivo) já tenho quatro meses de folga... Quero apenas escrever hoje, sem falta (...) o do Domingo Pascal... para então enfrentar o José Veríssimo e os livros para a Academia. Depois terei o discurso para junho (?) em São Paulo (Congresso de Jornalismo Católico) e a conferência inicial do curso da Academia, que sempre me toca, e será sobre tema análogo, "Comunicação", não sei que título tem por completo. Estou à cata de um livro, *Culture and Communication*, de vários autores, que preciso encomendar dos Estados Unidos, o que vou ver se faço hoje mesmo via o Grossman, que tem sido, desde 1958, meu intermediário com o livreiro de lá (*8th Street Bookstore*). Mas é tão complicado agora (nem tanto, mas estando aqui ou em Campinas ou na Bahia dá na mesma). Mandarei a gaita.[192]

Hoje o termo comunicação está em voga, como está contestação ou consumação. Ontem mesmo encontrei – num esplêndido (sic) artigo numa revista católica americana sobre os "*2000 days of Paul VI*", que vou guardar para você ler, pois é a melhor síntese que já vi sobre os prós e contras... sobretudo estes, dos cinco anos do infeliz pontificado que tanto me decepcionou e amargurará os últimos anos de minha vida – encontrei a expressão consumismo, que achei ótima e vou adotar. E diz o autor que Paulo VI ataca, ao mesmo tempo, "comunismo e consumismo" e é certo... mas... como o *but*, o mas estará sempre ligado à figura de um papa que, ao menos quanto a mim, está seguindo quase que o mesmo roteiro de seu predecessor, apenas em sentido contrário da expectativa à decepção... Mas também tem seu lado positivo e o autor, para mim desconhecido, faz um quadro sintético e objetivo, como ainda não vi em nenhum comentário até hoje sobre o pontificado do "Hamlet" pontifício...

Dos jornais de hoje, que tanto tempo me tomaram aqui em Petrópolis, pois não tendo compromissos certos, vou relaxando e lendo tudo – a única notícia que acho pra comentar é a morte de mais um "do meu tempo", embora com mais nove anos que eu: o Peró (Pedro Morais Barros), que foi o chefe de gabinete do Nilo Peçanha,[193]

192_ Dinheiro, na expressão popular da época.
193_ Nilo Peçanha (1867-1924) presidiu o Brasil de 1909 a 1910.

com o qual trabalhei seis meses no Itamaraty, em 1917! Mais um do meu tempo que se vai, levando consigo mais um pouco da imagem daquele ano tão cheio e marcante em minha vida, que oscilava entre as paredes do Itamaraty e a rua São Clemente...[194] As paredes porque a impressão que tive, logo ao entrar para o "serviço diplomático", que em 1916 procurara com tanta aflição e esperança de largar a advocacia fracassada no escritório do Sousa Bandeira,[195] para entrar para a diplomacia e, com ela, o cosmopolitismo, que era o meu clima daquele momento, até que "*enfin Maria Thereza vint*"...[196] – a primeira impressão foi (como hoje com Paulo VI...) uma bruta decepção. O Itamaraty me pareceu "uma gaiola", como a União Pan-Americana, no começo da fase Washington, em 1951, me pareceu "um mausoléu". Depois me acostumei, como sempre. Mas acontece que quando me habituei com o Itamaraty já na fase Peró (pois os primeiros seis meses foram com o Silvio Romero Filho como chefe de gabinete do Lauro Müller,[197] e só quando este saiu, em agosto de 17, é que eu entrei para o gabinete, com o Peró, nem sei por quê) – acontece que, já então, dona Baby[198] entrara na minha vida, como a menina do laço preto no sobrado de São Clemente... E eu, desde então, só pensava em sair do Itamaraty, da "gaiola" sem futuro, para arranjar um emprego e me casar.

E a Cometa[199] apareceu, no momento, como a estrela da manhã. De modo que meu contato com o Peró (que nunca mais revi, Quiquinha[200] falava com ele de vez em quando, e juntos falavam um pouco de mim) foi pequeno, embora eu trabalhasse (...) numa sala ao lado da dele. Mas o Itamaraty de então, a despeito de ter o Brasil entrado na guerra (e por isso mesmo é que o Lauro Müller rodou), era um casarão tranquilo, em que pouca coisa acontecia... E um adido como eu, nem me lembro bem o que fazia no "gabinete" do ministro.

Quando entrei, fiquei na biblioteca-arquivo com o Ronald de Carvalho.[201] Ainda me lembro dos papéis do arquivo que eu, por ordem do chefe, que era um tal de Mário Vasconcelos, mexia – e então me lembro bem das conversas na janela com o Ronald, olhando os cisnes do pátio... frequente.

Tudo isso são, hoje, sombras vagas nas paredes do passado, paredes que larguei em novembro de 17 ou dezembro, sem nenhuma saudade, pois partia para a mais bela aventura de minha vida...

O Peró lá ficou. E hoje se foi, antes de mim, com os seus 84.

(...)

P.

194_ Rua do bairro de Botafogo, no Rio de Janeiro

195_ Refere-se ao tio do poeta Manuel Bandeira (1886-1968), cujo nome completo era Manuel Carneiro de Sousa Bandeira.

196_ Em francês: Enfim Maria Thereza veio (referência à chegada na vida do autor daquela que viria a ser sua esposa).

197_ Lauro Müller (1863-1926) foi ministro das Relações Exteriores entre 1912 e 1917.

198_ Apelido da esposa do autor.

199_ Cometa era o nome da fábrica de tecidos, em Petrópolis, da qual o autor era diretor, representando seu pai, Manoel (Manduca) Amoroso Lima, sócio da família Amado. Por considerar inconveniente usar seu próprio nome em críticas literárias, Alceu Amoroso Lima adotou, em 1919, o pseudônimo de Tristão de Athayde. Ao ser convidado por Rodrigo Lopes para escrever para *O Jornal*, o autor declinou, alegando não ficar bem "um diretor de indústria fazer crítica literária". Rodrigo Lopes o convenceu a aceitar ao responder: "Quero justamente um crítico literário... que não seja crítico literário".

200_ Apelido de Silvia, filha do autor.

201_ Ronald de Carvalho (1893-1935) foi poeta e diplomata.

Petrópolis, 16 de março de 1969

Petrópolis já está com sua fisionomia de inverno, embora oficialmente o verão só acabe no dia 21 e o outono entre em cena. Assim é que gostamos dele, Mamãe e eu. Só a rua 15 manteve um pouco do entulhamento estival. Tudo o mais entra no ritmo calmo das ruas sem automóveis, das casas fechadas, dos transeuntes com cara de gente da terra, em suma, aquela mansidão que nos leva de novo ao nosso Petrópolis de solteiros, noivos, recém-casados ou com vocês pequeninos, quando já começava a se movimentar demais. É uma gostosura! Tanto pela volta ao passado – que, aos 75, queiramos ou não, vai fazendo ninho cada vez mais quentinho em nossos corações, como pelo sossego que traz na hora em que a cabeça vive tão acumulada pela impostura e a falta de liberdade em que vivemos.

Ainda hoje a impostura do Costa e Silva, tendo o topete de declarar, ontem, em um discurso de aniversário de sua posse ou não sei de quê – teve o topete de declarar que continua fiel à democracia! É preciso ser muito sem-vergonha e pensar que somos todos uns idiotas. Será que nunca mais teremos liberdade de dizer e escrever o que pensamos? Bem sei que quando se sofre de uma dor ou de uma moléstia, um simples resfriado, a impressão que se tem é que nunca mais sararemos. Por isso mesmo é que não perco a esperança de ainda voltarmos a ter vergonha, e a não sermos governados por uma turma de fariseus que se julgam enviados da Providência Divina – pois fazem tudo em nome de Deus, da Pátria e da Família, ou em nome da Tradição, da Família e da Propriedade, sobretudo da propriedade. Que farsantes!

Por isso mesmo é que esta paz do Petrópolis hibernal faz tanto bem ao espírito, embora recoberta de uma grande melancolia e de um sentimento agudo de remorso por não estarmos fazendo nada para que o Brasil volte a poder olhar-se no espelho sem se envergonhar de si mesmo e se libertar dos marimbondos ou das abelhas africanas que esvoaçam por aí, ferroando quem tiver a coragem de apanhá-las. Como já não a tenho e me escudo atrás dos 75 para me justificar, vou me beneficiando, com remorso, destes dias e destas noites de um Petrópolis de outrora, quando tudo era tão tranquilo, quando olhamos de hoje para 50 anos atrás, pois naquela época quem sabe se já pensávamos estar em plena agitação!

Seja como for, tratemos de não envenenar estes últimos – talvez – momentos de relax a dois na Moselinha tranquila, no silêncio da noite, com a fiel Arminda dormindo lá em cima, o fiel Boy[202] dormindo lá fora e nós dois, pelo menos dormitando, em face um do outro, no meio das flores (rosas lindas, cor-de-rosa, que Mamãe arranjou, como sempre, com mãos de fada; e no grande vaso azul de Sèvres um bando de bicos de pato – *estrelitzias reginas*, como me explicou o meu amigo "sêo" Horácio, o florista, ensinando-me que "não são flores daqui, vêm do Egito, lá na Ásia (sic)", pois eu continuo a conversar, com gosto, com o meu amigo florista, o meu amigo postalista, o meu amigo fruteiro, o meu amigo carteiro, o meu amigo mecânico, o meu amigo padeiro, o meu amigo farmacêutico, o nosso "sêo" Gumercindo, porteiro da Moselinha, que fecha a farmácia quando vai ao dentista, "porque não tem com quem deixar", que delícia! Ou quando muito os meus amigos franciscanos... Agora entendo, também, porque viemos encontrar Petrópolis restituído a si mesmo, e tão em paz. É que a turma dos assaltantes, com o c e s[203] à testa, voltaram para o seu antro de Brasília. E com eles todo o bando dos cortejadores e beija-mãos que estragaram por dois meses a nossa cidade, a sua cidade, e agora a libertaram de sua presença maligna, e por isso é que ela está de novo tão serena, tão ela mesma e tão restituída à sua dignidade antiga e ao... nosso sossego. Deus a mantenha assim por muito tempo, ao menos até janeiro de 70, quando a turma dos aventureiros volta, se... até lá não tiverem cedido a marmelada a outros, melhores ou piores, pois cada vez mais a "velha de Siracusa" fala à minha memória...

Com todo esse desabafo você vê logo que não fiz nada de trabalho, a não ser corrigir duas croniquetas que trouxera do Rio, escrever duas cartas, uma para Nova York, outra para Paris. Nada mais. *Dolce far niente*...[204] Hoje preciso ao menos pegar nos Veríssimos, que ali estão me olhando com ar irônico, enquanto os pacotes dos livros da Academia estão lá embaixo, no sopé de seu quarto, como chegaram! Todos os anos se repete a mesma comédia: disponho-me a ler logo os livros, e dar, quanto antes, os pareceres, e no fim deixo tudo para a última hora.

Nem mesmo me dispus a traduzir os dois Vauthier, para pedir a você que os passe a máquina. Preguicite aguda... Delícia desta casa

202_ Refere-se ao cachorro da casa.
203_ Referência ao general Costa e Silva, que presidiu o Brasil e, no verão, hospedava-se no Palácio Rio Negro, em Petrópolis (RJ).
204_ Expressão italiana: Como é bom ficar à toa.

em silêncio, deste pombal como você o deixou, em 49, quando os livros começavam a chegar. E Mamãe lá embaixo! Que vontade de pedir a Deus... "Senhor, Senhor, para aí o tempo!!!!"

Ciao,

P.

Petrópolis, 17 de março de 1969

Dia de Petrópolis, já meio inverno, bonito por cima e silencioso por baixo. Ruas vazias, roupas pesadas, nada de jovens "copacabânicos" e "psicodélicos" em bando, e o Galeto vazio à hora do jantar, pois também a "*cook*" do verão, ou antes, as duas, já foram despachadas e ficamos os dois velhotes no regime do almoço "*corn flakes*" ou "pão com presunto", o jantar no Galeto, que se chama, creio eu, Alcântara, pois, como de costume, não prestamos atenção aos nomes para os quais olhamos uma vez cada dia. Hoje, missa às 8, para atender ao pedido de Mamãe de "não ficar sozinha", pois Arminda fora dormir em seu quarto da Cascatinha, como costuma aos domingos, para arrumar os seus "trens"...

Depois da missa, pagamento da conta da luz, compra de pão e jornal, café, frutas, e cá estou, mais tarde que de costume, e preparado a desperdiçar, gostosamente, mais uma manhã!

Ontem li um bom pedaço de um livro do José Verissimo, de que sempre ouvira falar e nunca lera, o *Educação Nacional*, e é gostoso meter-se assim em velhos (...) textos, de 1890 (1ª ed.) e 1906 (2ª), no tempo em que me preparava para vir ao mundo, ou então o detestável Ginásio Nacional onde Verissimo fora diretor por sete anos, antes da minha passagem por lá.

Senti que esse livro era a "chave" do futuro Verissimo, grande crítico literário e inimigo figadal do Sílvio Romero, de quem nessa época (1890) era grande admirador e por quem, na segunda, creio eu (1906), já era injuriado pelo velho Sílvio, tal qual o Tristão com o Corção. Apenas o Sílvio era um desbocado, e chegou até a falar sobre "zeverissimoções" (sic) da crítica literária.

Mas estou gostando de ler este volume, concordando ou discordando, mas revendo o Brasil do início da República, com suas esperanças de "salvação" (como hoje os bobocas ou malandros da "Revolução") e depois as decepções do meio da República, em 1906, época em que eu mesmo, menino e moço, já absorvia esse ar desoxigenado pelo pessimismo e pela decepção que me deixou sinais na minha fobia política, e hoje na grande decepção (?) do fim da vida, em face dos novos salvadores. Há uma página do Verissimo, sobre o alheamento do povo da nossa vida política, de uma atualidade flagrante. Apenas o que hoje acontece é que, a partir de 30, o povo ia tomando interesse e participando da vida política, e tanto o Getúlio (contra as classes médias) como os militares de hoje (contra os estudantes e as classes populares) reduziram, pela força (Estado Novo getuliano, até 45, e Revolução dos milicos depois de 64) ou afastaram e impediram a participação do povo, e mais uma vez entenderam salvar o Brasil de cima para baixo, agora então, mais do que nunca, com a mentalidade sectária de caserna, em que o oficial manda e o soldado obedece sem discutir. No caso, o oficial é a Revolução, ou, antes, a Oligarquia milito-técnica que a empalmou, e o soldado – que tem de obedecer, sem rugir nem mugir – é o povo, incluídos todos nós nele, os intelectuais que se meteram a falar (ou mesmo a fazer política) e os padres ou leigos de A.C., que também ousaram meter o seu bedelho onde não eram chamados, e que os políticos outrora e hoje os militares e técnicos pregam que só eles (militotécnicos) podem abrir a boca.

Aliás, à noitinha, enquanto Mamãe foi à missa das 7h30, eu voltei à Moselinha para fazer hora de buscá-la para o jantar, pensava no seguinte ensaio a escrever: outrora se dizia que o Brasil e os brasileiros eram filhos de três raças tristes (portugas, índios e africanos). Hoje se teria de dizer que o Brasil e os brasileiros são filhos (ou escravos...) de três forças tristes: o militarismo, a tecnocracia e o patriarcalismo moralista: o general Costa Cavalcanti (entre outros generais), o Delfim ou o Helio Beltrão (entre os técnicos) e os Corções e Plinios entre os patriarcalistas e moralistas. Seria um bom exercício mental meditar um pouco sobre isso. Mas como não posso pensar em publicar nada a respeito, o melhor é deixar que a semente caia no chão duro e seja comida de belos pássaros... Também nessa meditação à noite me ocorreu uma ideia a desenvolver porventura, esta com mais chance de poder se reduzir a croniquetas e dominicais, se der para tanto (já não falo em conferência...) confrontar Guimarães Rosa com Camões. Este escrevendo a epopeia do mar dos portugueses, quando o mar começava a morrer para Portugal, e este para aquele com o fim das navegações e da grande época.

(Cafezinho de dona Baby...)

Pois o Guimarães Rosa foi também o épico, mas da terra e do sertão, na hora em que o sertão começa a morrer e os seus personagens a serem apenas figuras lendárias do passado. Brasília foi uma facada no coração do sertão...

É certamente um enorme exagero comparar o G. Rosa a Camões, mas há lampejos de semelhança. Ambos épicos, ambos estilistas admiráveis, ambos tratando de um tema que foi grande no passado, mas já em vias de morrer; em Portugal, a aventura marítima, no Brasil, a aventura sertaneja dos bandeirantes e dos cangaceiros (que são, afinal, os últimos bandeirantes, já na agonia) e ambos fazendo a épica de um mundo morto.

Etc. e tal...

Bem, vamos voltar à "*belle époque*" verissimiana de 1890... É gostoso voltar assim ao passado, com G. Rosa ou Camões, e confrontar com o presente tão outro. E o futuro?...

(...)

Petrópolis, 19 de março de 1969

Diz uma sentença anônima, mas de repercussão antiga e universal, que os povos felizes não têm história. Também os dias felizes não a têm. E por isso é que dos dias que passamos em Santa Maria não há história, nem destes de nós dois, face a face, na Moselinha, dentro de um "ramerrão" quotidiano, debaixo de um céu azul, que nem o Mediterrâneo tem, e numa rua que, neste início de inverno, tem pouquíssimo movimento, e que representam o que há de melhor na felicidade. Pois, afinal, que será a vida eterna no céu quando, e se lá chegarmos, senão a delícia da monotonia, de uma monotonia, é bem verdade em que o único tom será, nada mais nada menos, do que... a Face de Deus, portanto a cor absoluta, o tom absoluto, sinônimos de perfeição, logo de felicidade. A que podemos desfrutar cá em baixo é uma simples imagem remota do que poderá vir a ser essa monotonia divina, na ausência de história, logo na ataraxia perfeita. Mamãe, ali em minha frente, lendo o jornal na cadeira de braços – vinda da Casa Grande –, eu cá nesta mesa, também vinda de lá, e escrevendo a você, lá fora uma sinfonia de verde e azul incomparável, e na rua... o silêncio, esta condição fundamental de toda

Felicidade. De modo que momentos como este são dos tais que nos levam a pedir a Deus: pare, Senhor, pare o tempo!!!

Mas como o tempo não para, nem sei mesmo se Deus pode (ou quer...) fazê-lo, e nada de mais contestável, ou certamente contestável, do que a proeza de Josué, sem nada de Montello...[205]

Por falar em luz e cor, descobri agora – coisas que só mesmo nestes momentos de relax como os da Moselinha, nestes dias de março – descobri a razão de encroarem as lindas rosas cor-de-rosa que eu trouxe pra Mamãe (e pra mim...) no sábado: a ausência de luz. Ficaram na nossa sala de estar, que é muito escura, o dia inteiro e de noite também. Mesmo quando as ponho na varanda para tomar a frescura da noite, de luz só recebem a que a manhã lhes traz. Por isso mesmo deixei-as hoje na varanda até a volta da missa, para receberem um pouco de sol. Resultado: uma delas se tinha aberto, como se abriu a... Igreja com João XXIII. E as rosas, por falta de luz, se fecharam e encruaram, como a Igreja encruou com Paulo VI, porque este a fechou, ou está fechando, dentro das quatro paredes em que os integristas a querem trancar, segundo a frase do Plínio Corrêa de Oliveira, há 20 ou 30 anos antes (honra seja feita) precursor, cá entre nós, dos Corções e companhia: "É preciso fechar as igrejas, e não abri-las"... Foi textualmente o que começaram a fazer assim que o nosso João XXIII fechou os olhos e, em vez do *aggiornamento*, começaram o *anottamento*...[206] As minhas rosas encruaram, como a Igreja, por falta de luz e de janelas abertas...

Bem, estes dias gostosos de *far niente* têm o seu reverso: trabalho tão lento que é igual a nada. Leitura malandra do J.V. em páginas pálidas e escurecidas, mas sempre necessárias para me ambientar de novo nessa figura que mal conheci e que conheci mal, e aliás ganha em ser relida, por mais que me sinta pouco afinado com ele, salvo na honestidade e no equilíbrio em que se coloca em face dos autores, e de uma perspicácia inegável em ver os brasileiros tal como são.

O Sílvio Romero, seu opositor e contraditor, e que pessoalmente conheci muito melhor, e de quem gostei humanamente muito, tem certo aspecto pouco simpático, e que o J.V. aponta com razão: parece com os nossos do lado de lá, serem donos da verdade. E o J.V. é muito menos dogmático e unilateral. Em suma, estou revivendo um pouco, por essa leitura de outros tempos, também uma atmosfera de outro tempo, e tão diferente de

205_ Jogo de palavras com o nome de Josué de Sousa Montello (1917-2006), romancista e membro da Academia Brasileira de Letras.

206_ *Aggiornamento*, expressão italiana que significa "renovação". *Anottamento*, termo criado pelo autor para designar uma Igreja que não renova, e sim anota, controla quem ameaça a ortodoxia.

hoje e de mim hoje, mas afim com o mim dos tempos de atividade puramente crítica, entre 18 e 28. E isso tem certo charme, sobretudo quando colocado na posição de hoje, 69, depois do malfadado 13 de dezembro em que a sombra da ditadura escureceu o Brasil e tirou a luz aos homens, como eu tirei às rosas quando as deixei, dia e noite, numa sala escura. *Hipofotia* foi o nome que imaginei para essa moléstia: deficiência de luz. A Igreja está sofrendo dela. Como o Brasil...

Como eu próprio, pois não sei pensar no escuro, especialmente quando este escuro é imposto e resulta de janelas fechadas. Claustrofobia... E por isso sinto uma enorme preguiça em escrever, em pensar, em fazer, em aparecer, e por horror ao escuro e às paredes, paradoxalmente, me inclino ao escuro e às paredes... Entenda-se o animal humano... Quero o silêncio e a solidão (a dois...), mas com as janelas abertas e a luz entrando, à solta, pelas janelas, como está entrando neste momento, mesmo quando Mamãe desceu e a maior das minhas luzes foi lá para baixo, mas está lá embaixo e é o quanto basta.

Tudo isso para te dizer que ontem nada fiz de trabalho ativo. Ler é trabalho passivo... Mais gostoso, mas também mais perigoso que o trabalho ativo. Embota os dedos, como o escuro embota as rosas e as "juntas de coice" encroam a Igreja...

Leio nos jornais que a Heloneida Studart[207] foi destituída da presidência do sindicato que dirigia! A perseguição das trevas continua. E os impostores a falar em "Revolução Democrática"...

Ciao,

P.

Petrópolis, 20 de março de 1969

(...)

Passei o dia lendo o J.V. Acabei o primeiro volume dos *Estudos da Literatura Brasileira*, verificando que já o havia lido até a última página. A impressão que tenho é boa. Melhor mesmo do que a impressão geral que guardara. Mas sem nenhum entusiasmo. Probidade absoluta, isenção, coragem de desafiar, mas concepção rigidamente magistratorial (...) da crítica, como um proverbial modelo clássico de Beleza. Abertura teórica às novidades, mas praticamente julgamento baseado no confronto com

207_ Heloneida Studart (1932-2007), líder feminista, foi deputada estadual no Rio de Janeiro, eleita pelo PT.

um código rígido de valores, de tipo clássico. Nenhuma simpatia. Tudo no terreno do mais frio intelectualismo. Mas tal honestidade nos julgamentos e tanta objetividade, que perdoa o que há de antipático no rigorismo de sua atitude estética. Do ponto de visita social, espírito aberto e até progressista, se se pode dizer, bem adiante do seu tempo. Em suma, um grande "*honnête homme*",[208] como se dizia no século XVII em França, aberto para o futuro mas rígido nos modelos clássicos, sobretudo claridade e simplicidade, o que é bom, mas sem muita – ou mesmo nenhuma – flexibilidade. Como crítico, muito superior aos seus dois grandes companheiros, Sílvio Romero e Araripe. Analista escrupuloso e argumentador lúcido, sem nenhuma graça de estilo, nem sutileza de espírito. Um magistrado modesto. Um disciplinador. Tomou a crítica a sério e limpou-a de todo compadresco e de toda a ambiguidade. Pão pão, queijo queijo. Chato mas honesto. E uma independência modelar. Nada de amizades e inimizades, de enfeites e descomposturas, de exageros em qualquer sentido, como fora a crítica romântica. Foi o antirromântico por excelência na crítica, embora colocando, com razão, o romantismo como o maior dos nossos movimentos literários. E colocando, erradamente, Machado de Assis acima de tudo e à parte de tudo. Erradamente? Não sei. Talvez seja mesmo, pois o fato concreto, ao menos em mim mesmo, é que ele, M. de A., é o único dos nossos clássicos que... releio e onde encontro sempre novidades. É certo que Machado foi o mais universal de todos. E, afinal, o mais atual e perene.

O que não me atrai em J.V. é a sua absoluta falta de flexibilidade, de sutileza, de gosto, de poesia enfim. Como sou pela crítica criadora, não me sinto, de modo algum, ao lado dele e no seu campo de crítica judicativa e professoral. Em suma, um bom universitário e, nesse ponto, está talvez mais atual que outro qualquer. Pois a crítica moderna é muito disciplinadora. Embora em claves de criação estética, que J.V. acharia completamente absurdas e anárquicas. Qual seria o seu juízo sobre o Modernismo? Provavelmente o mesmo que sobre o Simbolismo. Em tese, admitiria tudo, as coisas mais revolucionárias (salvo em gramática...), mas só em tese. Na prática rejeitaria quase tudo. Talvez salvasse Bandeira. E Schmidt. Ou mesmo Drummond, mas deste tenho dúvidas.[209] Creio mesmo que não o aceitaria, salvo em um ou outro poema clássico. Embora, no fundo, Drummond

208_ Expressão francesa: Homem honrado.
209_ Referência aos poetas Manuel Bandeira (1886-1968), Augusto Frederico Schmidt (1906-1965) e Carlos Drummond de Andrade (1902-1987).

seja também um clássico, em seu extremo modernismo. O que rejeitaria certamente seria Guimarães Rosa. E daí, quem sabe. Nada de mais difícil do que saber o que seria um crítico de absoluta humildade e isenção, como J.V., em face de uma revolução estética como a do Modernismo. Em tese, estou certo de que a aceitaria de braços abertos. Mas, quando se tratasse de descer às obras, faria como com o Simbolismo: pau nelas... Quem sabe lá!?

(...)

Ciao,

P.

Petrópolis, 21 de março de 1969 – São Bento

Há dias recebi um convite para a reunião mensal dos oblatos, com umas linhas à mão, muito delicadas, de Dom Estêvão. Não fui. Há anos não vou a essa missa mensal. Hão de pensar que é para não encontrar o C. Não é. Nunca, aliás, o encontrei nessas missas dos oblatos. Nem sei se o é. A razão é apenas... sei lá – displicência, desinteresse por tudo que seja reunião, dentro ou fora da Igreja, e talvez mais dentro que fora, um pouco de afastamento com os beneditinos do Rio, onde predominam (ou predominavam...) os "corçonianos", tudo isso um pouco, mas sobretudo aquela idiossincrasia a reuniões, mesmo para rezar em comum – salvo a missa, esta cada vez mais amada e frequentada, mas porque a reunião ali não me tira nada da solidão, de estar só no meio da multidão – que é, hoje, o que mais me encanta: sentir os outros perto, mas me sentir longe de todos, não por qualquer espírito de aversão, mas para estar só, que é afinal a melhor coisa do mundo, salvo quando o outro é uma parte de nós mesmo, como Mamãe, os filhos ou talvez algum amigo.

E sobretudo por serem aos sábados as tais missas dos oblatos, com café e conversa depois, o deslocamento até aquela colina inspirada, onde, confesso, já não sinto o que sentia outrora.

Tudo isso será culpa minha, sem dúvida, envelhecimento, ou pior que isso, sectarismo, aquilo mesmo que combato nos outros e contra o que luto, incapacidade ou pelo menos desafeição absoluta pelo diálogo, e tendência crescente e final – pois dessa não voltarei mais – para o monólogo. A verdade é esta: sou um monologante e não um dialogante. O diálogo que prego abertamente, como por exemplo o da abertura da Igreja, é o do monólogo coletivo, possibilidade de cada um dizer livremente o que pensa, sem qualquer espécie de censura, a não ser a de impedir que qualquer um impeça a nossa liberdade.

Por isso é que hoje mesmo me indignei com a prisão do filho do Rodrigo Mello Franco, o cineasta de *O Padre e a Moça*,[210] contra o qual protestou a delegação francesa no festival internacional de cinema que está se realizando no Copacabana. Dizer que os estrangeiros podem publicamente manifestar o seu protesto, e nós, brasileiros, estamos arrolhados! Este o regime coronelício que fez do Brasil uma Grécia (de hoje, não de outrora!) ou até um grande Haiti.

(...)

Petrópolis, 25 de março de 1969

(...)

Li ontem no *Témoignage Chrétien*[211] o tal manifesto dos 750, dirigido ao papa, sob o título de "*si cristo vedesse*",[212] que é a interpretação irônica que os romanos dão às iniciais s.c.v. (Secretaria (?) Città Vaticano),[213] que usam os automóveis e outros veículos e propriedades da Santa Sé.

O tal manifesto é uma página terrível contra o luxo etc. do Vaticano, e contra o conservadorismo da Santa Sé, mas escrito por quem conhece a fundo as Escrituras e os Santos Padres e, ao mesmo tempo, interpreta os protestos dos mais radicais "contestadores". Creio que o erro foi divulgar o documento, o que determinou que o conservadorismo curialista ainda apertasse mais, como aconteceu entre nós com o episódio do Marcito, que favoreceu, escandalosamente – por mais justo que fosse em si – o assalto dos neofascistas.

Por falar nisso, leio no *J do B* que o Costa e Silva, em Curitiba, foi aclamado por uma multidão "de mais de 100 mil pessoas"... Ah, o Povo, o Povo... Mormente o nosso povo, basta que tenha êxito e força e seja bonachão para que o povo se entregue todo, como o Boy quando os patrões idosos se aproximam dele.

Hoje, aliás, enquanto estava de cabeça baixa e olhos humildes recebendo as minhas "festinhas" na cabeça, como de

210_ Refere-se a Joaquim Pedro de Andrade (1932-1988).
211_ Semanário francês, fundado em 1941, com informações gerais de inspiração cristã.
212_ Expressão italiana: Se Cristo visse.
213_ s.v.c. significa Stato della Città del Vaticano – Estado da Cidade do Vaticano.

costume, tudo bem. De repente, como que tenta morder-me de brincadeira, mas abre a bocona de verdade, com os mil e um dentes aguçados, põe-se a latir furiosamente. Fiquei boquiaberto e, nisso, vejo que Arminda vinha saindo para eu levá-la ao açougue, pois ontem quebrara os óculos e está catacega. Com certeza pensou que eu o estava mimando para ajudar a fuga... de Arminda... "ou por outro qualquer motivo", diria o meu sábio motorneiro de tantos anos atrás, quando havia motorneiros, e que o menino do Cosme Velho os invejava, pois voltariam para as Laranjeiras guiando seu bonde, ao passo que o menino seria engaiolado entre lobos até as 12h20, hora da libertação!

Bom, o fato é que o documento "*si cristo vedesse*" é impressionante e... irreverente, e nunca li um igual, senão na palavra dos não católicos. E os seus signatários são todos católicos e declaram, categoricamente, que nem sonham em deixar a Igreja. Como são verdadeiras todas as acusações que nele fazem. Eu o subscreveria *in totum*, apenas com a reserva de... não ser divulgado, e que o papa e os curialistas o lessem. Mas não o grande público. É o que este pensa, sem dúvida. Mas nem por isso sua divulgação vai mudar alguma coisa. Mas, de qualquer forma, é uma lavagem de alma! Pois quase tudo que ali está é o que pensam todos os que estão sofrendo na pele e na alma com os ventos do integrismo que varrem a Igreja e enchem de gás os balões e os pulmões dos corçonianos e dos plinianos! Você poderá ler o documento no último número do Cicop (documentação das Vozes), que prevejo que o transcreverá, provavelmente, na íntegra.

Leio também, no T.C.,[214] uma entrevista, pela TV, do meu companheiro da *Comissio* – que recebemos lambadas indiretas no "*si cristo vedesse*" e, com razão, – em que monsenhor Rhodain – Presidente da Charitas Internacional e ex-chefe dos capelães militares franceses, durante as grandes guerras – ou pelo menos a Segunda, sei lá – comenta esse manifesto dos 750. É exatamente o que vejo nos trabalhos da Comissão: calado sempre, distraído, frio, pouco simpático, sem a menor abertura, mas de uma riqueza interior incontestável, e que é um autêntico apóstolo da caridade. O que tem feito pelas crianças de Biafra e por todos os infelizes do mundo é obra de santo. Mas também de um conformismo total. Sente-se que está de acordo com tudo que o tal manifesto denuncia (aliás, dá a impressão de que não o leu, mas se declara apenas "*un fidèle*", de modo que não dis-

214_ *Témoignage Chrétien.*

cute o papa, nem a Igreja com os abusos etc.) A certa altura, respondendo a um "*auditrice*",[215] que pergunta sobre "a Igreja como coluna do capitalismo", tem uma resposta bem francesa: "Coluna é o que sustenta. Se a Igreja sustentasse o capitalismo, tirando este sustento o capitalismo viria abaixo. E ninguém pode afirmar, em consciência, que o capitalismo sofresse qualquer abalo se lhe faltasse o apoio da Igreja". E acrescenta: "*Il faut trouver un autre slogan*".[216] Apenas se esquece que o problema fora mal colocado pelo tal "*auditrice*" e que a censura justa que se pode fazer (em parte...) é exatamente o oposto. Não é a Igreja que sustenta o capitalismo, mas... o capitalismo (hoje) que sustenta a Igreja. E isto nem toda a "fidelidade" do monsenhor pode negar. Se falhassem as contribuições dos magnatas e ricaços norte-americanos, a Igreja teria de encerrar 2/3 de suas atividades. Ao que eu mesmo, que não sou nenhum Camilo Torres,[217] comentaria: tanto melhor, pois a crítica do tal documento contra a multiplicação das comissões é mais que justa. A nossa, J. *et Pax*,[218] por exemplo, é uma total superfluidade, ao menos até agora...

Bem, o problema é complexo demais para... mesmo para alimentar o pretexto de não voltar às barbichas ralas do calado J.V.

(...)

Ciao,

P.

Petrópolis, 26 de Março de 1969

Vida ociosa foi o título de um romance de Godofredo Rangel, lançado por Monteiro Lobato, e que descrevia a vida mole, quotidiana, das fazendas mineiras. Tenho sentido um pouco disso nestes dias preguiçosos, como ontem, em que, inclusive, certo calorzinho à hora do sol convida à modorra depois do almoço sumário de "*corn flakes*", mas que Mamãe agora engordou um pouco com dois ovos estrelados e umas deliciosas bananas da terra fritas.

Acrescente a isto a leitura mole do J.V. e terá o quadro da "vida ociosa" deste fim de quaresma em sua e nossa santa terrinha, aliás com dias tão bonitos e tão silenciosos, de pôr água na boca a uma petropolitana residente nas alturas paulopolitanas, que ainda não

215_ Em francês: Ouvinte. No caso, um telespectador.
216_ Em francês: É preciso encontrar um outro *slogan*.
217_ Camilo Torres (1929-1966), padre colombiano, faleceu combatendo como guerrilheiro nas florestas da Colômbia.
218_ Refere-se à Comissão Pontifícia de Justiça e Paz, da qual o autor fazia parte.

estão com "um pedaço de gelo pregado à goma arábica nas encostas dos Andes"(?), como mais ou menos Castro Alves definiu São Paulo de há um século, justo em 1868, quando por lá passou os últimos meses felizes de sua vida intensa e infeliz.

Mas o fato é que a leitura mole do J.V. me levou, como novo álibi, a passar à leitura de um velho maranhense, realmente em progresso de um século sobre seu meio provinciano, e que escreveu, em 1852, o famoso *Jornal de Timon*. Eu sabia que tinha os dois volumes, raríssimos, das obras do grande João F. Lisboa, mas custei a encontrá-los na barafunda destes meus livros, quase todos direitinhos alinhados como soldadinhos pelas estantes, para descanso dos olhos, mas também quase todos... de pernas para o ar após as limpezas que Arminda e a tal bruxa, que passou um mês aqui, de papo pro ar, antes da nossa vinda, e que Mamãe pôs a limpar os meus pobres livros.

Por falar nisso, há anos, ao fazer meu testamento para beneficiar Mamãe (pois só por testamento é que, casados como somos, por comunhão de bens – e "separação de males", como dizia uma gracinha do Morais nos bons tempos em que o nosso hospedeiro de São Lourenço fazia gracinhas!! – podemos dispor livremente de metade dos nossos bens, pois a outra metade é a legítima, de vocês filhos, e eu naturalmente dispus dela em favor de Mamãe). Mas caí na asneira de dizer, então, nesse testamento – e só você é que fica sabendo desses detalhes – que os meus livros ficariam "para o Centro Dom Vital", depois que Mamãe e vocês tivessem tirado os que quisessem. Mas agora, totalmente desinteressado como estou do Centro, que para mim já não representa mais nada (é a triste e pura verdade, que reverterá contra a minha sensibilidade, mas é a verdade e estou certo de tudo, como dizia Gandhi) e, portanto, quero agora revogar. E vou adiando, adiando, para não mexer no tal testamento. Superstição? Então me lembrei de fazer um "codicilo", que é um adendo, também a ser aprovado por tabelião, e que fica incorporado ao testamento sem destruí-lo. É, aliás, o que preciso consultar com o Mário Tavares.[219]

Êta desvios... Como se fossem novidade...

O fato é que acabei encontrando o tal velho livro (dois vols.) caindo aos pedaços (o primeiro) e mergulhei na leitura – encontrando, com meus vestígios a lápis de minha ou minhas passagens anteriores, de que vagamente me lembrava – e deixando

219_ Tabelião amigo da família do autor.

naturalmente de lado o velho J.V., seu entusiasta, e que foi, aliás, ontem o que me levou a reler o velho Timon, que tem coisas de tanta atualidade sobre política, pois foi um liberal avançado, avançadíssimo para o seu tempo, mas ao mesmo tempo partidário da ação pessoal do "chefe de estado" (no tempo de Dom Pedro II, contra cujo "poder pessoal" os liberais do seu tempo protestavam), o que coloca J.F. Lisboa numa posição próxima ao socialismo democrático de hoje. Tem palavras ótimas sobre anistia, que figurariam como uma carapuça se eu pudesse ou quando puder – sejamos otimistas – embora o Lisboa fosse um pessimista total, ou quase, e por isso mesmo é que o J.V. tanto o admirava.

Nesse ponto discordamos. E o nosso prezado Tigre[220] poderia também citá-lo...

É o que acontece com os homens realmente livres, e não sectários. Podem ser citados, a um século de distância, por sujeitos antagônicos! O quadro que traça da politicagem dos "partidos" maranhenses ("nacionais", corrige o J.V. que ainda era mais pessimista!) é de um extraordinário vigor. Quase um romance de costumes. E com que coragem um cara, morando numa aldeia de 30 ou 40 mil almas (quantas almas mesmo?...), como São Luís, dizer aquilo da política dominante, e com costumes semibárbaros... Hoje, não são menos bárbaros... São apenas mais mascarados. E ainda ontem esse fantoche que banca o mini-Getúlio, passeando pelos estados – ontem no Paraná, hoje em Santa Catarina – declarou que "sua maior decepção foi o 12 de dezembro, quando o Poder Legislativo o obrigou a recorrer ao único recurso que lhe pertence – as Forças Armadas para manter a ordem"! Que impostor! Como se o Poder Legislativo, negando ao Supremo Tribunal (Poder Judiciário) a licença para processar um deputado (como tinha sempre feito) tivesse com isso insultado o Poder Executivo, que não estava em jogo legalmente. E não estava porque não tinha o direito constitucional, perante a Ordem Jurídica vigente, de obrigar o P.L. a conceder uma licença que era livre de conceder ou não! São essas mentiras que estamos no momento impedidos de denunciar pela imprensa, e que o pobre povo ignaro (os 100 mil de Curitiba...) vai engolindo de boca aberta, como engoliram todas as patranhas que todos os governos anteriores lhes contaram...

Esses tartufos é que não passam pela minha garganta. Será que

220_ Referência a Gustavo Corção.

morrerei asfixiado, sem poder sequer – moderado como tenho consciência de que sou ou medroso da polícia, se quiserem –, sem poder ao menos escrever as minhas inócuas croniquetas.

Fico por conta, e com vontade de quebrar a pena de uma vez por todas como, aliás, você também me aconselha... Mas como sou incorrigivelmente moderado (J.F. Lisboa também aconselha a virtude da "moderação", patrocinada por Aristóteles – prefiro dizer "temperança", filosoficamente, reservando moderação – palavra tão gasta e ambígua como caridade e outras – para o uso familiar). Pois mesmo em política já ficou como prudência, desvalorizada e desvirtuada, e até sinônimo de covardia, indefinição, conformismo, oportunismo etc. e tal. Quando, filosoficamente, é equivalente à pura proporção, critério da verdade: "*Truth is proportion*"[221] (Hilaire Belloc).

Ainda um traçozinho das pequenas mentiras desses episódios governamentais. O fantoche mini-Getúlio foi agraciado com o título de "*doutor honoris causa*" da Universidade do Paraná. E o reitor dela, o inefável Suplicy,[222] disse que o título era dado ao C e S por ter feito a "reforma universitária". Pois bem, esse mesmo malandro, Suplicy, quando há dias esteve no Conselho de Educação, me disse que essa reforma era uma patacoada, ou coisa semelhante, e tocou-lhe o pau de rijo. Pois agora, com beca e tudo, o tartufinho – pois tem os tartufões e os tartufinhos – e o tal Suplicy é da raça dos "inhos" – apesar da estatura, do vozeirão e das aventuras obscenas com os jovens funcionários que ele colocou no ministério, quando ministro, e que Henriquinho, fofoqueiro-mor, me contou algumas. E eu mesmo presenciei uma com um jovem afilhado que andou pelo Conselho no tempo e logo depois sumiu. E que o tal Tartufinho tratava com particulares modos de proteção...

(...)

Ciao,

P.

Petrópolis, 27 de março de 1969

Hoje vou apenas começar este "ponto" para não deixar "*dies sine linea*".[223] Mas não poderei continuar, pois já são 10h15 e às 10h30 devemos descer. Ontem houve um toró no Rio, mas aqui mal chuviscou. Vamos ver como está a estrada e se, na volta, não seremos incomodados pelos "elementos"! Ontem, nada feito,

221_ Expressão inglesa: A verdade é harmoniosa.
222_ Flávio Suplicy de Lacerda (1903-1983) foi reitor da Universidade Federal do Paraná e ministro da Educação entre 1964 e 1966. Assinou o Acordo MEC-USAID, de reforma da universidade brasileira, e inspirou a lei – conhecida como Lei Suplicy – que proibiu atividades políticas dos estudantes.
223_ Expressão latina: Dia sem nenhuma linha.

senão leituras do J.V. e do *Jornal de Timon*, que agora releio na íntegra e com gosto extremo, pois há muita coisa que, depois de 64, adquiriu muito sentido nas páginas desse homem de cultura real e de visão realmente avançadíssima para o seu tempo. É um nem-nem (nem à direita, nem à esquerda), mas extremamente ponderado e, quanto a revoluções, dentro da doutrina tomista 100%.

Se eu pudesse escrever a propósito do 5º aniversário da nossa quartelada de 64 que – sob o nome pomposo de Revolução continua a ser objeto de grandes autoencômios por parte dos assaltantes que nos dirigem – eu me limitaria a transcrever o que escrevi em *Política* há 30 anos, explicando a teoria tomista das revoluções e completando agora com o que dizia J.F. Lisboa. E poria o meu p.c.c. (por cópia conforme) embaixo. Não apenas cópia, mas concordância.

E até amanhã se Deus quiser.

P.

Petrópolis, 28 de março de 1969 – Nossa Senhora das Dores

Para não desperdiçar papel – ou, como vocês dizem, "por espírito de pobreza"! – vai mesmo a de hoje nas costas da de ontem, rabiscada às pressas, na hora da "largada" para as terras cariocas que, ontem, felizmente depois de nossa volta, voltaram a ser castigadas pelas chuvas e pelos ventos que, infelizmente, custaram a vida de alguns favelados que continuam a morar dependurados em seus ninhos de lata e panos soltos, enquanto os nossos "donos" pavoneiam o seu estúpido "euformismo", ainda mais escandaloso do que o "erotismo" que um deles, e o menos moralmente autorizado para fazê-lo, o tal do Gama e Silva, cuja fama é das piores desde os bancos do colégio (testemunho de seu colega Afrânio Ferreira, em Campinas) e de sua mulher (informação de Manezinho, filho da testemunha acima arrolada) – que hoje bota moralismo contra a imprensa "imoral", mas tem ao menos um rasguinho de bom-senso quando "autoriza" (veja a petulância desses mascarados) a venda de livros marxistas (aliás, "em livrarias especializadas", diz ele), o que permitirá à polícia só autorizar a sua venda em ... "segundos andares" e "sebos fechados"...

Aliás, na Espanha ainda é pior, pois várias editoras de livros "esquerdistas" foram "fechadas"...

Como os totalitarismos são todos iguais: uma anedota que hoje corre na Rússia: uma senhora pede, numa livraria, o *Guerra e Paz*, de Tolstói. O caixeiro traz o livro. Mas ela responde: "Ah, mas eu queria 'mimeografado' (a livraria era conhecida como vendendo originais mimeografados de livros proibidos pela censura) pois, só assim, meu filho, para quem eu quero o livro de Tolstói, é capaz de o ler...".

Fiquei com vontade de citar essa anedota numa croniqueta que estou doidinho por escrever a propósito da notícia que nos vem de Caracas, de que o meu amigo Rafael Caldera legalizou a existência do Partido Comunista... Será que uma croniqueta nesse estilo sairá? Estou com vontade de tentar a experiência... Aliás, estou vendo que o *Correio da Manhã* está começando, muito lentamente, a mostrar de novo o nariz à tona!

Leio hoje um novo nome, subscrevendo um bom artigo, de asas abertas. João Lobo (parece pseudônimo de algum dos antigos redatores "suspeitos"). Além do que ultimamente surgiu nas suas colunas Oliveira Bastos, e que é muito bom. Ainda hoje tem uma linha, que li com gosto maldoso, em anúncio que uma editora nova, Nova Fronteira, fez um inquérito, pelo qual se vê, estatisticamente, a saída de um livro "sofisticado" como o *Ulysses* de James Joyce e outros, ao passo que revela "o encalho dos livros de G.C." (sic).[224]

Bem, basta de desvios, porque esse não é meu costume...

(...)

Tenho saudades de mim mesmo quando relembro aquela hora de pura meditação, num dos centros do mundo (centro dos centros... Paris) ou da ida a Illiers! Será que ainda terei ocasião e inspiração de mandar "bilhetes" de 69 e 70? Por que não 71 e 72, quando acabam os 5 anos de prazo da *Justitia et Pax*? Aliás, leio no jornal, sempre o *C da M*, que dá notícias que o *J do B* não dá – sobretudo sobre as "perseguições" que continuam na sombra da neoquartelada de 13 de dezembro – foi preso o Tibor,[225] presidente da Confederação Cristã do Trabalho, que conheço muito bem e com quem já almocei na nunciatura, pois já era ligado a Dom Lombardi,[226] e continua, creio eu, com este núncio. Fiquei revoltado, se é que ainda algo me revolta dessa gente agaloada e <u>dopada</u> (piores que drogados...) que nos governa. A notícia

224_ Referência a Gustavo Corção.
225_ Tibor Sulik fundou no Brasil a JOC (Juventude Operária Católica) e a Pastoral Operária. Metalúrgico de profissão, foi secretário-geral da Cáritas brasileira.
226_ Dom Armando Lombardi (1905-1964), núncio apostólico no Brasil de 1954 a 1964.

acrescenta, aliás, que o Tibor foi há pouco nomeado membro da Comissão Brasileira de Justiça e Paz... Ignorava eu que já havia nomeações dessa comissão, nem mesmo que já tivessem começado a constituí-la. O Tibor é um líder dos trabalhadores cristãos e, por isso, suspeito aos fascistas e policiais que nos garroteiam.

Fico matutando a razão dessa prisão. Suspeito também que a Heloneida foi presa e solta dias depois pelos mesmos motivos que levaram o filho do Rodrigo Mello Franco à cadeia por alguns dias: diz a polícia que descobriu uma célula comunista num subúrbio, com 200 e tantos nomes de "contribuintes", e está interrogando a todos e prendendo alguns. Quem sabe se o Tibor, como presidente da CCT, também contribuía por simpatia sindical e, por isso, foi levado pelo Dops, a nossa Pide[227] e, no fundo, a única autoridade efetiva que nos governa!

Terríveis tempos estes. Tempos mascarados, o que é o pior dos garrotes com que nos asfixiam: pois cometem todas as arbitrariedades na sombra e impedem a verdade. Não sei como essas notícias ainda saem. O *J do B* não as publica por ser mais covarde e cúmplice dos milicos, mas o *Correio*, cujo "fôlego de 7 gatos", se conseguir sobreviver, deverá ser compensado com a gratidão de todos que ainda acreditam na liberdade de imprensa como a maior garantia das demais liberdades públicas e privadas.

[...]

Ciao,

P.

Petrópolis, 31 de março de 1969

[...]

Irei à oficina (já é tarde) para buscar a "garça"[228] que deixei para pequenos consertos, já que, amanhã, vamos ficar no Rio só por medo de vir na boca da noite, pois terei de ir à Academia para a reabertura dos trabalhos [...] e, sobretudo, a eleição do sucessor de Manuel Bandeira. Será naturalmente uma sucessão e não uma substituição, já que o nosso Manuel – sobre quem não consegui, até agora, escrever nada, senão aquelas linhazinhas no *Le Monde*! – é insubstituível (poeticamente não duvido que o foi, talvez, já em vida, pelo Drummond, que é incontestavelmente o nosso maior na poesia, e que continua a demonstrar, quase

227_ Polícia Internacional de Defesa do Estado, órgão repressor da ditadura portuguesa de Antônio de Oliveira Salazar (1889-1970), atuante entre 1945 e 1969.

228_ Apelido do carro do autor, um Ford modelo Corcel, branco.

diariamente, uma verve, uma originalidade, um espírito de poeta, que já faltava há muito ao nosso querido Manuel!).

Quem vencerá o prélio (êta xô!) de amanhã? Acredito que o Lêdo Ivo. Mas... (como diria o nosso prezado Paulo VI), mas não será fácil, e só acho que será, talvez, se vencer logo no primeiro "*round*". A bancada dos poetas – (tão fraquinha: Guilherme de Almeida, Menotti del Picchia[229] e mais não disse, pois o Múcio Leão[230] e o Gilberto são "bissextos", ah! temos o maior deles, sem dúvida, o João Cabral,[231] mas ainda não vota, pois só tomará posse em maio, e o Abgar Renault[232] idem) – essa bancadinha está com o Lêdo, que é poeta e virá engrossar a bancada das Musas, em nosso território. O Ciro dos Anjos,[233] como pessoa, é muito superior ao Lêdo, que não me inspira, pessoalmente, confiança alguma. Pessoalmente, portanto, eu torço pelo Ciro, e com gosto votaria nele se, anteriormente, já não me houvesse comprometido com o Lêdo. Este, porém, literariamente tem mais valor, embora (lá vem o nosso prezado papa...) o Ciro esteja longe de ser inferior de fato ao seu concorrente (são compadres!) e, como prosador, é mesmo superior ao outro, que o excede de muito como poeta (creio mesmo que o Ciro nunca se perdeu por esses terrenos líricos ou épicos). O Lêdo, portanto, é pianista de quatro mãos e, o Ciro, só de duas, mas, a rigor, se equivalem, com ligeira superioridade intelectual do Lêdo. De qualquer forma, um dos dois, digo ambos, sucedem honradamente, e mesmo literariamente, ao nosso Manuel, sem substituí-lo. O que não quer dizer que o empate sem solução não seja possível. É bem possível. Como você vê, os prognósticos não são fáceis, mas eu mantenho o meu: Lêdo, no primeiro *round*...

(...)

Ciao,

P.

229_ Guilherme de Almeida (1890-1969), advogado e poeta; Menotti del Picchia (1892-1988), advogado, político e poeta.
230 _ Múcio Leão (1898-1969), jornalista e escritor.
231_ João Cabral de Melo Neto (1920-1999), poeta e diplomata.
232_Abgar Renault (1901-1995), educador e poeta.
233_ Ciro dos Anjos (1906-1994), ensaísta e romancista.

abril | **1969**

Rio, 2 de abril de 1969

Enquanto Mamãe se prepara para voltarmos à montanha – da qual me sinto logo tão saudoso, apenas a deixo, tanto mais quanto já a vejo de novo em regime de "inverno", quando mais nos fins de semana, e olhe lá – aproveito para... a queixa de costume: nenhuma das duas cartas anunciadas. A terceira é bem possível que já nos tenha chegado às mãos. Estarão nos esperando em Petrópolis. É a esperança. Como lá dizemos: quem sabe estão no Rio! É de admirar que uma Revolução Saneadora como esta ainda não tenha conseguido prender os "contrarrevolucionários" postalistas que estão, evidentemente, sabotando a "Salvadora" e fazendo jus a um bom "suicídio" nas dependências do Dops, como incursos na Lei de Segurança Nacional...

Quem sabe se o Laudo Camargo, que ontem foi eleito (ainda há eleições neste Brasil). Só ontem duas! E ainda há quem fale em ditadura! A outra foi a do Ciro dos Anjos, por 21 contra 14 (Lêdo Ivo), contrariando minhas previsões, pois foi logo no 1 escrutínio. Como o Ciro era meu candidato *in petto*,[234] ou em pessoa, embora o Lêdo o fosse em obra, isto é, em voto, fiquei satisfeito, tanto mais quanto parece certo que o Bandeira se tinha desentendido com o Lêdo, acusando-o de qualquer trapaça moral – e o Manuel podia perdoar todas as trapaças intelectuais, mas nunca perdoava qualquer malandragem moral. De modo que, embora perdendo no voto, ganhei com a pessoa, pois o Ciro é um mineirinho, neirão, de algum valor literário também.

O Lêdo Ivo acaba de me telefonar... Agradece meu voto etc. e tal. Esperava 15 no primeiro, para ganhar no segundo, pois o marechal[235] deveria ter tido 6 ou 7 votos no primeiro, que não teve. Só 2. O que mostra, não que a Academia não seja também simpática aos galões... mas só aos galões no poder, pois o marechal Estêvão (o papelzinho da cédula que distribuíram tinha até Estêve (sic), o que mostra como o marechal estava mesmo... reformado...), que foi pela revolução de São Paulo (1932) e até esteve exilado em Portugal, era também suspeito aos atuais do nosso Brasil... Mas o Lêdo telefonando-me mostrou-me como é malandro. Já conta, certamente, com nova candidatura, e vai ver que a primeira pessoa a quem telefonou foi ao Ciro...

Quanto a essas novas candidaturas, o Luiz Viana[236] ontem já me falou na do Anísio Teixeira,[237] à qual dei logo o meu voto,

234_ Expressão italiana: De dentro do coração.
235_ Refere-se ao marechal Estêvão Leitão de Carvalho (1881-1970).
236_ Luiz Viana Filho (1908-1990), advogado e escritor, governou a Bahia de 1967 a 1971.
237_ Anísio Teixeira (1900-1971), jurista e educador.

para mostrar a essa gente que a Academia não vai no conto do general...

[..]

Bem, por essas ondas do mar, já nem sei por onde andava. Pelo Laudo, pelo Ciro, pelo Lêdo, pelo Abgar... tudo gente importante das eleições de ontem, gente de que ainda nos podemos enfunar, se bem que eu veja no marechal-mor[238] as cócegas de se candidatar, para concretizar o assalto de 13 de dezembro. O que o torna mais abominável, pois se trata de uma revolução mascarada, que se gargareja com o título. Na realidade é apenas uma quartelada a mais na vida inglória do nosso modesto terceiro-mundo latino-americano. O fato é que o tal do C e S, nos discursos pelo quinto aniversário da R1 e R2, mostrou que está doidinho por colocar na cara a máscara jurídica, desde que essa se ajuste bem ao sectarismo direitista, do qual ninguém fala, mas que, de fato, é a única realidade tangível do que estamos vivendo.

[...]

Petrópolis, 15 horas

Só para não deixar em branco a folha, venho terminar a página cá na nossa Moselinha, onde viemos encontrar um tronco de árvore caído na frente de casa, de um modo engraçado: é um ficus italiano, filho (galho) daquele que a sua amiga Ercília nos deu e eu trouxe no automóvel e, hoje, está tão grande que começa a ameaçar a parede da garagem, e estamos pensando em derrubar.

Plantamos um galho dela na frente da "mansão" e escoramos o garoto com um arame. Depois o garoto cresceu e nos esquecemos do arame. Este era forte e segurou tão bem o tronco que fez uma espécie de cintura fina, gravada no tronco, que depois do arame foi de novo se alargando, como nós outros também nos alargamos com os anos e os... chocolates.

O tronquinho miúdo, sob os olhos da mamãe ali ao lado, e querendo, como toda a nova geração "contestar" a altura e o desenvolvimento dela, foi crescendo, crescendo, mas não podendo libertar-se do arame que lhe comprimia a cintura, como se fosse a reminiscência dos anos juvenis, não pôde crescer sozinho. Mas a seiva era grande também, e foi alargando o tronco mesmo deixando o arame apertá-lo como uma fina gargalheira! Todos nós,

238_ Refere-se ao presidente Costa e Silva.

árvores, mãe de árvore e avós das duas, todos nós esquecemos do arame, já agora inútil, mas que ficou ali desapercebido por todos. Mas não desapercebido pelo vento, que é sempre, senão o inimigo, pelo menos o testador da força das árvores. E parece que deu, hoje, ao menos um "ventinho", na frase de Arminda, e o resultado é que, apenas tinha ela varrido os jasmins que o jasmineiro todo dia derrama, generosamente, para perfurmar o chão de nossa entrada, esse insidioso vendaval acabou fazendo o que os ventos assobiadores da Moselinha não tinham conseguido fazer. Quem sabe lá se desafiou a árvore? "Eu te derrubo." "Você não pode." "Posso, quer ver?" "Pois então experimente." E o vento experimentou. E o resultado lhe foi favorável, como ontem as urnas da Academia ao Ciro. E o ficus, que é italiano e não benjamin (há um ficus-benjamin, assim chamado), mas que era o benjamin da mamãe ali ao lado, lá se foi, não digo por água abaixo, mas por jasmineiro abaixo, fazendo chover mais pétalas no passeio que a Arminda varreu com tanto amor, como tudo faz, com as árvores e conosco... E a mamãe ao lado não pôde fazer nada. Nem os avós! Se não contar hoje à tia a história de um arame e de um pé de vento moseliano.

Ciao,

P.

Petrópolis, 3 de abril de 1969 – Quinta-feira santa

E nada de cartas... As duas, com certeza, se perderam mesmo por aí! Mas logo duas! Parece incrível, mas não é.

Voltamos ontem cedo, de modo que ainda pude aproveitar a tarde para descascar mais um dos abacaxis do prêmio da Academia: uma xaropada indigesta sobre Unamuno,[239] e ainda mais copiada (pois é inédita) pessimamente. Esta não pode entrar na competição. Ainda faltam duas, também em cópia a máquina, e o livro sobre o Gilberto Amado, que eu não cheguei a ler – embora fizesse parte do júri que lhe concedeu o prêmio José Olympio, pois foi quando fomos à Europa, em 67, na saudosa viagem com Alceu e Elisa. Só agora é que vou ver o que vale, pois tanto o J.O. como o G.A. me insinuaram a possibilidade do prêmio. Detesto isso. Se o livro valer, fico vexado de dar ou, pelo menos, propor o prêmio, por parecer que estou apenas "atendendo a amigos". Se

239_ Miguel de Unamuno (1864-1936), poeta, novelista, filósofo, ensaísta e dramaturgo espanhol.

não valer, fico chateado por ter de desgostar o J.O., que foi e está sendo 100% com o Tristão, e também o G.A., que foi sempre tão exuberante comigo, embora sua sinceridade no elogio só valha na proporção direta da retribuição...

O Didi,[240] como te disse, já me deu "carta branca". Aliás, não costumo consultar os companheiros da comissão.[241] Dou meu parecer, com o qual concordam ou não. É esta, como você bem sabe, minha opinião sobre o convívio social.

E por falar nisso, como me soou tão mal ao coração – por mais que o compreenda – a fala de ontem do papa. Reconheço que tem razão, e que realmente os casos recentes de deserção da Igreja são terríveis. Dois bispos, só na América Latina. E a sublevação por toda parte dá toda justificativa (toda?) à amargura do papa, que até agora, pelo menos, não empregou o termo excomunhão. Essa atitude dos rebeldes é o maior estímulo à malta dos anatematizadores, dos nossos integristas plinianos e corçonianos, para o eterno: "Eu não dizia?". E por isso se cava, cada vez mais, o abismo entre o velho e o novo, quando, pelo contrário, o que deveríamos procurar era a reconciliação dos extremos. É o que ainda hoje o meu chapa Tristão diz na sua croniqueta de quinta-feira santa. Mas não será que o estado de insurreição e de "contestação", inclusive as deserções de bispos (um dos quais sobrinho do grande bispo chileno Dom Manuel Larrain), não provêm justamente da posição retrógrada das juntas de coice? É exatamente o mesmo que se dá no plano político: os capitalistas e os comunistas estão a ferro e fogo (e mesmo os comunistas entre si, como os capitalistas entre si...) porque nenhum quer aceitar a coexistência entre os opositores. Será que isso é realmente um mal irremediável, e serão os ditadores que têm razão? Não, não e não. Pode ser que, na realidade, as coisas deem razão aos marxistas fora da Igreja, e aos integristas dentro dela (que são irmãos gêmeos nos métodos de antagonismo e violência) e que o mundo só caminhe através de revoluções e reações, de *Syllabus* e anti-*Syllabus*.[242] Mas até morrer hei de pedir a Deus que não me permita perder a fé absoluta nos métodos de amor, de compreensão, da tolerância, do perdão, do convívio pacífico, da liberdade... Única coisa boa nas palavras do papa, ontem, foi no começo – pelo que dizem os jornais – do seu discurso, ou sermão, ou o que seja: o espetáculo da falta de liberdade no mundo de hoje! É isso mesmo! Mas, então, será que ele vai ingressar

240_ Apelido do escritor Rodrigo Otávio Filho.

241_ Refere-se à comissão de membros da Academia Brasileira de Letras, encarregada de conceder o Prêmio Machado de Assis.

242_ *Syllabus Errorum*, documento emitido em 1864 pelo papa Pio IX, condenando o mundo moderno e, em especial, a liberdade de religião e a separação entre Igreja e Estado.

pelo mesmo caminho do autoritarismo, da obediência imposta, do mais ou menos? Não acredito. Essa frase deve ter um sentido profundo e básico. O que ele deve querer dizer é que o excesso de insurreição, de contestação, ameaça a liberdade pelo próprio exagero da liberdade. Mas não será restringindo o direito à liberdade que se promoverá a cura desse mal de falta de liberdade no mundo, que ele, papa, reconhece. Só pela liberdade é que se manterá no mundo a liberdade. Isto é, só a liberdade como meio é que garantirá a liberdade como fim.

É preciso reconhecer, entretanto, que não pode haver liberdade contra a liberdade. E, então, o círculo vicioso voltará a formar-se, pois tem de haver um limite intrínseco no uso da liberdade, para que não aconteça o mal de se empregar a liberdade contra a liberdade. De modo que o problema acaba sempre no fundo da consciência de cada um. E se essa consciência não se basear na crença de que há uma Consciência das consciências, isto é, Deus, que autolimita as consciências, recairemos sempre no círculo vicioso.

Bem, e os que não creem em Deus? E são milhões de seres humanos, especialmente nessas novas gerações de regimes oficialmente ateus que, mesmo que não organizem cruzadas antiteístas, deixam os jovens crescerem na crença do poder do homem como o único absoluto.

Então é preciso reconhecer que a crença em Deus é, de fato, a única garantia do convívio pacífico, mas há valores que, embora no fundo dependendo de uma crença inconsciente no Absoluto não humano, logo, em Deus, têm de ser respeitados e utilizados como métodos de convívio livre: é a consciência de cada um de que a paz é, em si, superior à guerra, e o amor superior ao ódio, logo, a tolerância recíproca é o único meio de juntos, crentes e não crentes, tornarem a vida tolerável.

E como o Cristo nos trouxe, acima de tudo, essa primazia do Amor, se o cristianismo, especialmente a Igreja Católica, se deixar levar pela radicalização dos extremos e, portanto, pela tentação do autoritarismo de baixo (violência) ou de cima (condenações, anátemas, excomunhões, reações não menos violentas), então é que podemos dizer que a Igreja pós-conciliar está se diluindo no mundo e se confundindo com ele. Exatamente porque o mundo de hoje é marcado pela oposição, pela primazia da autoridade, pela violência da liberdade, pelo ódio etc., é que a Igreja tem de dar o exemplo da Bondade, do Perdão, da Tolerância, da

Humildade, do Respeito pelo Outro, da Pobreza, da Ida ao Povo, da Não Violência, da Liberdade, do Convívio com os maus, do antes morrer que matar, da paciência, da fraternidade, do deixar crescer o joio ao lado do trigo, da crença na primazia da Misericórdia Divina, da coexistência dos contrários, da vitória pela derrota, em suma, da Cruz como centro da História!

E, para começar, comecemos por aceitar e compreender a amargura do papa, e pedir a Deus que ele não faça o mesmo que o seu predecessor Pio IX, e sim o mesmo que seu predecessor João XXIII! Milagre?!

(...)

Ciao,

P.

Petrópolis, 5 de abril de 1969 – Sábado de Aleluia

Você bem sabe em que estou pensando ao escrever o nome do dia que estamos vivendo há quarenta anos de outro dia como este, embora num mundo tão diferente deste, tão mais fácil, mais tranquilo, mais bonito, mais manso, mais esperançoso que este de 1969. Em 1929, para falar apenas naquele pai radiante – e ainda radioso – de cabelos pretos ou, aliás, castanhos, mas ainda sem pelos brancos – o que esse pai encantado com a terceira flor de seu canteiro, plantado onze anos antes, e deslumbrado ainda com o seu Encontro na igreja de Santo Inácio, sete meses antes – o que esse pai esperava é que sua própria "conversão" valesse alguma coisa para a sua geração, embora convicto, como então escrevia (e dos documentos escritos ninguém pode se excusar) que ia contra a sua geração. Mas, no fundo, esperando que aquilo que fazia, como um sacrifício e uma referência, aproveitasse ao mundo (coitado dele...) ou à Igreja (coitada da Igreja). E, no entanto, passados quarenta anos, o estado de espírito daquele mesmo pai radioso é, quando muito, o daquilo que o povinho do interior chama de... "galo de crista caída"... Todas as esperanças se foram. Só ficou a Esperança, e é o bastante!

Foram-se as esperanças de um Brasil melhor, de um mundo melhor, de uma geração melhor. Tudo só fez piorar, depois de alguns momentos de imensa euforia na fase do triângulo – João, John, Kruschev[243] – para passar ao triângulo Paulo, Nixon,

243_ Refere-se a João XXIII, John Fitzgerald Kennedy e Nikita Kruschev, que foram contemporâneos.

Brehznev...[244] Tão diferente do outro. Da euforia à amargura. De um João aberto a um Paulo fechado. De um Kennedy luminoso a um Nixon embaçado. De um K[245] degelando a Rússia soviética a uma Rússia recongelada, esmagando a Tchecoslováquia e se preparando febrilmente para arrastar a rivalidade do formigueiro chinês com a grande possibilidade de uma volta ao stalinismo, que algum desses dias poderá vir por aí, como penso que virá, anunciando o fim da rivalidade com a China e o anúncio de uma frente única do Oriente comunista, levantando, então fatalmente, a frente única dos falcões capitalistas, e desencadeando, quiçá (aqui fico no quiçá, esperando sempre que não venha), a catástrofe da terceira guerra universal, desta vez nuclear, que João XXIII expressamente anunciou se, se, se o mundo não se abrisse ao Amor, à reciprocidade da compreensão do Próximo, em vez das retaliações e dos ódios, dos integristas de lado a lado, que invocam mais a Justiça de Deus e, no fundo, não acreditam, nem desejam, nem mesmo respeitam a sua Misericórdia. E se em 1929 a Igreja parecia ainda em paz consigo mesma (era, está se vendo hoje, uma falsa paz), hoje está em guerra consigo mesma, e queira Deus, aí sim, que seja também uma falsa guerra, como espero ardentemente!!

De qualquer forma, o Pai Radioso de 29 é, hoje, um Pai Radiante, isso lá é verdade, porque aquele botão de rosa cor-de-rosa do sábado de aleluia de 29 é, hoje, uma rosa Rubra e em plenitude (não podia faltar...) de 1969. E isto basta para que o Radioso de 29 se tenha tornado o Radiante de 69, apesar de todos os pesares. E sabe por quê? Porque está realizando em si aquela imagem dos Evangelhos que centenas de vezes tem, durante esses 40 anos, evocado e citado, e hoje poderia, com as duas palavras iniciais, ser o título coletivo das obras completas do quinquagenário de 17 de junho: *Nisi Granum*.[246]

Este o lema dos dois pais e da Igreja de 69, já agora nas vésperas do adeus final.

Se o grão não apodrecer, se não mergulhar na terra sem poder falar, o que quer dizer, sem ver em Roma quem quiser ainda ver ali; sem ver nos Estados Unidos, a maior potência do mundo, quem quiser ver ali; sem ver na Rússia, a maior força política do mundo de amanhã, quem quiser ver ali; de ver mesmo neste nosso pobre Brasil se não o oposto do que quisera ver aqui – se não viver tudo isso em sua morte de grão

244_ Refere-se a Paulo VI, Richard Nixon e Leonid Brezhnev.
245_ Nikita Kruschev, que em 1956 denunciou os crimes de Stálin.
246_ Nisi Granum são as duas primeiras palavras do Evangelho Segundo São João, cap.12, versículo 24: "Nisi granum frumenti cadens in terram mortum fuerit, ipsum solum manet"(Se o grão de trigo não cair na terra e não morrer, continuará ele só").

semeado em 1928,[247] ou em 1918[248], ou em 1893[249] – sem isso, quem sabe, se não fosse isso, quem sabe, é que o pai radioso de 1929 não teria cumprido sua missão! Será esse o segredo do contraste, sensivelmente tão doloroso, com tantas e tantas decepções, de 29 a 69 mas, por outro lado, espiritualmente compreendendo que chegou a hora de passar de uma conversão exterior e original a uma autêntica conversão interior, a tal "*conversio morum*",[250] em que a sentença do *Nisi Granum* deixa de ser uma frase bonita ou paradoxal – com que o Tristão de 1929 explicava o paradoxo do cristianismo (como fez, certa vez, a uma filha de Osvaldo Cruz, sem fé, que lhe pediu por telefone que lhe explicasse o sentido obscuro do *Nisi Granum*) – para ser o segredo de sua missão.

O Tristão vitorioso da década de 1919-1929 começou a ser o Cristão que, lentamente, mergulhava na terra para apodrecer e ver, pouco a pouco, morrerem todas as suas pretensões, todas as suas vaidades, todas as suas ilusões, até ver o triunfo dos integristas e reacionários, dos militares na política, dos capitalistas na economia, dos reacionários na Igreja, em suma, com a vitória mundana (...)

(Meio-dia. Ouço os primeiros foguetes! Realmente um foguete, da Moselinha, anunciando: Aleluia!)

Não será isso um sinal de Deus na hora mesma em que o *Nisi Granum* baixava a cabeça, no fundo da sombra e do silêncio, vendo a vitória de tudo aquilo contra o que vinha combatendo, esse foguetinho solitário da roça petropolitana vem lhe dizer: "Seu Alceu, não perca a confiança, não perca a ilusão, não perca a esperança, pense que o *Nisi Granum* é o Cristo na cruz, e só da cruz é que pode nascer a Salvação, a Alegria, a Mocidade Eterna!".

Obrigado, meu foguetinho da Mosela. Na hora mesma em que, há quarenta anos, nascia aquela que, hoje, é a nossa lâmpada diante de Deus, você me traz o Aleluia!

Veja você como um simples foguete pode fazer tudo isso – não veio outro!

Um simples foguete pôde dar um sentido a tudo aquilo que eu vinha escrevendo tão do fundo do coração, e veio chamar a atenção deste velho Tristão-Alceu para a verdade do *Nisi Granum*, e para a compreensão do *Nisi Granum*. E, por isso mesmo, para a vitória da Alegria, da Confiança, em suma, da Ressurreição.

247_ Ano da conversão do autor ao cristianismo.
248_ Ano de casamento do autor.
249_ Ano de nascimento do autor.
250_ Expressão latina: Mudança de hábito.

Apesar de todos, todos, todos os abatimentos e as decepções de quem, a quarenta anos de distância, está vivendo em carne viva o sentido do Nisi Granum quase na hora do Nunc Dimittis!![251]

[...]

Ciao,

P.

Petrópolis, 8 de abril de 1969

De "trabalhos" ontem, quase nada. Apenas ditei à Mamãe o tal Parecer para entregar na quinta, na Academia, e voltei ao velho J.V.[252] Estou vendo agora outro problema: na semana que vem termina o parco estoque de croniquetas, com os dois últimos Mertons... e agora José? Tenho dado tratos à bola para saber sobre que vou passar a escrever, já que o território político está vedado, e o território religioso está saturado com a Semana Santa, e os Mertons, e resta apenas o território literário, já que o das viagens ainda não está aberto para a caça... E o das memórias está... longe e envolto nas brumas das "preocupações e das decepções e das desilusões" e das chateações que fazem descer a neblina sobre o passado... De modo que estou já prevendo a advertência do Carlos amanhã, e a minha urgência em escrever o que quer que seja, especialmente se... Mas estou vendo mal parada a ida aí.

[...]

Em suma, ainda não sei o que escrever, e já estou ficando com a cinzentinha[253] fora de forma. E o pensamento embotado pela falta da liberdade. Até hoje eu escrevia sem pensar nos limites da censura prévia, inclusive a dos próprios jornais, que tranquilamente rejeitam qualquer matéria que incida na lista negra dos assuntos proibidos que, aliás, nem chego bem a saber quais sejam, a não ser... aquilo mesmo sobre o que eu gostaria de escrever: a política fascista e hipócrita que desceu essa cortina de ferro na qual vivemos e sobre a qual ninguém fala.

Enquanto isso, os integristas se mexem, e Mamãe, leitora de *O Globo*, disse-me que ontem ele publicou o retrato do Corção anunciando os cursos da Permanência, que é o movimento dos integristas, ao menos de Dom Estêvão, de Dom João Evangelista,[254] da Irene Tavares de Sá[255] (sic) e do próprio

251_ Expressão latina: Poder sair de cena, poder partir.
252_ Refere-se a José Veríssimo.
253_ Referência à caneta Parker de cor cinza, usada pelo autor durante anos para escrever.
254_ Monges do mosteiro beneditino do Rio de Janeiro.
255_ Educadora e escritora católica.

Torquemada-c. Funcionam provisoriamente na rua das Laranjeiras. Onde será? Provisoriamente até que o cardeal os instale ou no Palácio São Joaquim,[256] ou, mais comodamente, no ex-Centro Dom Vital. E eu? Que deveria fazer? Obrigar o Sobral a reabrir o Centro e retomar os cursos? Com que roupa? Sobretudo... duas coisas: preguiça, é essa a verdadeira razão, pois se eu quisesse mesmo opor o CDV [Centro Dom Vital] aos integristas, arranjava um jeito, oferecia-me para recomeçar a dar um curso, e arranjava gente. Mas... falta o ânimo, esta é a verdade. Estou completamente desiludido de qualquer ação dentro da Igreja. Isso, ajudado pela vontade de não assumir mais qualquer atividade <u>verbal</u>, explica a minha inação, mas ainda quando procuro uma razão mais apresentável para essa inação encontro... o propósito de <u>não dividir</u> e de não criar Centro contra Centro. O CDV contra a *Permanência*. Os progressistas contra os conservadores... etc.

Tudo isto combinado e, acima de tudo, confessemos, a preguiça de voltar à ação, de ter de preparar aulas, de não poder dispor de meu tempo, de não poder ficar em Petrópolis ou ir a São Paulo ou à Bahia – tudo isso junto faz com que os integristas tomem conta do terreno e, amanhã, dada a absoluta inação do Sobral e a minha posição anticardinalícia, o CDV passe para eles. O que será infalível se nós não nos mexermos – eu, de braços cortados, e o Sobral com sua proverbial incapacidade de organizar, a não ser as defesas sensacionais de seu quixotismo advocatício. Não é à toa que ele tanto se orgulha do seu quixotismo. É realmente, em tudo, um Dom Quixote, batendo-se por uma Dulcineia fantástica e contra moinhos fantásticos em seu pleno território da imaginação e da palavra! Nunca mais pôs os pés no Centro, embora sendo seu presidente, e fazendo questão de o ser!!

Têm os integristas – favorecidos pelos militares e pelo alto clero superclerical – ou não razão de tomarem conta do terreno que nós não disputamos, inclusive com um motivo mais que justo de não dividir os católicos? Como se o nosso silêncio ou a nossa ação de "livres atiradores" – como com muita procedência me cognominou o falecido Castelo Branco, já hoje de saudosa memória (vide Santo Tomás de Aquino e a velha de Siracusa), pois, afinal, no seu tempo a gente podia impunemente escrever o que queria, e sua morte é que trouxe ao Brasil o fascismo mascarado de que gozamos atualmente!

256_ Sede da arquidiocese do Rio de Janeiro, no bairro da Glória.

Eis algumas das caraminholas que rodam incessantemente na minha cabeça e que perturbam toda veleidade, já não digo de lançar os progressistas contra os regressistas, mas mesmo de escrever as minha pálidas croniquetas... Ou até de acabar, de uma vez, com esse cabuloso J.V. e o seu prefácio, de que já estou cheio.

Sabe a vontade que tenho? Não ler mais nada do dito J.V. e escrever sobre ele o que me vier à cabeça. Será o melhor meio de retirar o assunto da "ordem do dia" destas cartas e me deixar mais à vontade para pensar nas croniquetas e me preocupar com o CDV. Se não fosse a conta do Carlos e a obrigação de indenizar aquele supermalandro de espírito corçoniano, que não faz absolutamente nada, mas rigorosamente lá está ao meio-dia para comer, e sai tão pontualmente às 5 que podemos acertar os relógios pela sua retirada!

Bem, vou tentar esta última solução.

Ciao,

P.

Rio, 10 de abril de 1969

(...)

Triste situação dos regimes fascistas, sobretudo encafifados, que obrigam as espinhas a se curvarem e gelatinizam os caráteres... veja você como os estudantes estão amordaçados. Quando me perguntam – ontem mesmo um jornalista da *L'Express*,[257] de Paris, que me entrevistou – quando me perguntam se não há perigo de uma sublevação popular violenta, o que eu respondo, procurando, com vergonha, atenuar a crueza triste dos fatos, é que não esperem nada disso, porque o temperamento brasileiro etc. etc. etc. e lá vai. O que eu penso é que o brasileiro é mesmo "um herói sem caráter", como o Macunaíma, com que Mário de Andrade procurou ridicularizá-lo, ou é mesmo efeminado e sem-vergonha, mas sobretudo, pronto a aceitar o fato consumado. E daí passar ao adesismo. Por isso é que eu dizia ao Aloísio, em Campinas, que "o nosso sem-vergonhismo nacional" é que impedirá qualquer contrarrevolução violenta do povo etc.

O que acontece é o seguinte: os ditadores e seus asseclas, como os nossos assaltantes de 13 de dezembro, tomam facilmente conta do Poder. Usam e abusam dele. Às vezes bem... mas a sem-vergonhice de nosso adesismo e de nosso fatocon-

257_ Revista semanal francesa.

sumadismo faz com que a situação ditatorial seja tão frágil quanto aquela que desmoronou como um castelo de cartas quando os "revolucionários" saíram dos quartéis para a rua. De modo que basta um desentendimento entre os da cúpula ou um acaso outro qualquer para também fazer desmoronar o novo castelo ditatorial (mas inconfessado, pois todos se dizem democratas da gema), e tudo vem abaixo, porque a Revolução e a Contrarrevolução são construídas no mesmo terreno fofo ou movediço ou mesmo podre de nosso caráter ou, antes, de nossa falta nacional de caráter. E veja você que eu sou ainda daqueles que olham para essa falta de caráter com a máxima benevolência, pois acho que ela é preferível ao caráter em excesso dos corções e cia., que censuram – como os milicos que, hoje, estão no Poder, como Linha Dura – a nossa moleza, o nosso sentimentalismo, a nossa sem-vergonhice etc., e por isso instalam ou aplaudem o <u>Autoritarismo</u>, mesmo quando <u>eram</u> furiosamente antifascistas, como os plínios e corções que, hoje, são os esteios católicos do nosso militotecnicismo no Poder!

(...)

Recebi uma carta do Gainza Paz, diretor de *La Prensa*, pedindo-me um artigo para os números sucessivos que vão publicar em outubro, comemorativos do centésimo aniversário do grande diário, onde fiz uma conferência em 1937, e recebi até um banquete, onde me sentei ao lado do Octavio Amadeo, pai do Mário, atual embaixador argentino. Tudo isso antes da era Perón e pós-peroniana. Pré-História! Mas *La Prensa* continuou o mesmo durante cerca de um ano, e nela colaborei regularmente; mas por onde andam esses artigos, que acho que nunca recortei!? Eram sobre literatura, ou pelo menos grandes personalidades literárias brasileiras. Depois, deixei de escrever lá, nem sei por quê. Um dia, em Nova York, em 1958 creio eu, o Gainza Paz nos convidou, a Mamãe e a mim, para jantar com ele num clube superelegante da 5ª Av., onde ele se hospedava. E nos contou uma entrevista que tinha tido com Fidel Castro em plena euforia pró-fidelista de todo o continente! Matéria para alguma croniqueta, se ele (Gainza) morrer antes de mim... Depois nunca mais o vi. E agora esse convite e... 100 dólares pelo artigo... Penso escrever sobre "Thomas Merton e a América Latina", pois o tema já está cá dentro e basta reler alguma coisa do *Diário Secular* e das *Seeds of Contemplation*[258] que Paulo traduziu, mas cujo original inglês sumiu de entre os meus livros.

258_ *Sementes de contemplação*, obra de Thomas Merton.

Pois é. Foi o que houve ontem, com mais a entrevista com o jovem representante da *L'Express*, empenhado sobretudo em ouvir coisas sobre a Igreja e a sua radicalização (...) entre nós. Procurei mostrar-lhe um pouco da história, e como em 1930 a Igreja e o Estado se aproximaram, ao passo que, em 1964, se distanciaram etc. etc. Uma hora e meia de conferência unilateral.

Depois, ainda outra microconferência com a tal ex-aluna de 1940 e tantos, antes de sua passagem pela FNF[259] e a propósito do "catecismo holandês".[260] Falando dos seus tempos de aluna (hoje já tem um filho para se formar este ano), me disse que "as minhas colegas eram gamadas (sic) pelo senhor, como professor, até mesmo as judias (sic)"... Outra pré-história... Como o passado e o presente continuam a se encontrar!

(...)

Ciao,

P.

Petrópolis, 12 de abril de 1969

(...)

Esta vai ser curta, pois quero acabar com as quatro croniquetas (quatro, sim senhora!) que ontem comecei e das quais terminei 2 e ¾... Todas em torno do... Chile! Não propriamente, ou pelo menos não apenas por falta de assunto, mas é mesmo porque o assunto Chile, com evocações de 37 e 47, ainda consegue despertar um pouco das brasas, quase reduzidas a cinzas, deste coração quase... octogenário. Enquanto o quadro de tudo o que me cerca raramente apresenta algum traço de cor azul. Ainda ontem me telefonou uma repórter do *J do B* perguntando o que eu pensava das declarações contidas num discurso de Dom Helder, no tal congresso da juventude, ou coisa que o valha, creio que em Manchester. O nosso Helder (já tinha prevenido o Rui) não hesitou em provocar os seus inimigos, dando à mocidade o exemplo dos "*hippies*" e "*beatles*" e declarando, por analogia com a frase famosa de Marx: "Estudantes de todo o mundo, uni-vos!".

Eu, naturalmente, me declarei solidário 100% com o Helder. Resultado: nem um pio no *J do B* de hoje, nem no *C da M*. Provavelmente só o "tigre" e o "obsceno" (C e N.R.),[261] no *O Globo*, é que poderão descer as suas injúrias sobre o P. Helder, assunto

259_ Faculdade Nacional de Filosofia, da antiga Universidade do Brasil, hoje Universidade Federal do Rio de Janeiro (UFRJ).

260_ Trata-se do catecismo publicado, em 1966, pelo Instituto Superior de Catequese de Nimega (Holanda) e que, graças às suas concepções progressistas, obteve sucesso mundial de venda.

261_ Refere-se a Gustavo Corção e Nelson Rodrigues.

tabu para os que o defendem, mas não para os que o atacam, tal como no caso dos "padres franceses". Ainda hoje um cronista do *C da M*, que está também obrigado a bater palmas ou, pelo menos, a silenciar em relação aos nossos assaltantes, tem um artigo meio irônico de um Carlos David sobre "otimismo" em que dá notícia, como exemplo do otimismo (com reticências...) que nos domina, a notícia de um artigo do N.R. elogiando o C. e atacando os padres irrequietos! O N.R. (Nelson Rodrigues) clerical – pois só ataca os padres insubmissos, subscreve tudo o que o *L'Osservatore Romano* (ainda ontem...) continua a dizer, no seu estilo de pão dormido, contra tudo o que é insatisfação dos padres e das freiras progressistas.

Ainda hoje os jornais estão cheios disso, na Argentina, na Colômbia, na Venezuela.

Hoje, também os 36 padres de Botucatu parece que vão ter a hombridade de deixar mesmo a diocese, com a posse do tal Dom Zioni...[262] Enquanto isso, o nosso inefável ministro da Justiça, um dos assaltantes mais desprezíveis do atual regime, vai comparecer pessoalmente a Botucatu para a posse do novo bispo super-reaça! É de fazer chorar as pedras! Cada vez mais estou de coração com todos esses contestantes... Não que os apoie por eles ou mesmo por suas propostas. Mas por causa dos que os atacam, sobretudo dentro da Igreja, ou nos meios integristas ou militaristas da atual situação política brasileira, que me dá náuseas. Mando-te um recorte de uma notícia de hoje para você ver a miséria da nossa polícia. Mando-te o próprio recorte, sublinhado nos pontos chaves, para te poupar a leitura, mas também para dar maior autenticidade à informação, pois se trata de um laudo pericial feito por médicos do próprio governo. Apenas te conto um fato que o José Nabuco[263] me referiu na embaixada do Chile, e que ouviu, creio eu, do próprio comissário da delegacia. Um <u>general</u> telefonou à delegacia, queixando-se de que uma empregada deles tinha fugido e as joias da sua esposa tinham desaparecido. Dois dias depois, o mesmo general telefonou desculpando-se e dizendo que a empregada tinha voltado – pois apenas se atrasara – e as joias tinham aparecido, pois estavam em outra gaveta. Agora o comentário do tal comissário ao José Nabuco: "Imagine o senhor que já três empregadas, presas pela polícia, tinham confessado (sic) o furto". Incrível!

E quem me contou isso foi um super-reacionário, o José Nabuco.

262_ Em 1968 vários sacerdotes da diocese de Botucatu (SP) se manifestaram contra a nomeação do novo bispo, Dom Vicente Marchetti Zioni, de tendência conservadora.

263_ José Tomás Nabuco de Gouveia (1872-1940), diplomata e deputado federal.

Você vê como a impossibilidade de contar essas coisas (os jornais não publicam, como o *J do B* não publicou hoje minhas declarações a favor de Dom Helder ou os meus artigos sobre o Padre Vauthier, e a minha própria covardia de não protestar por outros meios, senão por estas cartas que você divulgará depois de minha morte, sem apertar o coração). Tristes tempos! *Nisi Granum*!

Petrópolis, 14 de abril de 1969

(...)

Segunda-feira melancólica e inquieta. Como inquieto está meu coração, e pensando, a cabeça, na espístola de hoje, (São Justino), tão adequada ao meu próprio estado de espírito em face da tempestade dentro da Igreja... Estou com São Paulo 100%, e sentindo na carne o que ele diz dos cristãos, ou pelo menos dele próprio quando escreve aos Coríntios que "os judeus pedem sinais, os gregos pedem sabedoria" e o que ele pode oferecer: "Jesus Cristo crucificado"! Eis aí, palavra por palavra, o que hoje em dia posso oferecer aos que ainda pensam em mim ou me leem: os violentos e revolucionários pedem sinais. Os violentos e reacionários pedem sabedoria. E o que eu posso oferecer? É o Cristo, e o Cristo crucificado, como crucificado está o meu próprio coração, e acredito que esteja o do nosso Paulo VI (escrevi o <u>nosso</u> quase sem querer... por quê?). Porque não consigo tolerar nem os revolucionários da violência dos sinais nem os reacionários da violência da sabedoria, isto é, dos que só acreditam na autoridade, no primado de Pedro, no tomismo absoluto, na regra rígida, no anátema, na inquisição, como única resposta aos anarquistas católicos, aos revolucionários que só acreditam na violência armada, com as mais puras intenções, como Camilo Torres, ou até mesmo no anarquismo de volta ao marco zero, como os *hippies* cristãos ou *beatniks* cristãos, os de bandeira negra e não vermelha, mas em ambos os casos acreditando <u>no mito da Revolução</u>, como os corções – que no caso são os gregos que só acreditam na sabedoria, isto é, na Autoridade e na Razão, na Permanência, na Igreja-Fortaleza, na Igreja-Escorial, e que só acreditam na reação. Estou tão contra uns como contra outros, e gostaria de poder dizê-lo publicamente. Será que deixam? Será que os Frias (diretor da *Folha*) ou mesmo os Dines (*J do B*) vão rejeitar a minha dupla condenação dos extremismos católicos como sendo subversiva?

E por isso, talvez, é que o nosso, aplicado ao papa Montini,[264] veio tão naturalmente do fundo do meu subconsciente. Também ele só pode oferecer ao mundo Cristo, e Cristo crucificado. E nesse ponto é que, hoje ao menos, me sinto com ele, depois de ouvir a palavra de Paulo na missa e ter visto, ontem à noite, um filme que diziam ser candidato ao melhor do festival recente, o *Joana*, filme inglês e que é mais ou menos um novo *Dolce Vita*[265] da fase *hippie* ou psicodélica da Inglaterra no mundo de hoje. Horrível aquela vida de puro libertarismo, que é uma caricatura da liberdade, como o autoritarismo – dos nossos políticos neofascistas ou dos nossos integristas católicos – é uma caricatura da autoridade.

O meu antirrevolucionarismo e o meu antirreacionarismo me colocam nitidamente na posição paulina: só posso oferecer o Cristo e o Cristo crucificado.

Entre os dois ladrões? Entre a Revolução (Dimas) e a Reação (Gestos). A menos que o Bom Ladrão seja a reação... O que está no centro, na cruz do centro, é que o sabe. Eu, pobre de mim, só me sinto à vontade abraçado à cruz do centro. Mas quem sou eu, pobre de mim, que aos 75 anos continuo, como aos 20, reproduzindo o jovem do hotel Danieli de 1913... Mas que é o que sinto, é. Nem Revolução, nem Reação, mas o Amor crucificado. Eis o que sinto em mim, profundamente, mas não consigo comunicar, pois inclusive tem que ser: apenas um Nem-Nem, isto é, uma dupla negação por fraqueza e não uma dupla negação por Fé e por Força, autêntica, que significa a soma matemática de dois sinais negativos, que redundam misteriosamente num sinal negativo. No meu caso, eu quisera que a soma da minha antirrevolução e da minha antirreação redundasse na Verdade, no Caminho e na Vida, isto é, no Cristo.

Mas vivo crucificado entre os talvezes, que também não consigo espancar, pois o homem velho não morreu, e o rapazinho de Veneza, de cabeça entre as mãos, subsiste no velho crucificado entre os dois erres (revolução e reação), que são também dois erros... Ah, mania dos "*jeux de mots*", nem mesmo lembrado de que não passam de "*esprits de sots*".[266]

O Cristo também prometera a Salvação ao Bom Ladrão (revolução), mas não a negou explicitamente ao Mau Ladrão (reação)...

264_ O papa Paulo VI se chamava Giovanni Montini.
265_ Refere-se ao filme franco-italiano *La Dolce Vita*, dirigido por Federico Fellini, em 1960.
266_ Expressões francesas: "Jogos de palavras" e "coisa de tolos".

Eis aí porque tenho mais horror ao c do que ao Padre Lage, digamos, hoje exilado no México, e que só crê na Revolução pelas armas, como Camilo Torres, creio eu, pois não sei o que está fazendo por lá, no México, só sei que está sofrendo por suas convicções mais puras, por mais que erradas, na sua ilusão de que a Revolução é indispensável à Salvação da Igreja, mesmo que não o seja a salvação de cada um de seus membros...

Bem, tudo isso para te dizer que a missa de hoje é, como sempre, o meu escudo, a minha raiz, a minha Alegria, a minha Paz. E foi São Paulo, com o seu texto estupendo – e já tão sabido –, mas só quando o nosso estado de espírito está inclinado em certo sentido afim é que o sentido dos grandes textos inspirados por Deus nos tocam profundamente. Hoje, no dia em que acaba o nosso verão-férias de 69!

E demos graças a Deus pelo texto, que vou levar comigo para a meditação ou solitária (Deus queira que não) ou a dois com Mamãe (Deus queira que sim) das 8 horas de ônibus de amanhã.

(...)

Ciao,

P.

Rio, 23 de abril de 1969 – São Jorge

São Jorge anda por baixo... Na Igreja oficial. Não no povo... Aliás, há muito tempo eu pressinto a hora em que lhe acontecerá o mesmo que aconteceu a Santa Filomena, embora na hagiografia oficial ele figure sem biografia alguma, mas como soldado romano martirizado na perseguição do Imperador (creio eu) Décio.[267] Nada mais. Por que terá São Jorge crescido tanto na legenda, quando na história foi, não digo tão apagado no mau sentido da expressão, mas tão grande por ter sido tão pequeno – como o tal santo desconhecido. Ainda estou para ver a igreja que terá a bela ideia de o colocar com altar... Por que será que se tornou "patrono da Inglaterra", identificado com São Miguel, como matador de dragão – até nas libras esterlinas ouro, que eu ainda conheci e hoje estão enterradas no subsolo das caixas-fortes do Banco da Inglaterra, ou poucos outros, como o meu Carioca[268] que hoje virou esgoto... ou quando muito, para não humilhá-lo demais,

267_ Reza a tradição que São Jorge foi martirizado em 303 por ordem do imperador Diocleciano.

268_ Refere-se ao rio Carioca, no Rio de Janeiro, que nasce na base do Corcovado.

galeria de águas pluviais... O fato é que por muito tempo foi alcandorado (eta chô!) pela nobreza, durante a Idade Média, e hoje pelo povo miúdo em suas quase superstições ou religiosidades aberrantes. Ainda esta manhã o *J do B* publica uma foto de dezenas de braços estendidos, mas nada de igreja de São Jorge, quando o sacristão oferece às pessoas "rosas de São Jorge"... Que mistério! E o próprio vigário da igreja já diz, em comunicado também publicado pelos jornais, que recebeu da Santa Sé (sic) (deve ser o nosso prezado cardeal...) um aviso para que tivesse cuidado com a "religiosidade ambígua" em torno dele, e a expressão é muito mansa... Mas se fôssemos suprimir as superstições populares, que ficaria da Fé? É de meter medo...

(...)

Ontem, no escritório, terminei as quatro croniquetas, de que te li duas e meia, e já as deixei nas mãos do Carlos. Ainda hoje está cheio o *J do B* de notícias de abandonos e rebeldias de padres, inclusive o assistente geral dos jesuítas para as províncias da Europa Central, um suíço, creio eu. E vai assim aquilo que era um esporte das festas de "gincana", chamada "*tug of war*":[269] uma corda e, de cada lado, dez ou quinze homens puxando para lados opostos; ganha quem consegue arrastar os outros e a corda para o seu lado.

É o que procuro dizer nessas quatro croniquetas à luz do tal texto paulino: os protestos aumentam, as deserções etc. à medida que aumentam as medidas de repressão. É preciso que um dos dois lados ceda, ou comece a ceder, para haver um entendimento geral. Assim começavam os grandes cismas do passado. Hoje se vê que não havia motivo para a separação, à vista do movimento ecumênico como tal, com o papa indo mesmo a Genebra, Roma do Calvinismo, o que há 50 anos ou 30, ou dez, seria inconcebível. Ou então o nosso grande e insubstituível João[270] declarando, no centenário de Lutero, creio eu, que "houve culpa de lado a lado". O que seria impensável no cisma passado acontece neste século, com protestantes e ortodoxos assistindo ao Concílio, e cardeais falando em igrejas protestantes, com o protesto de certos protestantes fanáticos. E o caso de Lamenais[271] e todas as teses sociais de Lamenais são hoje correntes nas encíclicas sociais, desde Leão XIII, e sobretudo os mais modernos. E até mesmo com o caso dos nascimentos de estupros ou mesmo do celibato.

269_ Expressão inglesa: Cabo de guerra.
270_ Refere-se ao papa João XXIII, predecessor de Paulo VI.
271_ Felicite Robert de Lamenais (1782-1854) foi um controvertido sacerdote e intelectual francês que, após um período de convicções ultramontanas, passou a defender ideias liberais, como a separação entre Igreja e Estado, e até mesmo a criticar o papado e a monarquia, o que lhe custou a expulsão da Igreja Católica.

Cada vez me convenço mais que uma distensão maior, uma abertura, uma visão mais ampla no campo da teologia abrigasse sem ser preciso fechar portas.

Mas como está sendo conduzido o páreo, mesmo que o nosso [...] Paulo VI ainda não seja um Pio IX, longe disso, o resultado vai ser um novo *Syllabus*, sillabão...,[272] depois desses pequenos *syllabus* – com que o papa Montini nos, ou pelo menos me, tem quase sempre decepcionado. Não me esqueço, entretanto, das vozes com que me tenho igualmente surpreendido agradavelmente, e da compreensão que tenho da tremenda dificuldade em que se encontram, tendo, a favor da sua linha dura, os homens mais eminentes da "*inteligentsia*" católica, como Maritain, Journet, Gilson e até mesmo os que até há pouco estavam do nosso lado... Lubac,[273] Marcel[274], Daniélou.[275] Sem falar nas "juntas de coice" ou nos integristas de todos os países do mundo.

Mas continuo cada vez mais convicto de que o espírito de João XXIII, se não morreu com Paulo, pelo menos se encolheu de tal maneira que Pio XII está de novo dominando tudo, mas... piorado, pois Pio XII abriu perspectivas – exemplo, o parto sem dor e outras atitudes em ética conjugal ou natalina – ao passo que Paulo VI, depois de abrir uma porta – o diálogo – está fechando todas, uma por uma, como o nosso Dom Martinho,[276] que depois de abrir rumos tão novos, em 1930 e poucos, ficou tão apavorado que hoje está "como um velho", segundo a expressão que os mineiros gostam de usar. Até mesmo, dizem, acolhedor...

[...]

P.

Rio, 25 de abril de 1969 – São Marcos

O xará cearense[277] me perguntava ontem, do alto de sua cadeira inamovível de presidente da Academia, a um simples ocupante que não gosta de cadeiras inamovíveis...: "Não será a hora de Dom Marcos?",[278] quando ia abrir a sessão de saudade do nosso Didi. Respondi-lhe: "Já lhe disse que no dia em que Dom Marcos se candidatar, terá meu voto", e se o José Honório[279] me telefonar ou quando o fizer, o que não tardará,

272_ *Syllabus* significa, em latim, índice. Em 1864, o papa Pio IX publicou a encíclica *Quanta Cura*, na qual elencou os principais "80 erros do nosso tempo", entre os quais a opinião de que o "Pontífice Romano deveria se reconciliar e concordar com o progresso, o liberalismo e a civilização moderna".

273_ Henri de Lubac (1886-1991), teólogo jesuíta francês. Teve papel fundamental durante o Concílio Vaticano II e na defesa de seu colega Teillard de Chardin.

274_ Gabriel Marcel (1889-1973), filósofo francês, considerado um dos expoentes do existencialismo.

275_ Jean Daniélou (1905-1974), teólogo jesuíta francês. Assim como Lubac, atuou como perito no Concílio Vaticano II.

276_ Dom Martinho Michler (1901-1969), monge beneditino do mosteiro do Rio de Janeiro e abade durante vários anos.

277_ Refere-se a Austregésilo de Athayde.

278_ Refere-se a Dom Marcos Barbosa (1915-1997), monge beneditino, poeta, tradutor e cronista.

279_ José Honório Rodrigues (1913-1987), um dos mais importantes historiadores brasileiros do século XX.

dir-lhe-ei: "Se Dom Marcos não se candidatar, meu voto é seu... ". Mas o xará, o que acontece, é que não gosta do José Honório, talvez por posições políticas, pois o xará é direitista, não digo "marajá", mas inconsciente, ao passo que o Honório está na minha posição, voltado para a esquerda, mas não dentro dela... E o que ele, Athayde, me insinuou, mas eu não caio nessa, é que promovesse a candidatura de Dom Marcos, pois o cearense, além de um presidente realmente insuperável (no último balanço – 68/69 – passou um saldo do exercício de 175 milhões (sic) de cruzeiros (velhos, naturalmente))! Mas além de presidente, quer ser é eleitor, isto é, orientador de eleições, e eu não gosto que me forcem a mão. Bastou que ele me falasse isso ontem, para eu torcer que Dom Marcos não se apresente. E hoje mesmo, no dia de seu onomástico, não vou falar-lhe, nem por telefone, para que ele não veja nisso qualquer veleidade de lembrar-lhe a vaga.

A sessão, até a hora em que lá fiquei, foi mais ou menos. O Calmon[280] falou admiravelmente. Digam o que disserem, é o nosso maior orador vivo. O Peregrino Júnior[281] também. Eu, mais ou menos... O Gilberto Amado mal, e está piorando, atafulhando as palavras, falando devagar demais, e até, dizem, que já teve qualquer distúrbio circulatório e parece certo. O Luiz Viana, ainda pior, seco, apenas porque o Deolindo Couto,[282] por acaso, lhe disse para falar (ambos estavam ao meu lado). O Ivan Lins,[283] ainda muito pior, pois leu uma churumela impossível, pedante, pesadona. E quando o Silva Mello puxou do bolso outro calhamaço e começou a ler, esgueirei-me e deixei as ameaças de uma sessão longa, que perdera o sentido de uma comemoração de saudade de uma criatura encantadora como o Didi foi, para ser uma exibição de oratória, já que ali estava gente de fora, a filha e dois netos, uma parente, a Malu, que é cronista, além de repórteres do *J do B*, como do *C da M*, que nada dizem hoje da sessão, e um ou outro penetra, ou então o presidente da Academia Paulista de Letras, que possivelmente ia falar coisas do nosso presidente perpétuo... pois até hoje essas sessões de "saudade" eram só internas, mas mudaram porque o meu xará não gosta de coisas sem publicidade.

Agora estou (ou estamos, pois acho que Mamãe também vai) me preparando para a missa, pura formalidade social,[284]

280_ Pedro Calmon (1902-1985), historiador e político.
281_ João Peregrino Júnior (1898-1983), médico e escritor.
282_ Deolindo Couto (1902-1992), médico e escritor.
283_ Ivan Monteiro de Barros Lins (1904-1975), jornalista, professor e ensaísta.
284_ Trata-se da missa pela alma de Rodrigo (Didi) Otávio Filho.

mas que força todos (pois todos dizem a mesma coisa) a darem essa demonstração mecânica de sociabilidade...

(...)

...como se podia falar livremente naquela época, há 20 anos! E hoje...

Hoje, acabo de ler o aviso do ministro da Educação sobre a disciplina nas escolas, contra os estudantes. É um verdadeiro código totalitário dos mais monstruosos! Estamos realmente em plena escravidão da mocidade! E não se pode clamar contra essas barbaridades em que se transformam as faculdades em quartéis. É de amargar!

(...)

Tive ontem uma entrevista com a tal repórter da *Veja*, que é uma revista do grupo Manchete.[285] Não vá suceder o mesmo que com a que dei à Clarice [Lispector]. Mas desta vez parece que é mesmo só comigo, e com quatro "filósofos"... a propósito do ensino de filosofia e a razão de ser da escassez de alunos etc. Gosto às vezes dessas entrevistas, porque me obrigam a pensar falando... A moça, que não era burra, mas também de filosofia entendia tanto quanto eu de cibernética..., usava um freio nos dentes, saindo da boca e prendendo-se atrás das orelhas – que eu ainda não tinha visto. Mas que não a impedia de falar, mas me disse que o aparelho separa os dentes etc. e tal, do que mais nada entendi...

(...)

Ciao,

P.

PS – Mamãe afinal decidiu ir e melhorou da conjuntivite. Um mundo de gente na missa. Espetáculo muito mais lamentável do que o casamento dos padres, que tanto escandaliza os diabos quando se fazem ermitões, como o nosso amigo, o senhor das Duas Barras e conde do Rio Grande...

Rio, 26 de abril de 1969 – Sábado

(...)

Hoje, leio o expurgo que os assaltantes do Brasil fizeram nas universidades, aposentando homens como o José Leite Lopes,[286] ou o Plinio Rocha,[287] grandes físicos nucleares, que facilmente

285_ Equívoco do autor. A revista *Veja* é editada pelo grupo Abril.
286_ José Leite Lopes (1918-2006), um dos mais brilhantes físicos brasileiros.
287_ Plínio Sussekind Rocha (1911-1972), físico e professor.

se encaixarão nas universidades europeias, sociólogos como o Florestan Fernandes[288] idem, e tantos outros como a Yedda Linhares, que consegui salvar do tempo do Castelo, o que mostra que estamos em um regime muito mais terrorista cultural que aquele (e a prova é que, hoje, eu não poderia publicar o artigo que, em maio de 64, pude publicar). O Cristiano Cardoso, até o Guy de Holanda[289] (inimigo do Eremildo, e o dedo deste tipinho está metido em muitos desses expurgos)! É tipicamente o processo dos ditadores direitistas e fascistas, os mais estúpidos. No lugar deles, que são a elite dos professores (muitos ou mesmo a maioria não conheço, mas devem ser...). Aliás, a aposentadoria do Edgar Mata Machado[290] em Minas é típica. E no lugar deles virão majores e coronéis do tope do tal General Lopes, que passeia a tal conferência sobre Marcuse pelo Brasil afora, e só consegue público quando os diretores apelam para os soldados ou para os estudantes, sob pena de prisão ou, pelo menos, de não concessão de qualquer favor.

Agora, sim, é que estamos em pleno terrorismo cultural, e na crista da onda mediocrática ou da seleção às avessas! Que miséria, que triunfo para os fariseus, é a hora dos carreiristas em todos os planos. Dou graças a Deus por estar fora desta triste universidade, cujo reitor é um nazista tipo Moniz de Aragão,[291] família beneficiária da Revolução e 100% reacionária! É o pleno policialismo, tal qual o peronismo tinha aplicado à Universidade de Buenos Aires, quando lá estivemos em 1937, quando mais de 1.000 professores, diziam, tinham sido expurgados por terem se recusado a assinar um documento de fidelidade ao regime. É o que está sucedendo entre nós, apenas de modo mais disfarçado, como é do caráter dessa cáfila de embuçados que assaltou o Brasil e nos colocou a todos de mãos ao alto e contra a parede.

Como me perguntava a tal irmã missionária do Espírito Santo (a que está em Belo Horizonte e não a da Pérsia): "Até quando durará isto e como devemos agir se toda a mocidade com que lidamos, quer é agir e já?". E eu lhe respondi o que disse ao Arraes[292] em Paris, e digo a todos os violentos: só a difícil não violência, só a paciência poderá vencer a barreira dos brutos que nos subjugaram. A menos que, fora daqui, pela Europa, pelos Estados Unidos, ou sei lá se na Ásia mesmo, houver uma revolução que repercuta aqui, pois não somos donos de nosso destino, que se processa lá fora... Qualquer ato de impaciência aqui contra

288_ Florestan Fernandes (1920-1995), sociólogo, escritor e professor, um dos fundadores do Partido dos Trabalhadores (PT), pelo qual foi eleito deputado federal constituinte (1986-1990).

289_ Guy de Holanda, professor de história da Faculdade Nacional de Filosofia (antiga Universidade do Brasil).

290_ Edgar Godoy da Mata Machado (1913-1995), intelectual católico, professor, filósofo e escritor.

291_ Augusto Cesar Moniz de Aragão, general do Exército.

292_ Refere-se a Miguel Arraes.

a quadrilha militar de assaltantes, com os tecnocratas e seus serviçais, será contraproducente e só piorará a ditadura. Eles têm nas mãos o Poder e não só as armas. E só se houver luta entre eles, lá em cima (como acontece por vezes), é que nós, cá embaixo, os desarmados, poderemos ter alguma chance. Pois, já agora, sabemos que Liberdade, Justiça, Paz, Voto, Dignidade, Direitos, nada, nada disso tem mais a mínima chance. Só o Poder (força militar) e a Eficiência (tecnocracia). Tudo mais é fantasia! Eis o triste quadro do Brasil 69, que nem ao menos é de alta qualidade como o... VAT 69...[293]

(...)

Ciao,

P.

Petrópolis, 27 de abril de 1969 – 3º Domingo da Páscoa

(...) o *J do B* para encher o tempo. Eu já perdi o dito por mais de duas horas com ele e o *C da M*, que está começando a botar de novo as manguinhas de fora, já criticando, de passagem, o ato monstruoso do afastamento de cientistas, do mais alto gabarito, de nossas universidades, enquanto o governo encarrega os diplomatas lá fora (especialmente nos Estados Unidos) sobre os meios de repatriação dos nossos cientistas que estão por lá, e de evitar o "*brain drain*" (evasão de cérebros). Uma contradição total que entra no quadro dessa impostura institucionalizada que é o nosso bendito regime "revolucionário" desde 64, e piorado desde 68. Uma comédia trágica, baseada num ufanismo que, de alto a baixo da escala social, é criticado...

Ainda agora o florista (um dos meus amigos operários) comentava rindo (pois o povo não sorri: ri ou fala sério!) o contraste entre as declarações desses palhaços que nos governam com o preço da cenoura ou dos tomates a 2 mil cruzeiros o quilo... Ainda hoje o *Correio* tem um artiguete, que nem li, mostrando como o carioca, portanto habitante da cidade sim, em sua esmagadora maioria, não come senão uma vez ao dia... E olhe lá... Em compensação, nós da minoria comemos demais e criamos, com isso, a barreira de ódio que vai nos distanciando do povo e trabalhando em favor da tese marxista do progresso pela luta de morte entre as classes sociais. Esses nossos assaltantes, se

293_ Marca de uísque escocês.

fossem contratados pela Rússia, por Cuba ou pela China, para implantarem no Brasil, se não o comunismo já, pelo menos as bases do que virá fatalmente, se continuarmos por este caminho e, lá fora, os nossos patrões americanos também forem comunistizados – não trabalhariam com mais eficiência...

(...)

Há nesse ponto muitos textos apropriados. Para isso teria de alargar muito a leitura e adiaria mais uma vez o tal prefácio do Molette[294], que Josefina me empurrou, e vejo, aliás no número do *Nova et Vetera* – a revista daquele Journet –, Maritain que ultimamente lia (ou antes, não lia), por certa alergia anti-integrista, pois vejo o Journet e o Maritain, que outrora eram do coração, cada vez mais situados do outro lado e junto aos "corções". Tudo isso é muito chato e sinto invencível em mim, mas não sem certo remorso ou complexo de culpa, pois talvez haja nessa minha nova sensibilidade anti-integrista, não apenas a mesma repulsa natural que sempre tive pelo direitismo, desde o tal artigo do P. Congar OP ("*L'église est-elle à droite?*"), mas quem sabe certa recaída no liberalismo da minha mocidade pré-católica. É um escrúpulo que me está trabalhando. Exemplo: certo prazer excessivo, senão inveja, da posição de um escritor italiano (Inacio Silone?...),[295] grande romancista, que em 1962 conheci pessoalmente em Roma, no apartamento do Murilo Mendes,[296] e que escreveu agora uma biografia do papa São Celestino V, com o título: *O pobre cristão.*[297] Deu uma entrevista às *Nouvelles Littéraires*, em que aceita para si a qualidade de "*pauvre chrétien*", que dá ao papa monge, sacrificado pelo papa Urbano VIII,[298] o tenebroso cardeal Gaetani, que Dante colocou no Inferno e foi excomungado por um papa posterior, cujo nome me esqueci.[299] É um cristão-livre, sem obrigações com a Igreja instituída com os dogmas (muitos) impostos e com a disciplina etc.

Quando, em 1928, me joguei na Igreja de olhos fechados ou, antes, compreendendo perfeitamente que sacrificava minha "disponibilidade", porque estava farto dela, e vi que ela não me levava a nada, hoje começo a ter saudade dessa disponibilidade à medida que sinto Paulo VI aproximar-se de Pio IX e afastar-se de João XXIII! (Reli páginas maravilhosas de Merton sobre João XXIII, e também uma afirmação de louvor e admiração por Teilhard, por Kung,[300] por Rahner,[301] por todos que os integristas e corções insultam e de quem desgraçadamente Paulo VI está se distanciando

294_ Prefácio do livro *Albert de Mun*, de Charles Molette, escrito pelo autor.

295_ Ignazio Silone, pseudônimo literário de Secondino Tranquilli (1900-1978), líder comunista italiano que, após ser expulso do Partido Comunista Italiano, por criticar Stálin, se tornou romancista. Há quem o acuse de ter sido agente secreto fascista e, após a guerra de 1940-1944, ter aceitado financiamentos da CIA.

296_ Murilo Monteiro Mendes (1901-1975), poeta brasileiro, se mudou para a Itália em 1957.

297_ Celestino V (1215-1296) foi eleito papa em 1294 e levado a renunciar poucos meses depois devido a intrigas políticas no Vaticano. Monge, viveu como eremita depois de exercer o papado. Foi canonizado em 1313.

298_ Equívoco do autor. O cardeal Benedetto Gaetani, que tramou a derrubada de Celestino V, sucedeu-o com o nome de Bonifácio VIII.

299_ Equívoco do autor. Bonifácio VIII não foi excomungado.

300_ Hans Kung (1928), teólogo progressista de origem suíça e escritor.

301_ Karl Rahner (1904-1984), teólogo jesuíta alemão e autor de várias obras.

dia a dia, e vejo o dia em que a hora dos anátemas vai recomeçar, já que estão de novo abrindo as portas ao espírito de Inquisição, enquanto fecham as janelas ao espírito de liberdade... E isso me afasta de modo perigoso de dentro, não digo da Igreja, mas da sacristia... Já que continuo a ver a Igreja como um mistério, um fermento e um povo de Deus, e a Cristandade, na frase do meu Maritain (hoje já não o sinto meu...), como "um céu recamado de estrelas", e não como uma torre na planície, e muito menos como uma Fortaleza ou um Porto Seguro...

Converti-me pensando em sair mar afora, embora em um navio, com comandante, rota, máquinas, bombordos e estibordos, proa e popa, e continuo ainda a sentir a Igreja assim e a ver-me como passageiro do navio. E não entrar para um quartel, de portas e janelas fechadas, como temo que venha a acontecer, quando o papa perde a paciência e, acossado, não apenas pelos inquisidores cardinalícios ou teológicos ou filosóficos, mas pelas próprias maluquices dos padres e bispos casantes, ou pelo espetáculo de um mundo francamente repaganizado – como ainda ontem o vimos numa fita inglesa muito interessante, em torno afinal do tema de Pilatos *"quid est veritas"*[302] e com cenas de uma licenciosidade absurda – que nos mostra realmente como o mundo burguês está se dissolvendo pela luxúria direitista, como o mundo helenístico ou do baixo Império Romano.

E tudo isso aguça os dentes dos fanáticos, de quem o tigre do Cosme Velho continua a ser, para mim, o maior símbolo, por ser o mais parecido com o *Grande Inquisidor* de Dostoiévski[303] – e não uma figura medíocre de catolicão que só pensa, como o tal ex-ministro do Supremo que me telefonou há dias para promovermos a ficada do Pastor do Sumaré...[304] Mas uma figura de Torquemada, com mistura de Joseph De Maistre[305], ou mesmo de Pascal (que era um reacionário em política) ou um *"vieillot"*,[306] ou mesmo entre nós o meu querido Jackson, que valia dez corções pela generosidade de seu espírito e de seu coração, mas que também foi um vaqueiro ou um cangaceiro desenganado do burguesismo e acreditando na Violência (embora se recusasse a qualquer militarismo, e nisso era infinitamente superior aos corções, que estão "de cama e pucarinho" com todos os agaloados, digo, os Costa Cavalcantis, os Portelas,[307] os Mellos malucos[308] etc., que hoje expulsam das nossas universidades os melhores valores para salvar a Pátria...

302_ Expressão latina: O que é a verdade?
303_ Refere-se ao relato "A lenda do grande inquisidor", contido no romance *Os irmãos Karamazov*, do russo Fiódor Dostoiévski (1821-1881).
304_ Refere-se a Dom Jaime de Barros Câmara. A residência episcopal dos arcebispos do Rio de Janeiro se situa no morro do Sumaré.
305_ Joseph de Maistre (1753-1821), escritor e filósofo francês, um dos fundadores do pensamento conservador do século XIX.
306_ Expressão francesa: Velhusco, fora de moda.
307_ Jayme Portella (1911-1984), general, chefe do gabinete militar do governo Costa e Silva.
308_ Refere-se ao brigadeiro Francisco de Assis Correia de Melo (1903-1971), ministro da Aeronáutica no Governo Juscelino Kubitschek e um dos signatários do AI-1. Era conhecido como "Mello Maluco", por suas proezas como piloto.

Há momentos em que só peço a Deus uma coisa: poupar-me da tentação de odiar... Tentação já tenho, só me falta é cair mesmo em cheio no pecado... do ódio, da vingança, do espírito de destruição e, sobretudo, do desânimo ou desespero.

Felizmente, quando vou chegando a este ponto, ainda consigo apelar para o que há de melhor ou de menos mal em mim e... entregar tudo a Deus, procurando compreender que é nesses momentos (de vitória sobre mim mesmo) que conseguimos ser autênticos.

Bem, por aí iríamos longe... Já são 11 e meia. De Merton, agora de manhã, nada mais a fazer. Pois escrever não é abrir e fechar uma torneira. Mas esperar que a água nasça e... deixá-la correr. Se nem sempre podemos fazer isso, pelo menos nesta gruta maravilhosa, que a bondade de Deus me permite ter, aqui neste vale ainda verde da Moselinha, pelo menos aqui é preciso aproveitar.

Logo mais penso (...) em fazer uma visita: convite do nosso garçon (sic) do galeto, o Sílvio, que faz 25 anos de casado. E só me sinto bem com os meus telegrafistas – um dos quais ontem me apresentou a esposa – floristas, carteiros, jardineiros etc. e tal.

Ciao,

P.

Petrópolis, 28 de abril de 1969

Começo a semana com a surpreendente notícia da derrota do De Gaulle no plebiscito em que 53% votaram (ou votou?) contra ele e, com isso, encerraram a carreira política do último dos heróis carismáticos do pós-guerra! Não pensei, embora as previsões fossem nesse sentido e tivessem dado 52% dos votantes contra. Acho um grande mal para a França, pois a derrota de De Gaulle veio de uma aliança tácita dos extremos da esquerda e da direita. E como a direita é que vinha relativamente dominando o resultado, agora passará a dominar <u>absolutamente</u> com a provável eleição do Pompidou,[309] daqui a um mês.

O Pompidou (de quem li há dias um excelente artigo nas *Nouvelles Littéraires* sobre... Baudelaire (sic), o que mostra como os políticos franceses não são analfabetos e primários como os nossos) – o Pompidou fora afastado pelo De Gaulle depois dos acontecimentos de Maio,[310] pois lhe pareceu demais à direita. De

309_ Georges Pompidou (1911-1974) foi primeiro-ministro da França, entre 1962 e 1968, e presidente do país de 1969 até a sua morte, em 1974.

310_ Refere-se a maio de 1968, quando o movimento estudantil promoveu protestos em toda a França.

modo que, agora, o próprio Pompidou (nome horrível! O oposto de De Gaulle, nome magnífico), embora tenha feito campanha a favor do "sim", vai ser candidato à Presidência e, provavelmente, será eleito, para mal da França que, com De Gaulle, ao menos antes dos "*évènements de Maï*", estava sendo um elemento de equilíbrio entre o Ocidente e o Oriente, entre as democracias (...) e as nações do bloco comunista, e com Pompidou acentua-se a divisão do mundo em dois blocos, sabemos que o comunista mais cindido que o outro, dada a luta da China contra a Rússia, aliás, mais aparente que real. Se houvesse uma guerra Estados Unidos e Rússia, a China se colocaria logo ao lado desta. Só na paz é que se dão ao luxo dessa discórdia. Pois, apesar de tudo, a desarticulação do bloco comunista só ocorre porque não há uma ruptura completa entre "capitalismo" e "comunismo". Como voltaria logo se houvesse, quer uma derrota, quer uma vitória, depois da guerra, da 3ª guerra universal, caso... caso ainda sobrassem sobreviventes para ver o espetáculo e recomeçar tudo no marco zero...

Mas deixemos de perspectivas e passemos a prognósticos mais imediatos sobre o fim da era gaullista. Teremos, possivelmente, ocasião de voltar mais de uma vez ao assunto, já que o fim de De Gaulle se assemelha ao de Clemenceau ou de Churchill,[311] que perderam eleições logo depois de figurarem e serem salvadores da França e da Inglaterra, respectivamente. O De Gaulle, aliás, teve o fim que quis, pois sai <u>injustiçado</u>, o que aumenta a sua auréola de salvador da França e da sua "*grandeur*"! Ele colocou o plebiscito no seguinte dilema: "*Moi ou le Chaos*"![312] É o cúmulo da petulância, do orgulho, e até da falta de inteligência (o que, nele, seria um paradoxo, pois é supremamente inteligente e até mesmo um grande escritor) (nas suas Memórias) – pois se colocou na posição do super-medíocre Luiz XV: "*Aprés moi le déluge*"![313] Frase provavelmente apócrifa... mas verdadeira na sua essência...

(...)

À tarde, fui sozinho à festa das bodas de prata do Sílvio. Uma "*piccola*" aventura que adorei (como você gostaria), mas que dei graças a Deus de ter ido sem Mamãe, que ficou na missa das 7 e meia. Um buraco, aliás no morro, lá pelos confins do Indaiá, bairro para os lados da Ponte de Fones, que nos meus tempos de renaniano (Renânia, não Renan...) era selva "*selvaggia*".[314] Só cheguei com grande custo à Ponte do Fones. Tudo mais é de

311_ Georges Clemenceau (1841-1929) foi primeiro-ministro da França entre 1906 e 1909 e entre 1917 e 1920. Winston Churchill (1874-1965) foi primeiro-ministro britânico entre 1940 e 1945 e 1951 e 1955.
312_ Expressão francesa: Eu ou o Caos.
313_ Expressão francesa: Depois de mim, o dilúvio.
314_ Expressão italiana: Selvagem.

então pra cá, então pra lá. A casa, pendurada no morro, do Sílvio (aliás, descrito direitinho) é no fim de uma rua cujo calçamento termina justo diante dela, num viradouro (termo que aprendi ontem e é uma minúscula pracinha, pouco mais larga que a própria rua, onde os autos viram, não de pernas para o ar, a não ser que o façam rapidamente demais!).

Uns oito ou dez carros na porta, velhos calhambeques em geral, inclusive o do próprio Sílvio, pois hoje as gorjetas no restaurante permitem que os garçons se deem a esse... conforto. Um pequeno mundo de gente. Criança por todo lado. Vitrola. Dois ou três pares dançando, um miudinho, outro lento, super lento, impagáveis, homens na varanda. "Coroas" sentadas no sofá. Um calor dentro de casa de asfixiar. Um budum dos corpos, mesmo todos brancos, e muitos de "alemão de Petrópolis". O Sílvio passando, de mangas de camisa, de cá pra lá, com pratos de peru com farofa e "uma empadinha muito bem feita" querendo me impingir. Trouxe para os "granfos" (eu e um "vereador") uma taça e um copo de *whisky*. Na sala de jantar, o bolão branco ainda não aberto. Já houvera a "bênção das alianças" por um jovem padre que se mostrou meu conhecido, e acho que é daquele Centro de Formação Intercultural no fim da rua do ex-Sion, e que estava com algumas freiras, e ainda disse que ia buscar mais, e pessoas de um grupo dele, que não reconheci, mas acenaram para lá da mesa do bolo, muito afavelmente. O Sílvio me apresentou de passagem ao vereador, a um "jornalista" do *Diário de Petrópolis* e a um terceiro, velhote magricela, que ele disse ser "autoridade na Ponte de Fones".

Tudo isso enquanto os dois outros pares evoluíam, apertadamente, ou pulando miudinho, na salinha de visitas, com o quadro clássico de "Coração de Jesus e de Nossa Senhora", enquanto um jovem passava com tabuleiros de guaranás fazendo proezas para que os copos não caíssem, embora uma vez o fizessem na própria bandeja, com grandes risos dos coroas sentados, que devoravam as coxinhas de peru e se engasgavam com a farofa! Lá fora, uma árvore de "tomates brancos", que não eram frutos ovais e vermelhos, que o Sílvio logo quis me mostrar como eram, e em torno uma vegetação bem verde e bem fresca, bem roça como tudo mais em torno, inclusive a picada para chegar à casa que, na descida, no escuro e com os bonecos, me fez dizer "graças a Deus de não ter levado a Madame", como o Sílvio logo me perguntou! Uma delícia! Um sabor de povo, gostos simples, afável, divertido, despreocupado, entre o qual figuravam dois dos garçons de nosso restaurante, também nossos conhecidos, com suas respectivas esposas e filhos, que entravam de vez em quando em pequenos bandos, sérios e graciosos, carregando presentes para os festejados, que os recebiam desvanecidos, especialmente o "canhão" com que o Sílvio celebrou núpcias há 25 anos, e que é uma velhota minúscula e enrugada, mas de cabelos pintados de preto, e que, junto ao Sílvio, parece mãe dele, e acho que era viúva, pois me parece que ele me apresentou também, naquele pequeno tumulto, "à sogra do meu enteado"...

Falei à Mamãe que, provavelmente, o sogro tinha dado a ele, Sílvio, a casa, contanto que levasse também a filha, a quem desejei que "dobrasse a parada de 25", mas com pena do Sílvio...

Em suma, a plena roça, em pleno Petrópolis, a dois passos (dez minutos) da sofisticada rua 15 e suas garotas de calças ou minissaias! Mas o povo lá desse recanto de Indaiá já em franca evolução do "alemão de Petrópolis" para a nova pequena burguesia de Petrópolis, das malharias e dos tecidos! Mas a casa, trepada no morro, no fundo de uma pirambeira, cercada de mato perfumado, e até iluminada por um quarto crescente metido a lua cheia, perfumado e cantante, com o seu inevitável riacho, tudo isso no quase-Petrópolis dos meus tempos de menino, quando a Renânia era um pequeno fim de mundo e Indaiá não tinha nem nome, pois só agora ouço falar nele!

Em suma, uma visita gostosa e quase tão inesquecível, senão mais, que a nossa busca ao caro amigo Cornélio, no Matadouro, que aliás pretende hoje terminar a sua "operação portão".

(...)

Ciao,

P.

Petrópolis, 29 de abril de 1969

Continuo triste com a derrota do De Gaulle. Não que não deixasse de discordar dele e de suas pretensões a Napoleão IV. Mas, sobretudo, por ser ele o único grande estadista atual que, talvez, ainda fosse capaz de manter a ponte entre o mundo democrático, onde a liberdade ainda é respeitada, <u>ao menos como valor</u>, embora já não na realidade concreta, e o mundo comunista, onde desapareceu totalmente e o Estado dominou completamente o direito de ser livre, na família, na cultura, na educação, em tudo. De Gaulle ainda era o traço de união pela sua política exterior. Embora na política interior fosse um conservador de quatro costados. Agora com o seu desaparecimento da cena política, o poder em França cai totalmente na mão das direitas, dos conservadores e dos Homens de Negócios, dos grandes capitalistas, das velhas gerações, da França Velha, de um mundo espiritualmente morto, mas economicamente apegado aos seus bens, ao seu pé-de-meia, à sua grande propriedade, aos seus costumes individualistas, a tudo que representa na França a expressão de um grande reacionário, Charles Maurras, que disse um dia que "o francês tem tanto mais coragem física, como menos coragem econômica", isto é, parece mais apegado aos seus haveres que à sua vida. De Gaulle representava o oposto disso, embora também infiltrado do complexo napoleônico de Poder, de Autoridade, de Glória Militar, de um imperialismo político que as forças econômicas e militares da França de hoje, depois da sangria de 1914-18 e da derrota de 1940, tornaram ilusórias, pois não lhe deram a base concreta para os sonhos da "*grandeur*" político-militar. Mas com todas essas contradições, era o último grande herói da vida pública francesa, e mesmo o último dos heróis carismáticos da era Churchill-Roosevelt – ou mesmo da era Kennedy-Kruschev, que lhe sucedem.

Tudo isso veio abaixo no dia 27 de abril de 1969, e a França vai cair nas mãos dos piores direitistas e reacionários, mas, ao mesmo tempo, com isso, reabilitando as esquerdas! Sim, as esquerdas... Estas estão hoje desmanteladas e desunidas. A queda de De Gaulle não foi devida a elas – embora elas tivessem também votado "não", mas sim à união das direitas, para quem De Gaulle era suspeito, pois pretendia alcançar um "*tiers chemin*" entre capitalismo e comunismo. E as direitas só admitem o "*chemin de droite*" e nada mais.

O que é ridículo é que os estudantes estejam festejando a queda de De Gaulle e, com isso, mostrando que só veem as coisas a dois passos na frente, e nessa queda veem apenas o fim de um homem que os combateu e destroçou em Maio de 68. Mas não veem que, sem ele, o reacionarismo e o direitismo é que vão tomar conta do governo, apoiados no egoísmo e no medo da alta e média burguesias francesas, que viu De Gaulle com crescente desconfiança, e queriam o Poder nas mãos de um ex-banqueiro, como Pompidou, e não nas mãos de um general, por mais glorioso que fosse. É o fim do sonho de "*grandeur*". Começa de novo o regime do Dinheiro, e não mais o da Glória como ideal francês coletivo.

E tudo isso é profundamente melancólico para quem considera a França como nós a consideramos. E, no caso De Gaulle, era não só a velha França, como também a possibilidade de uma nova França, árbitro entre os dois hemisférios – o da Liberdade "*quand même*" e o da Ditadura em nome do Proletariado e, de fato, na mão dos militares, que no fundo governam tanto a Rússia Soviética como a China de Mao. Embora general, e com pretensões bonapartistas, De Gaulle era menos militar que civil. E embora com vocação autoritária, não era de modo algum um ditador. Basta compará-lo a dois autênticos ditadores, como Franco ou Salazar, e este nem morto quer morrer...

Era uma figura de outro gabarito, cuja queda se opera de pé, como se a tivesse preparado – e quem sabe se não foi intencional – teatralmente, para sair em pleno poder, e respeitado por todos e admirado pelo mundo inteiro.

É uma era que acaba. É mais um laço com o nosso mundo que termina. Especialmente para aqueles que odeiam a divisão do mundo em isto ou aquilo. Aliás, ainda nisso De Gaulle tinha algo de napoleônico, pois este foi, afinal, o herdeiro da Revolução Francesa e o lutador contra o espírito do "*ancien régime*", que iria ser o da Santa Aliança[315] que tentou tomar conta do Ocidente depois de sua morte. Não conseguiu, nem impediu o surto do socialismo e do capitalismo, contra ambos os quais De Gaulle acabou lutando em vão, pois os dois anunciavam (os dois jornais, o de extrema direita, *L'Aurore*, e o de extrema esquerda, *L'Humanité*, é que dirigiram a luta pelo "não" na imprensa francesa!) e acabaram derrubando o velho ídolo, já de pés de barro, pela obstinação bem francesa em provocar um "*oui ou non*". Bem cartesiano! Será que o Direitismo capitalista e "pé-de-meia", que foi o principal adversário de De Gaulle nesta aventura final, sem falar dos nacionalistas integrais, gênero Bidault,[316] que ele próprio permitiu que voltasse quando arregimentou todos os "conservas e reaças" para liquidar com os estudantes e operários e manter "*l'Ordre*", a ordem que hoje lhe foge das mãos e passa para as mãos do Dinheiro, dos ban-

315_ Refere-se à Santa Aliança, tratado estabelecido, em 1815, entre Rússia, Prússia e Áustria para governarem segundo os princípios cristãos.

316_ George Bidault (1899-1983), primeiro-ministro da França por duas vezes, rompeu com De Gaulle, em 1958, por se opor à independência da Argélia e defender o terrorismo como forma de resistência.

queiros, dos industriais e capitalistas, de Pompidou, (não esqueço que Pompidou escreveu aquele artigo sobre Baudelaire e, em jovem, fez uma antologia da poesia francesa [sic]). Tantas coisas em França, tanto à direita como à esquerda ou ao centro, se fazem sob o signo da inteligência! Ainda bem!!!

(...)

Ciao,

P.

Petrópolis, 30 de abril de 1969

(...)

Estamos no período das "consultas ministeriais", como diziam na França da "3ª República", e ainda se diz de vez em quando na Itália de hoje, antes que os milicos também tomem conta do poder por lá. Pois o maior acontecimento político do mundo todo é a passagem dos militares do plano militar ao plano político, o que aliás me lembro de ter dito, há uns 20 anos, respondendo, creio eu, a uma pergunta-entrevista, e provocou até certa inquietação no Ministério da Guerra (sic), quando era ministro o Dutra e, portanto, foi durante o consulado getuliano.

O fato é que, hoje, vêm nos jornais os nomes de mais de 107 cassados, mostrando que a sede de destruir ainda está muito viva nos nossos assaltantes. Aliás, o *J do B* publica, hoje, uma foto bem acima do listão dos novos cassados – representando a turma do "soviet supremo" no Palácio da Alvorada e, na 1ª linha, o chefão dos assaltantes comendo, comendo, alguns rindo, todos "deglutindo" a liberdade de mais 107 brasileiros, inteiramente inócuos. Ato que vai provocar pelo país todo – pois é gente de norte a sul – nova onda de ódios e ressentimentos e, sobretudo, de efeito maior sobre um país pouco "brigador": a reação dos braços cruzados, do tanto faz, do deixa estar – reação tipo da... falta de reação que desfibra os povos. Esse desfibramento nacional é o maior crime dos nossos assaltantes do poder.

(...)

P.

maio | **1969**

Rio, 1º de maio de 1969

(...)

Ainda esta manhã, indo para a missa, momento único do dia em que penso com calma, evocava o texto dos Salmos que dão setenta como sendo o marco final da idade normal do homem, "tudo o mais nos vem por acréscimo" ou "como misericórdia divina", como mais ou menos diz o tal texto. Estou, portanto, na área da misericórdia, e dando graças a Deus de não ser ainda da... Santa Casa de Misericórdia, como tantos outros, a começar, mais perto de nós, por Maria Cândida,[317] de modo que nada há de admirar que me sinta dia a dia mais deslocado, acima de tudo por não poder falar e escrever livremente. Ainda agora, sentado naquela velha cadeira que você conhece e sobre a qual se debruçava no escritório da rua Dona Mariana, falando por telefone quando eu não estava e os ratos se esbaldavam na ausência dos gatos (...), acudiu-me uma frase para começar a tal "comunicação" que me pedem para o IV Congresso de Imprensa Católica, que se realizará em São Paulo, e para o qual me pediram para falar no dia 16 de julho, ou 18, mas ontem me escreveram pedindo que seja a 15. A frase será a seguinte, que já escrevi para que a onda não fugisse: "Se eu quisesse começar por um paradoxo – mas lembrando desde logo que os paradoxos são verdades que precisam forçar violentamente as portas para arrombar fechaduras enferrujadas – diria que a imprensa católica, como a imprensa em geral, precisa preliminarmente de três coisas: antes de tudo, liberdade; em seguida, liberdade; e finalmente, liberdade". Será que terei liberdade e coragem de começar (*"il n'y a que le premier pas qui coute"*...)[318] a minha comunicação num congresso que por todos os motivos deveria ser adiado, já que o Brasil não comporta condições, no momento, para que ele agora se realize? Pois a Imprensa é, justamente hoje, a instituição mais perseguida no Brasil, e com a máscara de ser purificada, como dizem os fariseus que hoje ditam regras de purificação à Igreja, como Pio X e Nelson Rodrigues, ou pretendem "purificar" a universidade, como essa do ministro da Justiça, que não tem pejo de, sendo reitor da Universidade de São Paulo, permitir que o sabujo do ministro da Educação dê um golpe como o que está dando com o afastamento – não só dela, mas de todas as universidades brasileiras – de um grupo dos maiores cientistas brasileiros, só por terem ideias divergentes da cúpula que nos assaltou![319]

317_ Refere-se à costureira da família.
318_ Expressão francesa: É apenas o primeiro passo o que custa.
319_ Luis Antônio da Gama e Silva (1913-1979) foi reitor da USP antes de se tornar ministro da Justiça, em 1967. Como reitor, afastou professores de esquerda, como Florestan Fernandes e Fernando Henrique Cardoso. Como ministro, foi o redator do AI-5 e permitiu o afastamento de inúmeros professores nas universidades federais.

É, pois, uma tristeza ter hoje de viver nesta prisão florida em que a liberdade é uma palavra feia e perigosa de ser pronunciada, e gozar dela, como ainda gozo, dá até remorsos, pois só a temos por uma espécie de cumplicidade tácita, pois aceitamos esse dom divino, que é um direito em nós, como condescendência dos tiranos! Aliás, pensando bem, a condição da liberdade no mundo foi sempre mais ou menos esta: tolerada pelas potências da Terra e não reconhecida por elas como um direito que está acima delas, pois está inscrito (êta xô!...) na natureza humana. Mas os tiranos – (café, e um café, ou antes, com ele, Mamãe, e com isso já não sei o que queria com os tiranos...).

(...)

P.

Petrópolis, 4 de maio de 1969

A última página da carta de ontem ficou mesmo em branco! Coisa rara! É que vim tarde da tal festa do Colégio Jacobina, e depois do almoço não houve tempo de terminar. E à tarde não quis deixar de passar, como de costume, pelo correio, para apertar a mão do meu amigalhaço de lá, que nas horas vagas deixa o posto para dar lições de motorista, e até hoje se orgulha do livro que lhe ofereci...

A festa do centenário de dona Belinha[320] constou de missa, celebrada pelo cardeal e concelebrada pelo padre Leme Lopes (entre parênteses, frei Clarêncio, insuspeito, me disse que o cardeal estava muito menos "falcão", linha dura, por causa do caso dos "padres franceses"; ele tem muito respeito pelos padres e se convenceu de que eles foram atacados injustamente pelos assaltantes, atualmente "*ad secula seculorum*"[321] no poder). Mas, ainda por falar nessas coisas, leio hoje, com a maior surpresa, declarações do episcopado argentino que desmontam o seu "conservadorismo" e revelam uma coragem em face dos militares dominantes, lá como cá, o que aqui seria, no momento, inconcebível! Curioso. Como regredimos até mesmo na Igreja oficial, ao passo que os argentinos progrediram. Tudo por aqui respira a "apagada e vil tristeza" camoniana...

Voltando ao Jacobina, a missa foi na capela do colégio, que é bem grandota e velha, como aliás na sessão que se seguiu, e

320_ Maria Izabel Jacobina Lacombe, uma das fundadoras do Colégio Jacobina, no Rio de Janeiro.
321_ Expressão latina: Pelos séculos dos séculos. No contexto: Para sempre.

que eu presidi na falta do Didi; havia sobretudo a velha guarda, ex-alunos, amigos etc. Não me pareceu ver uma só estudante de hoje. O mínimo que se pode dizer é que não demonstraram o mínimo interesse pelo colégio e sua tradição, confirmando um fosso entre as gerações que, nos Estados Unidos agora, é que está se revelando de modo violento nas universidades, como se está revelando há mais tempo no plano das raças.

Ainda hoje leio também um protesto da "união dos professores universitários" (sic) contra declarações do Nixon contra os excessos dos estudantes em suas manifestações universitárias, e declarando que essas "declarações" representam "um atentado às liberdades acadêmicas" (sic). Mas cá por estas bandas de nossa selvageria subdesenvolvida e assaltada pelos "*gangsters*" de galões, há muito que essas "liberdades acadêmicas" são um mito, a partir de abril de 64. E cada dia mais aniquiladas, sem possibilidade de protesto, pois não há jornal que tenha coragem de publicar qualquer protesto contra atos monstruosos como a última leva de "aposentadorias" forçadas nas universidades.

Por falar nisso: o Etienne[322] me escreve (na mesma carta em que me pede os originais da tal "saudação" minha, que nunca lhe chegou às mãos e deve estar perdida nos porões ou no lixo dos correios mineiros), pedindo que eu lhe mande os meus dois artigos sobre o P. Wauthier,[323] que ele acha perfeitamente possível publicar em *O Diário*, que, aliás, foi vendido a um grupo particular, pois a Cúria felizmente desistiu de ter um jornal. Cada vez me convenço mais de que a Igreja não deve ter nenhum jornal oficial, nem mesmo qualquer diocese, e apenas um boletim de publicação dos atos oficiais. A imprensa exige uma liberdade de apreciação político-social e cultural que a Igreja, oficialmente, não deve ter, já que deve dar liberdade aos fiéis de se colocarem em posições opostas. De modo que deve haver vários jornais católicos ou, antes, de católicos – se é que estes realmente, ou pelo menos pequenos grupos deles, querem ter uma posição definida em face dos acontecimentos, à esquerda, ao centro ou à direita – que não implique uma negação do dogma ou do respeito aos outros.

(...)

A reunião, como te disse, foi presidida por mim e teve na mesa o intolerável brigadeiro Eduardo Gomes[324] (por quem já fiz comícios e, hoje, considero uma múmia inócua, sem dúvida, mas representando, entre tantos, o apoio moral a tudo o que há de

322_ João Etienne Filho (1918-1997), poeta e jornalista.

323_ Refere-se ao padre Wauthier, francês atuante no Brasil, perseguido pela ditadura militar.

324_ Eduardo Gomes (1896-1981), figura histórica da Aeronáutica.

pior nesse assalto de que o Brasil foi vítima em 1964. Um desviozinho: a única peça teatral que está fazendo sucesso é de um estreante e se chama *O assalto*).[325]

Bem, antes da sessão encontrei o Sobral, lá no Jacobina, que foi só à missa. "Você escreveu dois artigos primorosos sobre o Rodrigo", mas naquele tom de quem dá um prêmio a um aluno que fez boa prova, como dá então má nota a quem fez prova inferior. Esse tom protetor não me faz evidentemente esquecer todas as virtudes heroicas que ele tem, e a qualidade de amigo certo das horas incertas, mas que exaspera e chateia, lá isso é verdade. Cada vez mais vejo o Sobral como um anacronismo, e quase como uma múmia, embora em extremo oposto ao brigadeiro, pois este é realmente um cadáver, incapaz de qualquer ressureição, ao passo que o Sobral é uma múmia perigosa, pois tem vida e dinamismo quase iguais ao veneno do tigre, embora sem veneno algum, pois o Sobral é o oposto dos ofídios da raça do c., que ele teima em trazer de novo ao aprisco "vitalista"...[326] Como esse termo "vitalista", que há 30 ou 40 anos representou para mim um ideal e um método de ação, hoje não me diz mais nada! Mas nada de nada, a não ser um momento alto do passado, mas muito mais passado que alto... Será minha culpa? Só Deus é que nos dirá um dia, quando formos julgados, e eu quisera não ser absolvido mas pelo menos perdoado. Pois, para mim, Deus sendo amor é, acima de tudo, perdão. <u>Deus é perdão, eis o que hoje em dia faz a essência de minha fé</u>!

(...)

P.

Rio, 7 de maio de 1969

"*Jouant, jouant*"[327] já são 11 horas. Mais uma manhã perdida! Como se desperdiça tempo lendo coisas inúteis, como esses jornais – como Mamãe lembrava há pouco, ela que é também uma devoradora dos ditos, por herança paterna e materna – esses jornais que se ocupam hoje extensamente com coisas fúteis, depois que o regime do assalto a que fomos submetidos nos priva das leituras políticas, que eram ao menos uma janela aberta, mesmo até 13 de dezembro de 68, data fatídica para a liberdade de expressão no Brasil, como a ditadura miliciana e

325_ Peça de José Vicente, dirigida por Fauzi Arap e estrelada por Rubens Corrêa e Ivan de Albuquerque.
326_ Refere-se ao Centro Dom Vital.
327_ Expressão francesa: Brincando, brincando.

policial, de cujos frutos estamos desfrutando. Dizia Alceuzinho: "mas é preciso não esconder o lado bom", aludindo ao aumento dos negócios, já que a Bahema e a Tema[328] tiveram um 1968 de grandes lucros, o que prova apenas que estamos realmente em plena ditadura capitalista, em que os negócios prosperam, mas o povo continua cada vez mais miserável e iludido, pois o que há de mais trágico nas ditaduras é a complacência dos ditadoriados, especialmente dos mais pobres, os operários e camponeses que, desiludidos do voto, dos parlamentos, das políticas, da liberdade, da própria liberdade de imprensa, ficam esperando por Godot (pois na famosa peça de Thomas Becket,[329] *Waiting for Godot*, o esperado não é apenas Deus, o Invisível, é qualquer espécie de Salvador, e antes e acima de todos, o Tirano, especialmente quando ele se veste com a toga da Revolução, palavra mítica que é, para todos os desiludidos, tanto do socorro de Deus, como do socorro dos Ricos ou das fórmulas jurídicas ou oratórias, a Esperança... Esta não morre nunca, mas assume todas as máscaras, desde a Verdade Divina até qualquer mascarada humana, e a mais endeusada das mascaradas humanas é, sem dúvida, a Força, e daí a popularidade dos Militares, que dispõem dela, e o povo fica embevecido pelos galões, pelas bandas e pelo mito de "defensores da pátria").

Já não me lembro de onde partiu este atalho, que me levou da estrada às picadas na floresta, por onde se extraviou, catando violetas, o famoso "*sous prefet*"[330] do ponto de Alphonse Daudet,[331] no tempo em que se lia Alphonse Daudet, o açucarado, e não Thomas Becket, o amargo...

(...)

A recepção do João Cabral[332] na Academia foi muito chocha, intelectualmente, apesar da sala cheia. O discurso do João Cabral foi bom, mas tão frio e pronunciado com tanta ausência de retórica – o que é um bem e reflete bem o temperamento lacônico e interiorizado do autor de *Morte e Vida Severina*, que adormece um pouco, por melhor que seja. O do José Américo[333] foi um desastre. Não sei se tem coisas boas, o que sei é que ele engolia de tal modo as frases finais ou, antes, o final das frases, que ninguém ouviu nada. Além de uma dicção curiosa do "r" por "l", "Mar" por "mal" etc., que fica como um cacoete que impede, ao menos aos curiosos – pois quem sabe se é dicção nordestina –, de prestar atenção ao princípio das frases. E como

328_ Empresas de máquinas pesadas nas quais trabalhavam filhos e parentes do autor.
329_ O autor se equivoca. Thomas Becket (1118-1170) foi arcebispo de Cantuária, na Inglaterra, e é considerado santo pelas Igrejas Católica e Anglicana. O dramaturgo, de origem irlandesa, se chama Samuel Beckett (1906-1989).
330_ Expressão francesa: Subprefeito.
331_ Alphonse Daudet (1840-1897), romancista francês.
332_ Refere-se a João Cabral de Melo Neto, empossado na Academia Brasileira de Letras a 6 de maio de 1969.
333_ José Américo de Almeida (1887-1980), político e escritor, membro da Academia Brasileira de Letras.

não se ouvia o fim, o resultado é que só se salvou uma coisa do seu discurso: o tamanho, 43 minutos, heroicamente ouvidos ou suportados em silêncio...

Em suma, uma pífia sessão, apesar de se tratar de um dos maiores poetas da "geração de 45" e, realmente, de alto valor, não só intelectual como também moral, e cuja análise do Chatô escritor (o Chatô[334] era o antecessor na cadeira) foi muito boa, como não podia deixar de ser, embora omitindo totalmente o aspecto solar e luminoso – embora monstruoso sob vários pontos de vista – da pessoa do Chatô. Estou convicto de que ele, Chatô, nunca será lido, mas será comentado como um símbolo do Brasil da metade do século XX e, muito especialmente, do período que vai da 1ª guerra mundial, antes de 30, até a 2ª guerra mundial e o getulismo, até mesmo a Revolução dos militares de 64 em diante.

Esse período político terá num tipo jornalístico como o Chatô um dos maiores, senão o maior dos seus símbolos, pois foi uma figura absolutamente típica e inconfundível de todo o aspecto <u>demoníaco</u> desse período. O João Cabral citou uma frase do Chatô, do seu discurso de posse (quando eu estava nos Estados Unidos e não lhe dei o voto, embora fosse candidato único e o admirasse sob certos pontos de vista, como admiro certos aspectos de um Lampião, por exemplo...) em que ele dizia que a cadeira 13, que fora fundada por Silva Ramos[335] – que aliás, era um antidemoníaco por excelência – era uma cadeira perseguida pelos demônios, porque talvez estivesse sob o patrocínio de Tomás Antônio Gonzaga, o infeliz poeta de Marília, e teve como principal figura o Getúlio,[336] que ele mesmo, Chatô, retratou num artigo célebre chamado "O monstro", que podia ser admirado tanto pelos antigetulistas como pelos getulistas... E esse caráter de ambiguidade essencial é que caracteriza o Getúlio, como também o Chatô. De modo que um retrato <u>dos dois</u>, como expressão de uma <u>era ambígua</u> como a nossa, daria, na pena de um Euclides da Cunha,[337] de um Nabuco,[338] ou mesmo de um Graça Aranha,[339] ou até de um Affonsinho Arinos,[340] um painel esplêndido.

Mas o João Cabral não teve coragem de apontar o lado <u>solar</u> do Chatô, e ficou com o seu lado <u>lunar</u> (ou lunático, como foi todo ele...) e essa face oculta de um grande jornalista, de um Brasil anfíbio como o de hoje é, sem dúvida, a menos importante e que será totalmente ou quase (salvo para os redescobridores do passado morto) esquecida e ignorada pelo Futuro. Ao passo que

334_ Apelido de Francisco de Assis Chateaubriand Bandeira de Melo (1892-1968), jornalista, político e diplomata que ocupou a cadeira da Academia Brasileira de Letras na qual João Cabral de Melo Neto foi empossado.
335_ José Júlio da Silva Ramos (1853-1930), professor, filólogo e poeta, membro fundador da Academia Brasileira de Letras.
336_ Refere-se a Getúlio Vargas (1882-1954), que presidiu o Brasil entre 1930 e 1945 e entre 1951 e 1954. Foi membro da Academia Brasileira de Letras.
337_ Euclides da Cunha (1866-1909), jornalista e escritor, escreveu *Os sertões*, clássico sobre o massacre da comunidade de Canudos, no interior da Bahia.
338_ Joaquim Nabuco (1849-1910), escritor, diplomata, político, autor de clássicos como *Minha formação* e *O abolicionismo*.
339_ José Pereira da Graça Aranha (1868-1931), escritor e diplomata, foi um dos organizadores da Semana de Arte Moderna de 1922.
340_ Affonso Arinos de Mello Franco, filho (1930-), escritor e diplomata, membro da Academia Brasileira de Letras.

o Chatô-político, ou pelo menos em contato e simbiose com a vida pública de uma época, esse está por ser escrito e será o que vai ficar para a posteridade.

Isso explica a chochice da sessão de ontem, que não valeu o aperto de duas horas num fardão mesmo arejado como o meu. Gracinha minha ao adido cultural, ou coisa parecida, da embaixada de França: ele, apontando para o meu fardão, no qual me sinto sempre tão mal à vontade: "*Il n'est pas un habit vert. Il n'est q'un habit ouvert*"...[341] "*Jeu de mots*"...[342]

[...]

P.

Rio, 9 de maio de 1969

Estou saindo da leitura de uma crônica linda de Dom Marcos (inspirada, naturalmente, pelo dia das mães no próximo domingo) sobre a mãe dele, que ele não conheceu e de que guarda vaga lembrança e uma trança de cabelos, que ultimamente lhe mostraram. Lendo palavras tão puras e altas, em dias tão baixos e impuros como os que estamos vivendo – e a baixeza e a impureza de hoje estão umas nos espetáculos mais ou menos loucos dos teatros e cinemas, como os a que ontem assistimos, umas na falsa ordem dos militares e tiranos, direitistas e esquerdistas que hoje representam a Ordem do mundo – saindo dessa leitura senti-me inclinado a dar-lhe o voto, não para esta vez (mas para alguma futura e não espero seja a minha...) para concorrer realmente à Academia. [...]

O fato é que a crônica de Dom Marcos, nesta antevéspera do Dia das Mães, me trouxe um raio de luz e de serenidade para um coração atribulado, mas não tanto... que não sinta e aprecie o frescor de uma página tão pura porque autêntica. Como autênticas são as páginas dos agitadores do mundo de hoje. Pois a minha complexidade é que sinto e participo das duas autenticidades, aparentemente contraditórias: a da anarquia vociferante dos jovens "contestadores" de hoje e a da pureza cristalina dos que nos trazem aos ouvidos a flauta daqueles concertos de Bach, lembra-se, que ouvimos em 1950 – e parecia (o som da flauta de um flautista fenomenal!) um coro de anjos atravessando o tumulto das vozes sombrias da discórdia.

Ontem à noite, esse espetáculo do que há de mais caótico e

341_ Expressão francesa: Não é uma roupa verde (vert). É apenas uma roupa aberta (ouvert).
342_ Expressão francesa: Jogo de palavras.

trágico no mundo de hoje foi uma fita de que muito se tem falado: *Marat e Sade*.[343] É uma peça de teatro, escrita pelo famoso e, hoje também, tão citado Marquês de Sade, escrita por ele quando internado no hospício (sic), e representada por ele e por loucos do hospício, em 1808, sobre o assassinato de Marat por Charlotte Corday, em 1793, em plena Revolução Francesa. É um espetáculo extraordinário e de arrepiar os nervos, e que aliás ganharia, esteticamente, em ser menos caricaturado e extremado no jogo de um dos atores loucos. Quando a loucura é assim levada ao paroxismo – como tudo – perde o seu sentido trágico e chega a ser cômica e artificial. Mas, de qualquer jeito, a peça-fita é de impressionar em torno do tema Revolução-ideal e Revolução-decepção, com os loucos representando a massa e Sade, o autor, e Marat, o tema, representando a elite de espírito (não as elites do dinheiro ou do poder).

Outro aspecto paroxístico da arte violenta de hoje também li, agora mesmo, no *J do B*, descrevendo a peça de maior sucesso na Broadway e na Alemanha, chamada *Hair* (Cabelo) e que toma os cabeludos ou, antes, os próprios cabelos crescidos e desgrenhados como sendo um símbolo do nosso fim de século tão alucinado como o fim do século XIX foi exótico ou sofisticado (*"fin de siècle"*) mas, tanto um como outro, um fim! Não é à toa que a expressão "é o fim" tanto se insinuou entre nós. Tanto um espetáculo como outro, um visto ontem na tela do cinema Paissandu, no qual naturalmente Mamãe não viu nada, pois passado o jornal, adormeceu totalmente, felizmente para ela, que tem horror dessas desordens, pois vem de um mundo tão ordenado, e sadiamente ordenado, com tudo nos seus lugares (para as meninas da Casa Grande que saíam, como ela, do colégio de Sion – o Sion de ontem, não de hoje... – para se casar com um tipo, então totalmente desenganado do mundo, e que se casava para fugir do mundo, como se converteria dez anos depois também para fugir do mundo, já agora do mundo das ideias e não do mundo dos salões, como em 1918).

O meu caso é que só depois dos 50 ou 60 anos é que recomecei a voltar para o mundo ou, antes, a voltar-me para o mundo e reconhecer nele muitos valores sadios ou, antes, uma exigência de presença, de simpatia, de amor, quando em 1918 ou em 1928 eu só via nele os antivalores. Foi uma evolução semelhante, guardadas as devidas proporções e, no meu caso, proporções d minutas pelo meu substancial burguesismo, e o espírito burguês herdado

343_ O filme de Peter Brook é baseado na peça de Peter Weiss (1966). A peça ao que autor se refere, escrita pelo Marques de Sade, faz parte do enredo da peça de Weiss e do filme de Brook.

de gerações, em mim, é sempre o espírito do amortecimento, do medo de todo exagero, do meio termo, da prudência (que pode transformar-se na virtude da temperança e do equilíbrio ativo, como pode ficar no medo, na prudência da carne, no ceticismo, no egoísmo, no conformismo etc.)...

Mas, prosseguindo na frase interrompida como de costume, foi uma evolução em minha vida, semelhante à de Thomas Merton, e na vida deste, que era um poeta e não um burguês, levada bem aos extremos: o comunista, o monge, o contestador (antiguerra, antirracismo), o ecumenista, ocidente/oriente, cristianismo/budismo etc.

Pois terá sido essa evolução parecida à fuga do mundo (1918-1928, no meu caso) e volta do mundo, que me levou a colocar Merton, mais ainda do que Teilhard, no pedestal onde outrora eu colocara Maritain? É uma pergunta a que eu não hesito em responder: foi!

Ontem, eu hesitava no início da carta, hoje eu não sei como parar nessa mistura do angelismo de Dom Marcos (evocação inclusive de Mamãe, da minha mãe e sua vovó Camilita) e o demonismo ou o libertinismo e o protesto dos Marats, Sades ou dessa peça *Hair*, cujos autores (são dois) não guardei os nomes.[344] E me levou a encontrar o motivo profundo de uma afinidade entre um gênio ou um santo, como Thomas Merton, e um reles burguesinho do Cosme Velho, de Dona Mariana e da Moselinha, que voltou a voltar-se para o mundo, justamente no momento em que esse mundo é mais demoníaco, anárquico, demolidor, imoral, gritante, "pornorregido", sem saída, desesperado, impudico, exatamente o oposto de todos os meus gostos cada vez mais profundos – do silêncio, da solidão, deste meu escritório de Paissandu, mesmo ele, com as paredes tapadas de livros, esses mesmos, os livros, companheiros silenciosos e ideais (pois não conversam em voz alta, mas dialogam, ou antes, monologam comigo todo o tempo, por todos os sentidos e por todos os pensamentos inexpressos, por sua presença muda, de alguma eloquência incomparável), onde me sinto, e só nelas, aqui mesmo ou no pombal da Moselinha, muito, muito mais do que sempre, feliz por estar só e, afinal, desde os tempos da infância em que Mamãe (minha mãe) chegava à janela do número dois (da casa azul) para ver o que tinha acontecido com o seu Vida (Mamãe me chamava de Vida) e Papai e Dindinho caçoavam dizendo de mim à Mamãe: "Como vai ou onde está o seu Vida?". Mamãe chegava à janela para

344_ *Hair* foi escrita por James Rado e Gerome Ragni (texto e letras das músicas) e Galt MacDermot (música). Estreou fora da Broadway em 17 de outubro de 1967 e, depois de 45 apresentações, foi para o Teatro Biltmore, na Broadway, em 29 de abril de 1968, onde foi à cena por mais 1.873 vezes. Em 2010/2011 foi remontada no Brasil.

ver onde se metera o "chinezinho" (na exposição de 1900, em Paris, uma pessoa me chamou de "*le petit conchinchinois*")[345] de três anos, que estava lá fora na chácara brincando com folhas, calado, enquanto "babá Jacinta" dormitava do lado e o silêncio pairava sobre a chácara do Cosme Velho... E esse menino, que tanto amava a solidão e o silêncio aos três anos, aos quase 76 é ainda o que mais ama, pois nunca se serte só! E, no entanto, vibra com os "*hippies*", os "revoltados", os "*beatniks*", os "cabeludos", os "violentos", os "*contestataires*" da Sorbonne, os estudantes do "*sit in*", e agora, menos passivos, os "*be ins*" (sit ins eram as reuniões dos estudantes norte-americanos quando começaram a sair do seu status anterior e tradicional de "*silent generation*",[346] aos quais não se podia aplicar a palavra de "strike",[347] porque "estudantes não fazem isso, só operários"...) e hoje passam a ser essas reuniões agora agitadas e agressivas de "*be in*"...

Você deve notar que, cada vez mais, em dias de ansiedade, intensidade ou precipitação dos acontecimentos – as fitas ou peças ou conversas –, as minhas sentenças começam a não ter pé nem cabeça e a serem gramaticalmente-inanalisáveis... É que o pensamento voa, ao passo que a mão... anda... Precisaria ter aquele magnetofone ou coisa parecida que, em 1953, Mamãe e eu não compramos em Washington por achar caro, quase que US$ 800, creio eu, que hoje seriam realmente caros.

Numa carta inteiramente caótica depois do espetáculo de ontem, da notícia sobre a peça *Hair* hoje e da leitura idílica da crônica filial e saudosa (ele não chegou a conhecer a mãe, que era "a mais linda da cidade" em Maria da Fé, no alto de uma colina, que ele mesmo, Dom Marcos, me mostrou de longe, quando fomos, de trem, de Itajubá para Brasópolis, "*in illo tempore*"...[348] resultado de minha velha mania do e e não do ou...).

Por isso é que, ontem, quando o Abgar Renault, no Centro Dom Vital, deu de me ler trechos de seu discurso sobre o Macedo Soares,[349] chamou a este de "complexo", eu protestava: "O adjetivo está mal aplicado. Não houve sujeito menos complexo do que o Macedo" etc. Sempre foi um medíocre, um rato, um esperto – isso sim – e mais do que hábil em lidar com os homens, e que teve a coragem de entrar nos acontecimentos em 1930 e saber lidar com o homem mais tortuoso daquele início de nossa era revolucionária, cujas consequências neofascistas e totalitárias estamos sofrendo – o Getúlio.

345_ Expressão francesa: O pequeno conchinchinezinho.
346_ Expressão inglesa: Geração silenciosa.
347_ Termo inglês: Greve.
348_ Expressão latina: Naquela época.
349_ José Carlos de Macedo Soares (1883-1968), jurista e político, antecedeu Abgar Renault na cadeira 12 da Academia Brasileira de Letras.

O Macedo era um catolicão 100%, um super-conservador, um liberal de alta classe, aliás um fidalgo de maneiras, um homem encantador na linha do que seria o nosso Didi, e muito mais ativo do que ele, Didi, ou do que eu, na crítica... Mas complexo é que não foi. O Getúlio, sim, foi complexo. O Castelo Branco, até neste ponto, embora muito menos. O Chatô também. Todos foram complexos. Mas o Macedo, não. Foi um jeitoso, um hábil diplomata, um pseudo-historiador, um lutador, tudo isso, mas complexo nunca. O Abgar retirou logo o adjetivo. Ele também, embora poeta, não é complexo. É antes simples e distraído. Tão distraído que, ontem, na Academia, o Deolindo Couto – que é uma inteligência vivíssima e pronta, com uma linguinha bem afiada, mas realmente homem de espírito, perguntava ao Abgar, que se senta do meu lado, distraído, "se ele já sabia quem tinha sido o seu antecessor"...

A sessão foi toda dedicada ao Ataulfo![350] É verdade! Como é que um nulo como foi o Ataulfo (mas não um medíocre, como lembrou o Peregrino, num discurso delicioso, que o Bandeira[351] sempre dizia do Ataulfo) pôde encher toda uma sessão, em que até eu falei, recordando aquele episódio do Carlos de Laet,[352] no dia de sua morte, do Laet dizendo a Dom Leme: "Cardeal, estou pronto para comparecer diante de Deus, já me confessei, comunguei, e sei que não passo de hoje"... Parou um pouco, chorou um pouco (tudo isso foi Dom Leme quem me contou) e depois disse: "Mas Deus é tão bom que, sendo hoje quinta-feira, não preciso ir à Academia ouvir o Ataulfo"... E morreu poucas horas depois.

Fiquei contente ontem (no meio de tanta complexidade) por ver que vão entrar para a Academia, como sócios correspondentes, dois homens simples e encantadores e de valor – o Georges Raeder[353] (proposta minha) e o w. Grossman,[354] de Nova York, proposta do Magalhães Júnior, mas que eu sustentei ontem, como relator *ad hoc* da Comissão de Pareceres oralmente.

(...)

Bom, basta de... complexidades!

Ciao,

P.

E esta letra, santo Deus! Ah, um Linguafone!... Mas não me acostumaria nunca. Só sei pensar... escrevendo. Se isso que aí está é... pensamento, e não devaneios...

350_ Ataulfo de Paiva (1867-1955), orador e advogado, pertenceu à Academia Brasileira de Letras.
351_ Refere-se a Manuel Bandeira.
352_ Carlos de Laet (1847-1927), jornalista, professor e poeta.
353_ Georges Raeders (1896-1980), escritor francês.
354_ William Grossman (1906-1980), professor da Universidade de Nova York, fundador da cátedra Machado de Assis.

Petrópolis, 13 de maio de 1969

(...)

Muita gente e pouco espaço no enterro do Rodrigo. Tanto assim que nem vi que Dom Marcos estava celebrando missa de corpo presente. Fiquei conversando com o Américo Lacombe,[355] o Xará[356] e outros. Havia em todos um sentimento profundo e também visível. Apesar das inevitáveis conversas, respirava-se um ar de vazio, de perda, de partida de um homem excepcional, e que marcara todo mundo pela sua modéstia, pelo seu desprendimento, pela sua autenticidade e sua absoluta falta de autopromoção: exatamente o oposto dos oportunistas e promocionistas que abiscoitam altas posições por sua adulação dos poderosos, mesmo que não lhes falte valor, como um Josué Montelo, por exemplo, típico carreirista, de alto valor, amplamente recompensado pelas sinecuras, além de tantos outros menos representativos, mas não menos oportunistas, como... sei lá. O Rodrigo era exatamente o oposto de tudo isso. Era o carvalho no meio de todos os salgueiros e caniços deste mundo. E morreu "estoicamente" como já o Rui[357] me dissera e hoje o Drummond o conta numa página de alta pureza e beleza. O Drummond tem qualidades morais do tipo das do Rodrigo, e só faz piruetas estéticas quando fala de coisas que só o afetam cutaneamente. E o Rodrigo foi mais que um subcutâneo, foi um órgão profundo e visceral.

Quem me levou, com o Athayde, ao cemitério, foi o Calmon, que junto ao túmulo discursou, trepado em outro túmulo para ser bem visto e ouvido. E merecia. Mas... banalidades supremas... Também falou Dom Marcos, mas tão baixo (ele é o anti-Calmon, por natureza, e tem alguma coisa do Rodrigo), mas com uma emoção lírica de poeta, que não havia no Rodrigo. Contou-me Dom Marcos, que ultimamente privara com o Rodrigo no Conselho de Cultura, que o admirava cada vez mais, que era um homem extremamente bom, mas que não conseguia ter qualquer vislumbre de fé. "Como é que um homem tão bom pode não crer em Deus?", comentava Dom Marcos.

Eu penso de modo diferente: crer em Deus, amar a Deus, sentir que o mundo sem ele seria um absurdo, nada tem a ver com a bondade ou com a maldade dos nossos corações, como também nada tem a ver com a lucidez de nossa inteligência. Há cristãos burros e maus, ou uma ou outra coisa, e há ateus geniais e

355_ Américo Jacobina Lacombe (1909-1993), advogado, escritor e historiador, dirigiu a Fundação Casa Rui Barbosa e o Instituto Histórico e Geográfico Brasileiro.

356_ Refere-se a Austregésilo de Athayde.

357_ Refere-se a Rui Coutinho, médico e amigo de Alceu.

bons... Creio que em Santo Tomás há esse reconhecimento da possibilidade perfeita de uma dissociação deste gênero, mostrando como o ser humano é realmente e, acima de tudo, uma caixa de surpresas e de combinações infinitas de qualidades e defeitos, de erros e verdades, ora harmonizadas, ora em perfeita contradição. No Rodrigo a contradição foi entre o ateu e o santo, que coexistiam nele de modo surpreendente (santo em sentido humano natural, não hagiológico).

E por falar nessa "revolução dos santos", que está provocando uma "contestação" maior nos católicos mais catolicões ou simplórios, ou conservadores ou reaças, do que todas as "subversões" dos fiéis, contra as quais o nosso papa disciplinador ergue, cada semana, o seu dedinho em riste, antes que o seu sucessor pegue no chicote, interpretando, literalmente e inquisitorialmente, como querem os reaças e catolicões, o "azorrague" de Nosso Senhor contra os "mercadores do templo".

Dizia-me a dona da Frutaria Gomes, ontem à tarde: "Que é que há na nossa Igreja? Agora querem mexer com os santos! O povo está desapontado!". E quando procurei cuidadosamente demonstrar que a Igreja agiu muito bem, para mostrar que a Fé não é nenhuma inspiração folclórica, disse-me ela: "Por que não fizeram isso há mais tempo?", com o que eu concordei logo. Há muita coisa que devia ter sido feita há mais tempo, como se dirá no século XXI, quando houver mulheres sacerdotes, padres seculares casados, a Igreja aceitando o comunismo, como hoje aceita – e até promove – o capitalismo etc. e tal pontinhos. E os Dom Helder's cardeais, se então ainda houver cardeais!

"Por que não foi feito há mais tempo?", dirão os fiéis do ano 2069, quando suprimirem os cardeais e colocarem os operários no lugar dos milionários como sustentáculos do culto...

Bem, mas não extrapolemos...

(...)

Ciao,

P.

Rio, 14 de maio de 1969

(...)

Mau sinal quando a gente começa a se interessar demais por esse jogo tão fútil como é o das candidaturas acadêmicas. Sinal de velhice e de vagabundagem de aposentado e de conformado.

Saudades do tempo em que eu, na rua Dona Mariana, nos tempos em que estava na plena posse de mim mesmo, podendo inclusive escrever sem reservas e sem pensar que os próprios jornais de minha colaboração se recusassem a publicar o que eu escrevia, nesses áureos tempos em que eu não admitia a hipótese de ser acadêmico, julgando isso uma diminuição, o que era um sinal de orgulho e, talvez por isso, é que cedi à pressão de Dom Leme, mas também era um sinal de independência, que aos poucos fui perdendo...

Ainda ontem, ao chegar de Petrópolis, peguei um livro de memórias do Marques Rebelo,[358] publicado no ano passado, e que ainda apenas tinha começado. Vejo lá que, sob o pseudônimo de Martins Procópio, eu apareço (embora não sozinho, pois aplica este mesmo nome inventado a outras figuras que não coincidem comigo) transparentemente retratado como um crítico que traiu a crítica ao se converter, tese de Mário de Andrade, que agora vejo que foi adotada também pelo Marques Rebelo. Há muito, antes de ele (também tenho raiva dessas separações idiotas...) – também se fazer acadêmico, notei que nunca mais me enviara seus livros, embora eu tivesse sido o primeiro a elogiar vivamente, nos tempos das lutas modernistas, o seu primeiro livro de contos, *Oscarina*. Depois silenciou. Uma vez foi à minha aula na faculdade, levando um escritor chileno qualquer. E só. Quando se candidatou votei nele, e temos tido ótimas relações na Academia, e até me mandou da Europa um cartão postal. E eu também fiz o mesmo. Agora, só agora, é que vejo que tinha silenciado por 20 anos, porque achou que eu traí... E me tornei carola ou, pelo menos, "unilateral", e falho como crítico. O trecho está na página 271 do livro *A guerra está em nós*, datado do dia 28 de dezembro de 1943.

Diz o seguinte: "Martins Procópio, em rodapé gordo como hipopótamo, dá o balanço literário anual, que é paupérrimo, independentemente porém da indigência, e aprovando a confusão usa dois pesos e duas medidas, e não por dolo, mas por unilateralismo de enfoque... E, a modo de conclusão, avisa que vai abandonar a crítica militante de livros, para se dedicar, avulsamente, à 'crítica de ideias'. Teremo-las boas. E é lastimável e melancólica a deserção... Martins Procópio foi uma força atuante e constante, que mormente no contestado período do Modernismo desempenhou corajosa, tenaz, martelantemente um papel construtivo que não poderá ser olvidado,

358_ Pseudônimo literário de Eddy Dias da Cruz (1907-1973), jornalista e escritor.

salvo absoluta má-fé ou obtusidade. Há tronos a que não cabe dizer rei morto, rei posto. Mas os jornais têm as suas tradições. Esta porventura seria uma. Quem irá substituí-lo no domingueiro emplastro de pé de página?".

Lendo isto sinto mais uma vez aquela saudade de mim mesmo que a morte dos dois Rodrigos despertou ou, pelo menos, acelerou. Fiquei com vontade de reler essa página de dezembro de 43, que o Marques Rebelo já julgava decadente, e que não está, creio eu, recolhida em livro algum. Talvez esteja na coleção de Nena.[359] Mas o principal é a distância em que me sinto de tudo isso, e também a saudade dos tempos da crítica militante. Tudo ido e tudo morto. Tudo esquecido se não fossem essas memórias de vivos da época, como essa do M.R.,[360] escritas com toda sinceridade, pois só agora, 20 e tantos anos mais tarde, é que se publicam, é que me mostram como era visto por pessoas que me tinham admirado (...) 20 anos antes (de 23 a 43...) e, hoje, 20 anos depois, estão de novo de bem comigo ou, pelo menos, embarcadas no mesmo esquecimento de querelas antigas à medida que se aproxima o dia da despedida final!

Nada disso me abate. Mas, ao contrário, me aviva o passado e tira do esquecimento coisas que eu ignorava, embora pressentisse e, agora, vejo nítidas no registro de memórias que, por pouco, também me passavam despercebidas. E sempre gostei muito de ver <u>como os outros pensam de mim</u>, quando realmente sinceros. É o meio de sabermos mesmo o que somos, sem a desfiguração para melhor nem também para pior. Um pouco sim, um pouco não...

Mais adiante o M.R., a 1 de fevereiro de 44, escreve: "Depois de três semanas, o rodapé que durante cerca de duas décadas pertenceu a Martins Procópio, ressurgiu com novo titular: Lucas Barros, grumete abonado pelo capitão de longo curso, que trocou o digno crítico, vencedor de tantos mares literários, pela piroga de pensador fluvial e cristão".

(Alusão clara à minha conversão...).

Não consigo identificar quem seja esse "Lucas Barros" que me sucedeu e que era, segundo o próprio Marques Rebelo, "professor de História, de inclinação católica não muito marcante, jovem, severo, intuitivo... Veio há pouco do norte" (p. 314).

Não consigo me lembrar quem foi meu substituto em 1944.

Mais adiante, talvez para despistar, diz que "Martins Procópio dirigia (na 'Cruz') a edificante página literária" (p. 322). Deve ter sido

359_ Refere-se à Maria Helena, filha do autor.
360_ Refere-se a Marques Rebelo.

para misturar nomes e coisas, aplicando o mesmo nome a pessoas distintas, como faz mais adiante, contando a posse do tal Martins Procópio, que passa aí a ser "maranhense", na Academia.

Seja como for, a alusão da página 291 é clara e direta. E por um momento me transportou a 25 anos atrás. E, com isso, lá se vai mais uma manhã que quisera dedicar ao pobre do Abbé Molette...[361]

(...)

P.

Petrópolis, 18 de maio de 1969

Meio-dia e 17, como diria Jair... Pensava poder "dar a partida" para o prefácio do Molette, mas passei mais de uma hora no mosteiro da rua Ipiranga, ouvindo... imagine quem?... o próprio Thomas Merton, em sua despedida deste mundo, pelo verdadeiro testamento espiritual que foi sua conferência final em Bangcoc, horas antes de morrer. A irmã Emanuel recebeu o disco, e ontem a superiora telefonou convidando-nos a ouvi-lo. Estava decidido a não ir, pois queria aproveitar a manhã. Mas, afinal, venceu a ansiedade de ouvir o nosso mestre, o último que terei tido neste mundo, pois espero que, agora, depois que Teilhard e Merton vieram, não digo, afinal, suceder, mas completar Maritain e Chesterton, e de certo modo, sem dúvida alguma, superá-los – já agora estou entregue totalmente ao único... Mestre. Mestres da Terra e na Terra já não penso que poderei nem quererei mais encontrá-los. Daí o meu desinteresse crescente pela leitura, desmentindo o Villaça,[362] que ontem voltou à carga, escrevendo cada vez melhor, pela sua naturalidade e firmeza, e mostrando que, no momento, ainda quer reconquistar o terreno perdido, junto a mim, com as suas palhaçadas. Mas também, estou certo, se eu lhe der novo gás, as palhaçadas, para não dizer mais, voltarão. Contou-me um rapaz, que esteve com ele na Academia, na recepção do João Cabral (decepção de ambos, como a minha, com os dois discursos!), que o Villaça lhe falou de modo lírico a meu respeito, mas quando ele propôs que fossem abraçar-me, o Villaça disse logo: "Não, só de longe"!

É precisamente o que eu digo dele: só de longe, acrescentando: e olhe lá!

Bem, mas contrariando o que ele diz no seu artigo sobre a leitura

361_ É provável que o autor tenha querido se referir ao livro *L'abbé Pierre de Porcaro*, de autoria de Charles Molette. Pierre de Porcaro (1904-1945), sacerdote, foi executado no campo de concentração de Dachau.

362_ Antônio Carlos Villaça (1928-2005), escritor, memorialista e jornalista de acentuada formação católica.

em minha vida, pode ser que isso tenha sido real, mas hoje não o é: leio cada vez menos, e mesmo não consigo ler dinamicamente, pois a cada passo paro para comentar e para entrar com a minha colher de pau no mingau...

De modo que, mestre mesmo, só Ele. Na Terra, o último foi Merton. E quisera lê-lo de novo. E ler tanta coisa dele que ainda não li. Como provavelmente nem isso farei, por isso não quis deixar de ouvi-lo.

[...]

Falam por aí em "atentado". E o curioso é que a Irmã Emanuel também acredita.[363] Eu não. Ligaram-na à morte dos Kennedy e de Luther King.[364] Acho bobagem. Para que iam esperar fazê-lo lá no Extremo Oriente, do modo mais complicado possível, através de um ventilador, quando seria tão fácil um atirador solitário na floresta deserta do parque de Gethsemany. Mas já vi que os católicos mais esclarecidos, como a Irmã Emanuel por exemplo, nunca são isentos de uma visão catastrófica de crime e assassinatos. Pois não é, ou pelo menos não foi voz corrente, que Dom Vital[365] fora vítima de "envenenamento" pela Maçonaria! Agora a Maçonaria já não mete medo, mas o comunismo tomou o seu lugar, ou o racismo, já que Merton, de fato, foi um terrível antirracista.

Mas voltemos ao seu admirável testamento espiritual, que ela me deu, aliás, a tradução portuguesa, para que eu possa voltar a comentar essa morte que nos deixou, essa sim, o mais insubstituível dos vazios! E me levou, na pessoa do Merton, o meu último mestre, que ficou fazendo "*pendant*" no fim de minha vida, ao Kopke.[366] De Kopke a Merton, eis a sequência dos meus mestres ao longo destes 70 e tantos ou 80 e tantos ou 90 e tantos dezembros, se Deus não tiver pena de mim.

[...]

Quase não tolero mais o estilo eclesiástico do *L'Osservatore Romano*, por exemplo. Não consigo mesmo engolir o estilo osservatoriano. É como se comesse um pão dormido. Não passa na garganta. Este estilo me dá náuseas. Ainda ontem eu lia o comunicado da CNBB a propósito do negócio dos santos e não consegui tragar. Fico logo pensando nos moços que leem aquilo... No que eu mesmo diria, há 40 anos, quando era um moço muito menos exigente e nada revolucionário, e muito menos marcado por uma ideologia exigente e peremptória, como o Marxismo? Imagine os novos lendo isso... Não passam da terceira linha...

363_ Refere-se ao boato de que o monge Thomas Merton teria sido assassinado pela CIA em Bancoc.

364_ Os irmãos John Fitzgerald Kennedy (1917-1963) e Robert Kennedy (1925-1968) morreram assassinados, bem como o líder religioso antirracista Martin Luther King (1929-1968).

365_ Dom frei Vital Maria Gonçalves de Oliveira (1844-1878), protagonista da Questão Religiosa, conflito entre a Igreja Católica e a Maçonaria, entre 1872-1875.

366_ João Kopke (1852-1926), educador nascido em Petrópolis (RJ), foi professor do autor no ensino fundamental. Escreveu várias obras destinadas ao público infanto-juvenil.

O que ouvimos pela voz do nosso último mestre humano foi precisamente o oposto do estilo eclesiástico! Tudo que há de mais vivo, de mais puro, de mais alto, de mais autêntico, de mais eterno e indestrutível na verdadeira Igreja, tal como Cristo a fundou e a assiste, haja o que houver. Sua colocação do tema – marxismo e cristianismo – foi perfeita. E seria considerada comunista e subversiva.

Enquanto ouvia a voz do Merton, uma grande paz entrou em meu coração. Ali estava a voz que eu quisera ouvir e ouvi. Ali estava o caminho. Você lerá. Mas ouvir é outra coisa e o registro estava perfeito! Ouvir aquele homem de Deus, que falava como se fosse João XXIII (sic), foi para mim um momento semelhante ao de ouvir o próprio João, no anoitecer do dia 11 de outubro de 1962, há um século... tanto aquilo está tão longe mas, ao mesmo tempo, tão gravado em mim. *"Anche la luna é venuta"*.[367]

E ao ouvir Merton dizer o que ouvi sobre o marxismo e o cristianismo, e sobre o monaquismo ocidental e o oriental, e, acima de tudo, a dupla advertência dele: 1 – que ninguém confiasse nas instituições (sic), pois que, amanhã talvez, tenhamos de "caminhar com os nossos próprios pés" (*"with our own feet"*). Isto é, amanhã tudo o que nos cerca e, hoje ainda, ampara – Igreja, Convento, Casa, Fortuna, Liberdade, Saúde etc. – tudo pode vir abaixo, possivelmente hoje, mais do que nunca, na perfeita insegurança do dia de amanhã, de modo que temos de viver é mesmo sobre os nossos pés – Deus e nós, nada mais! (Pensei logo em vocês, tendo de deixar a abadia em São Paulo...).[368] 2º – a probabilidade de estarmos, nos próximos anos, vivendo num mundo totalitário, não nos deve desesperar, nem tampouco acreditarmos que a Igreja terá de novo o prestígio de outrora. Temos é de formar pequenos núcleos de espiritualidade para manter o que há de imortal na mensagem do Espírito. E isso: 3º – pode ser feito tanto pelo monaquismo (em sentido lato) ocidental e cristão, como oriental e budista.

Tudo isso é perfeito e pode ser aplicado, não apenas e estritamente ao problema monástico, mas ao problema da condição do homem e da civilização em sentido universal, baseado na unidade do primado do Espírito (Maritain em cheio! *"La primauté du spirituel"*)[369] e, ao mesmo tempo, na coexistência da pluralidade.

Tudo isso está enraizado em mim. E se acho que, no momento, é nas esquerdas revolucionárias que está o futuro, e com elas o facho da Justiça, é com as direitas que ainda está o facho da Liberdade, com a qual a Justiça será totalitária e tão insuportável como

367_ Expressão italiana: Até a lua veio.
368_ As monjas beneditinas da abadia de Santa Maria, em São Paulo, da qual fazia parte a abadessa, filha do autor e destinatária destas cartas, tiveram que transferir o mosteiro do centro para a periferia da capital paulista.
369_ Expressão francesa: A primazia do espiritual.

hoje a pseudo-Liberdade, democrata ou fascista.

Por essas e outras é que a palavra do Merton é hoje, para mim, o que sinto em mim como a Verdade e refletindo a Verdade. E por isso é que foi ele o meu último mestre e, hoje, só... o Mestre.

Ciao,

P.

Rio, 20 de maio de 1969

(...)

O José Olympio me pediu para cortar certas frases contra a "Revolução" do meu artigo depois da morte do Castelo, em que até elogio o Castelo, o que me valeu uma carta de descompostura de um campineiro. Hoje, em face do regime de franco "terrorismo cultural" do C. e S.[370] e seus asseclas do assalto ao Brasil, o Castelo aparece como um defensor da liberdade de pensamento e de expressão, tanto assim que não perseguiu nem mesmo o Lacerda, que fez, entretanto, uma campanha realmente indigna contra ele.

Hoje, pelo contrário, vejo que foi posto na reserva um "coronel Boaventura" por ter tentado um "golpe", aliado ao Lacerda (no decreto não se menciona o nome, mas está visível nas referências) contra a sacrossanta "Revolução". Esses "revolucionários", ao mesmo tempo que salvam o Brasil, estão se engolindo reciprocamente – é mesmo essa a nossa única esperança. Embora esse tal Boaventura seja um fascista tão péssimo quanto os que hoje estão dando as cartas no governo.

Leio também, no *C da M* – que continua a ser o refúgio dos vislumbres de liberdade que ainda nos restam –, que aí em São Paulo os jornais estão demitindo os melhores redatores por pressão do governo paulista. Será que o Cláudio Abramo,[371] da *Folha*, foi demitido também? E que em breve eu mesmo receberei uma "cartinha" do Octavio Frias[372] "lamentando ser privado de minha colaboração, por motivo de economia"...

Já no mês passado, a *Folha* deixou de me pagar os artigos que mandei e eles não publicaram, coisa que jamais fizeram anteriormente. O Anísio Teixeira, por exemplo, há muito recebeu o "bilhete azul". Como já um dia o recebi de *O Jornal*, quando o Chatô fez com alguns colaboradores – como o Affonso Arinos e o próprio Juracy Magalhães, porque tivessem telegrafado ou comparecido a um

370_ Refere-se ao general Costa e Silva, então presidente da República.

371_ Cláudio Abramo (1923-1987), jornalista, imprimiu importantes mudanças nos jornais *O Estado de S. Paulo* e *Folha de S.Paulo*, nos quais trabalhou. Tinha convicções socialistas.

372_ Octavio Frias de Oliveira (1912--2007), empresário, foi proprietário do grupo Folha da Manhã, que edita o jornal *Folha de S.Paulo*.

banquete ao Rafael Correia de Oliveira[373] – que ele, Chatô, combatia. E como já fui também sumariamente "*dismissed*"[374] (sob pretexto de acabarem com o suplemento) do *Diário de Notícias* – já estou habituado.

São os percalços de viver num país de primários, em que a liberdade de imprensa só existe da boca ("do ministro da Justiça") para fora e para inglês ver. O único caminho (se o é) é pensarmos que nos países comunistas ainda é pior. E hoje mesmo há notícia de prisão de um jornalista russo, só porque protestou contra a prisão de um general que, por sua vez, protestou contra a invasão da Tchecoslováquia![375]

Leio, hoje também, a ótima decisão do arcebispo de Fortaleza fechando as igrejas durante o dia de Pentecostes como protesto contra a condenação, pela Polícia Militar, a "um ano de prisão" de um capuchinho que teria, em um sermão, ofendido a Revolução e as Forças Armadas. E um catolicão do tipo Muniz, o Andrade Furtado[376] certamente entrosado com toda a máquina governamental, como sempre, protesta contra esse fechamento, alegando que são "todos os católicos que sofrem" (sic) com isso. Quando a Cúria publica uma nota ótima, pedindo que os católicos se concentrem nesse dia do Espírito Santo, para melhor invocar suas luzes para os nossos governantes... E como protesto silencioso contra o abuso de poderes dos militares no Poder.

Tudo isso é o reflexo da (sadia) divisão – escrevi sadia divisão – mas a divisão na Igreja nunca é sadia. Pode ser sintomática, mas sofre do mal tremendo de se extremarem as distinções, que essas sim, não são sadias, ou quando menos inevitáveis.

Mas estou 100% com o arcebispo de Fortaleza (auxiliar) e com a Cúria, mas o Andrade Furtado é um típico catolicão, que está mais com os militares do que com o arcebispo, que não está com os militares... O Andrade Furtado é um remanescente dos tempos da Liga Eleitoral Católica,[377] e dirigiu muito tempo um jornal católico de lá, *O Nordeste*, que já era integrista antes de se falar em integrismo...

(...)

P.

373_ Rafael Correia de Oliveira (1896-1958), jornalista, trabalhou em *O Jornal*, *Diário da Noite*, *Jornal de Debates*, *Diário de Notícias* e *O Estado de S. Paulo*.

374_ Expressão inglesa: Indeferido. Aqui no sentido de demitido.

375_ Na noite de 20 para 21 de agosto de 1968, as tropas do Pacto de Varsóvia, comandadas pela União Soviética, invadiram a Tchecoslováquia para deter as reformas liberalizantes, conhecidas como Primavera de Praga, introduzidas nesse país socialista pelo governo de Alexander Dubcek. Estima-se que o número de soldados invasores variasse entre 175 mil e 500 mil.

376_ Manuel Antonio de Andrade Furtado (1890-1968), jornalista, fundou, em 1922, o jornal católico *O Nordeste*.

377_ A Liga Eleitoral Católica, ou LEC, foi um movimento suprapartidário, na década de 1930, com o intuito de favorecer a eleição de políticos declaradamente católicos, apoiados por bispos.

junho | **1969**

Rio, 1º de junho de 1969

(...)

Você me pede que continue a nossa conversa sobre o passado que ficou, se bem me lembro, na exposição de 1900! Mas acho que sobre essas eras remotas, inclusive os anos de ginásio ou mesmo de escola, você já tem dados suficientes que, aliás, são os únicos que posso dar, pois confesso que não disponho nem da milésima parte da retentiva visual dos acontecimentos "idos e vividos", como você tem. E quanto aos acontecimentos político-sociais do ambiente brasileiro e universal, ainda menos.

Ainda ontem, na viagem São Paulo-Rio, procurava fixar a viagem de 1909 e comecei a confundi-la com a de 1912-13. Acho que foi em 1909 que fiz os castelos da Loire com o Arinos[378] e a viagem redonda pela Alemanha, Suíça, Áustria, Itália, Suíça e França de volta, com o Antônio Prado Júnior[379] e a sua primeira mulher, Dona Eglantine,[380] de automóvel. Na volta é que fui sozinho encontrar Mamãe, Papai e Carmen,[381] em Carlsbad, e daí fomos a Viena e Budapeste. Foi então que ocorreu aquela história do "cigano" e do menino americano com quem estivemos – inclusive com os pais e uma irmã, creio – no vapor de Viena a Budapeste, e que "denunciou" o meu cigarrinho na viagem de trem, sozinho, de Paris a Carlsbad, onde cheguei com uma dor de garganta danada e o médico do hotel receitou "sorvete" (sic), coisa que horrorizou Mamãe.

Mas o acontecimento deste ano de 1909 para mim e, de certo modo, para o mundo todo, foi o progresso da aviação! Foi nesse ano que, estando nós em Berlim, no hotel Adlon, que ficou mais tarde famoso, pois foi um dos centros da luta final de Hitler contra as tropas soviéticas que tomaram a cidade, e estava situado ao lado do famoso Brandenburger Thos, uma espécie de "arco do triunfo" alemão e, onde li, com assombro, a notícia de que Blériot[382] tinha atravessado o Canal da Mancha de avião! Foi um estrondo tão grande no mundo, como quando o Hindenburg,[383] alguns anos depois, atravessou sozinho o Atlântico! Fiquei deslumbrado com esse novo capítulo que se abria na história do mundo, e como Papai era como eu ou, antes, eu como ele – ficamos os dois com os olhos voltados para os ares! Como em 1900 eu ficara também deslumbrado com dois novos horizontes na história das comunicações em Paris: refiro-me aos primeiros

378_ Refere-se a Affonso Arinos de Melo Franco.

379_ Antônio da Silva Prado Júnior (1880-1955), engenheiro e político, foi prefeito do Distrito Federal (atual Rio de Janeiro) no governo Washington Luís, entre os anos de 1926 e1930.

380_ Eglantina Penteado (1883-1931).

381_ Irmã do autor.

382_ Louis Blériot (1872-1936), aviador francês.

383_ Dirigível alemão, construído pela empresa Zeppelin, nome pelo qual ficou conhecido. Deixou de voar em 1937.

automóveis que eu vi pelas ruas, já do tipo dos famosos "táxis" de 1914, que "salvaram Paris" com a manobra envolvente do general Galiéri contra as forças do general alemão Voultludt, que desviou para o Main, aparentemente de modo irresistível, e onde foram contidas pelas forças do marechal Joffre.[384] E com isso a história do mundo ia tomar novo rumo, diferente do de 1870, e a vitória da Alemanha sobre a França. E o período de 1870-1914 foi dominado pelo fenômeno da ascensão da Alemanha a potência mundial.

Mas não antecipemos... O outro "novo horizonte", que eu vi pela primeira vez no Paris de 1900 com os meus olhos, possivelmente deslumbráveis (em Campinas aprendi que a palavra "deslumbrado" assumiu, agora, coloquialmente, um sentido pejorativo, a propósito da expressão "boneca deslumbrada", que um Ibrahim Sued[385] qualquer inventou e propaga como jargão mundano das revistas sociais, tão dialetal, hoje em dia, como o jargão esportivo, especialmente futebolístico, das revistas esportivas) – esse segundo horizonte foi... debaixo da terra (para fazer o contraponto do horizonte aéreo de 1900) – o do metropolitano, que começavam a abrir e que eu, também em 1900, fui ver em Londres, no "*tube*". De modo que, em 1900, tive duas sensações novas. Pierre Louÿs[386] diria: "*Deux voluptés nouvelles*",[387] pois escreveu por essa época um conto chamado *Une volupté nouvelle*, dizendo que a primeira sensação nova que os homens inventaram, depois dos gregos, foi a do... cigarro, e esta devido aos índios das Américas, que fumavam ervas e ensinaram os europeus a fumar.

De modo que, minha vida, ao contrário, a partir dos seis anos, veio conhecendo sensações novas: o elevador de Bordeuax, em 1900! O "*métro*" (ainda apenas em buracos) de Paris e o "*tube*", já em funcionamento, de Londres, também em 1900; em 1907, no Rio, o cinema; em 1909, na Europa, o ar, com os aviões atravessando a Mancha ou, então, apostando a primeira corrida na *Semaine d'Aviation de Reims*,[388] que assisti sozinho, tão grande fora a minha impressão de Berlim com o feito de Blériot, e onde vi, de perto, o avião de bambu (sic) de um americano Curtiss, que fui encontrar em Washington, em 1951, no Museu de Tecnologia!

Como sempre fui, como Papai, extremamente "*badaud*",[389] me interessando vivamente por tudo, especialmente pelo espetáculo da vida quotidiana e do mundo, particularmente pelas coisas

384_ Jacques Joseph Joffre Césaire (1852-1931), comandou as tropas francesas em importantes batalhas da Primeira Guerra Mundial.
385_ Ibrahim Sued (1924-1995) jornalista e colunista social.
386_ Pierre Louÿs (1870-1925), escritor francês.
387_ Expressão francesa: Duas novas delícias.
388_ Em francês: Semana da Aviação de Reims.
389_ Vocábulo francês: Andarilho. Aqui no sentido de curioso.

novas! E 1909, em Turim, a neve, pela primeira vez! Além dos aviões! Como em 1900 ainda outra "*volupté nouvelle*" deslumbrou a minha infância: o "*trottoir roulant*"![390] Era no sentido horizontal, uma sensação à do "elevador" de Bordeaux. Um quarto que subia e uma calçada que andava.

Um mundo novo de formas, de movimentos, de sons! Como há, no fundo, certa analogia com a minha visão sempre voltada para o futuro, no fim da vida! Pois, como eu disse às companheiras de Mônica[391] e a ela mesma, em Campinas, evoluí às avessas da maioria: em moço, me encantei pelo passado e fui reacionário! Em velho, me seduz o futuro e sou – de palavras... – revolucionário. E pude dizer-lhes que me sentia mais moço em velho que em moço, e citei uma frase do Nabuco no álbum de uma moça, em que ele, aos 40 anos, já se achava velho e dizia que os jovens olham para o futuro e os velhos para o passado. E ao ler essa frase, em Petrópolis, quando relia Nabuco para escrever o prefácio que o Mauricio[392] me pedira para uma edição popular do *Minha formação*,[393] eu pensava que, "*si parva licet*",[394] experimentava em mim o oposto, olhando para o passado em moço e para o futuro em velho...

Mas... já em moço, e até em criança, era o futuro que me "deslumbrava", o elevador de Bordeaux, o metrô em construção de Paris, o cinema no Rio, a neve nos Alpes italianos, os táxis parisienses de 1900, os aviões de 1909 e, mais tarde, as viagens estratosféricas... talvez, por isso, é que Teilhard me impressionou tanto em velho, e a morte de Merton no Extremo Oriente, em busca de um passado milenar do monaquismo hindu, ao mesmo tempo que patrocinava a reforma do monaquismo ocidental, tirando os monges da "fuga do mundo" para uma "participação no mundo", mas conservando os monges e fazendo do espírito monástico o novo fermento capaz de resolver a crise da Igreja e do mundo, no fim do século XX!

Bem, como você vê, continuo fiel ao dom do levitacionismo, que Blaise Cendrars[395] tanto admirava em São Paulino de Nola,[396] que ele quisera consagrar como patrono dos aviadores, por ter tido legendariamente (hoje a Igreja com certeza, ou talvez, contestasse) o dom de voar.

Acho, para terminar, que a minha segunda ida à Europa nesse ano de 1909 ficou marcada por esses novos horizontes aéreos, que iam constituir realmente todo um capítulo novo na histó-

390_ Expressão francesa: Calçada rolante.
391_ Neta do autor.
392_ Maurício Nabuco, filho de Joaquim Nabuco. Era embaixador do Brasil nos EUA no período em que o autor residiu naquele país como diretor cultural da OEA (Organização dos Estados Americanos).
393_ Livro de memórias de Joaquim Nabuco (1849-1910), editado em 1900.
394_ Expressão latina: Se é possível comparar coisas pequenas com as grandes. A expressão completa, *Si parva licet componere magnis*, é da autoria do poeta Virgílio, está no livro *Geórgicas*, e tornou-se proverbial.
395_ Pseudônimo de Frédéric Louis Saucer (1887-1961), poeta e prosador suíço que escrevia em francês.
396_ Um dos padres da Igreja do Ocidente, São Paulino de Nola (355-431) escreveu vários tratados de teologia. Casado, abandonou a carreira diplomática e, em consenso com a esposa, tornou-se monge e, mais tarde, sacerdote.

ria da humanidade. Se o século XIX ia acabar em 1914,[397] não será que o século XX começara, realmente, em 1909, quando se viu que a aviação, isto é, a técnica da terceira revolução industrial, não era apenas uma continuação da eletricidade (a "fada" da Exposição de 1900), mas um capítulo novo de conquista do ar e, com isso, de aproximação entre os continentes, entre o Ocidente e o Oriente, o que, até no Brasil, ia ser um mundo novo.

Não será que o meu universalismo está prenunciado em tudo isso? A minha mania de aproximar as civilizações. O meu alarmismo. O meu horror aos ambientes fechados, às janelas fechadas, às filosofias fechadas, às teologias de compêndio, aos intolerantes e integristas, aos sectários, em suma, ao corçonianismo...

Ciao,

P.

Rio, 3 de junho de 1969

Fiquei lendo aquele número do *Estadão* dedicado ao Paulo Prado[398] e perdi a hora, embora não tendo esgotado as quatro ou cinco páginas do dito exemplar, já que não fiz curso de leitura dinâmica. Gostei do que li, e me permitiu relembrar coisas do... meu tempo, do início do modernismo, ou mesmo muito antes disso, quando em 1915 conheci o Paulo Prado na Chácara do Carvalho, onde morava o velho Conselheiro,[399] e onde, a convite do Arinos e com o Rodrigo, de tão recente saudosa memória, e do Caio Mello Franco, creio que seu tio, passei uma temporada, durante a qual participei, vestido de gaúcho estilizado, da festa brasileira organizada por Arinos, e cujo retrato, ao lado do Julinho de Mesquita,[400] – hoje dono do *Estadão*, e protetor do meu maior adversário, o famoso C., – você conhece. Andei procurando nesses artigos e felizmente não encontrei a semelhança entre o Paulo Prado e o Graça Aranha. Digo "felizmente" porque assim tenho um aspecto do Paulo Prado a destacar na tal tarde da Academia, em comemoração do centenário de nascimento do P.P.[401] (não confundir com a *Populorum Progressio*...),[402] que o Cândido Motta[403] sugeriu e o xará me convocou para também falar, evocando o tema P.P. e o modernismo. Coisa improvisada e sessão interna e não pública da Academia, de modo que não preciso

397_ Ano do início da Primeira Guerra Mundial, que durou até 1918 e teve a Europa como palco principal.

398_ Paulo da Silva Prado (1869-1943), empresário, escritor e poeta paulista. Pertencia à tradicional família de cafeicultores. Teve atuação importante na Semana de Arte Moderna de 1922.

399_ Refere-se a Antônio da Silva Prado (1840-1929), cafeicultor paulista, pai de Paulo Prado.

400_ Júlio César Ferreira de Mesquita Filho (1892-1969) dirigiu o jornal *O Estado de S. Paulo*, fundado por seu pai. Esteve 14 vezes preso e também exilado sob a ditadura Vargas. Foi um dos fundadores da Universidade de São Paulo.

401_ Refere-se a Paulo Prado.

402_ *Populorum Progressio* é o título da encíclica sobre questões sociais, lançada pelo papa Paulo VI, em março de 1967.

403_ Cândido Motta Filho (1897-1977), advogado, político, jornalista e escritor, atuou na Semana de Arte Moderna de 1922. Foi ministro do Supremo Tribunal Federal.

preparar nada. Mas precisava, como ainda preciso, acabar de ler essas evocações do número especial do *Suplemento Literário* do *Estadão*. Senti, lendo-o, como em várias outras ocasiões, o remorso de não ter me aproximado do P.P. quando ele veio morrer no Rio e Carmen[404] ia lá frequentemente, pois creio que ele foi morar e morrer no atual apartamento de Dona Hermínia.[405] Mas não tenho certeza. É provável que tenha sido num apartamento à parte, mas ele, P.P., frequentava o apartamento, e o seu médico era o Décio Olinto, também médico de Dona Hermínia. E Carmen nos falava muito dele. Eu, porém, tinha certa "birra" interior, sem motivo, pelos Prados. É verdade. Não saberia dizer por que, mas creio que era um pouco reflexo do modo como Dona Antonieta tratava o Arinos, por quem eu tinha uma especial, digamos mesmo, veneração. E Dona Antonieta, como todos os Prado, tinha uma dureza de modos que contrastava violentamente com a doçura natural – e natural mesmo, pois não era nada exagerada nem forçada – do Arinos, como mineiro. E ela bem paulista. Daí talvez meu afastamento dos Prados. Além disso, a ligação do Graça com a Dona Nazaré, irmã de Dona Antonieta, me afastava deles. Mas Dona Nazaré era, aliás, um sinal da aproximação do Graça e do Paulo que, hoje, relembrando esses primórdios do modernismo, vejo com a máxima nitidez. Fui agora verificar que o prefácio do P.P. ao *Pau Brasil*, do Oswald de Andrade, foi de maio de 1924, e o discurso-bomba do Graça na Academia foi de junho, um mês depois, e a tese nacionalista que o P.P. propõe para a literatura brasileira, por ser antiacadêmico, é a mesma. Essa aproximação do P.P. e do Graça vinha de muito longe, dos tempos em que o Graça fora secretário do Joaquim Nabuco em Londres, e o P.P. foi também amigo íntimo do Nabuco. Será um capítulo a investigar, mas eu não tenho tempo nem paciência de o fazer. Há de ser sempre assim, contentando-me com as ideias gerais e as sínteses, sem me dar ao trabalho de investigar os fatos concretos e pequenos, que são a trama da história. E particularmente da história literária.

Com tudo isso, continuo a me despertar e a borboletear sobre os temas, sem me aprofundar em nada, ao contrário do conselho sábio, mas não seguido, do Mr. Fenwick,[406] que me recomendava, aqui no Rio, em uma de suas viagens, que deixasse de escrever tantos artigos esparsos e me dedicasse a escrever, com ele [...], um só livro. Aliás, no caso dele, deu certo, pois parece que o seu

404_ Irmã do autor.
405_ Hermínia Prado Monteiro de Barros, irmã de Antonieta Prado Arinos, esposa de Affonso Arinos de Mello Franco.
406_ Charles G. Fenwick, jurista e escritor norte-americano, casado com uma brasileira, trabalhou na OEA e tornou-se amigo do autor quando este morou nos EUA.

Tratado de Direito Internacional é, hoje, um clássico nos Estados Unidos. Mas eu não chegarei a clássico em nada. Nem mereço ("modéstia de doutor", mas realidade realíssima).

E este mês tenho uma grande responsabilidade: a tal aula inaugural na Academia, para evitar que seja desta vez que... o leão coma o domador... E amanhã tenho a tal conferência sobre as "conclusões de Medellín",[407] que tenho de preparar amanhã cedo, embora já tenha esboçado alguma coisa. Mas tudo assim, de afogadilho, por cima das brasas... *Touche à tout*,[408] como dizem os franceses. Aliás, sempre que procuro rever o passado, na memória, como você me pede, verifico que nunca privei com nenhum desses grandes tipos que se tornaram históricos na literatura, na política, na religião, e por quem passei por perto. Agora o caso do P.P. ou do Graça. Hoje, quisera poder contar coisas deles, conversas, casos, impressões inéditas. E quando vou ver... quase nada, aproximações rápidas, nenhuma anotação no momento, como vejo que outros fizeram, como Afonsinho, por exemplo, ou todos os que publicam diários, como o Roberto Alvim Corrêa[409] (para não falar nos famosos, universalmente falando), de modo que tudo passou como água em costas de pato. Minhas conversas com o Sousa Bandeira,[410] por exemplo. Se eu tivesse mantido, então, um diário (mesmo que fosse como este), quanta coisa saborosa se teria conservado. Quando ouço o Peregrino Júnior, por exemplo, que tem uma memória de anjo, e outros como ele, confesso que fico com inveja. Santa inveja?...

(...)

P.

Petrópolis, 8 de junho de 1969

(...)

De repente me veio à lembrança que Quiquinha me tinha pedido que escrevesse para ela, e em francês, para um trabalho que ela tem de apresentar, creio que até o fim do mês, e não terá tempo de escrever três ou quatro páginas sobre "Rousseau e a Revolução Francesa". Tinha esquecido. Lendo no *J do B* desta manhã uma referência a Rousseau, caí em mim que estou em falta. E fui reler o texto de Maritain sobre Rousseau, no *Trois réformateurs*.

E devo dizer logo a você: senti em mim uma grande luta interior.

407_ Na cidade colombiana de Medellín, reuniram-se, entre agosto e setembro de 1968, os bispos católicos da América Latina e do Caribe. A conferência mereceu, na abertura, a presença do papa Paulo VI (primeira viagem de um papa ao nosso continente) e teve como tema "A Igreja na presente transformação da América Latina à luz do Concílio Vaticano II". O documento final, de conteúdo progressista, deu ensejo à Teologia da Libertação.

408_ Expressão francesa que designa alguém que aborda vários assuntos, mas sempre superficialmente.

409_ Roberto Alvim Corrêa (1901-1983), crítico literário e editor, fundou em Paris a Éditions Corrêa, que publicou grandes autores da literatura francesa.

410_ Refere-se ao tio do poeta Manuel Bandeira.

Reconheço a tremenda solidez filosófica do pensamento de Rousseau, no seu tomismo rigoroso e na lógica inflexível de suas deduções. Mas, ao mesmo tempo, sinto em mim uma repulsa à segurança, à lógica, ao rigor, à disciplina, ao espírito de antagonismo e de polêmica que domina todo este capítulo, e mesmo todo o livro. E, no entanto, as páginas estão todas marcadas por meu lápis, quase que palavra por palavra, demonstrando o meu assentimento total (razão e sentimento) na ocasião em que li esse livro, e que deve ter sido entre 1925 – ano em que foi publicado e que é o da primeira edição que possuo, e na qual o li – e 1928.

Eu encontrava, então, em Maritain o terreno firme em que me apoiar para passar da disponibilidade total e da indiferença religiosa à Fé. E hoje? Por que já não me sinto mais afinado com tudo aquilo, e faço uma distinção entre a Razão, que admira aquela tremenda <u>Fortaleza Metafisica</u>, e o sentimento, que a sente estranha, hostil, seca, agressiva.

Será que decaí? Será que recaí?

É o que diria um supermaritainiano, como o C.

Ou será que me integrei na <u>terra firme</u> com naturalidade e já não mais com necessidade de me escorar em alguma coisa? E ganhei a liberdade, a espontaneidade na Fé, como tivera antes na ausência da Fé! E já não preciso de tutores, nem mesmo de um gênio como Maritain. E por isso posso encarar Rousseau com uma simpatia que o ensaio de Maritain não tolera, pois o considera, juntamente com Descartes e Lutero, os grandes perversores do espírito moderno, que Maritain detesta. E o *Paysan de la Garonne*[411] está perfeitamente na linha do antimoderno (outro livro dele, Maritain) e, portanto, na lógica de uma condenação de Teilhard, e quem sabe de Merton, pois desconfio que Maritain (embora Merton sempre fale dele – ou falava? – como Mestre) ultimamente se tivesse também desligado de Merton.

Tudo isso cambaleia dentro de mim. Terei recaído no homem velho? Reconheço que há muita coisa flutuante dentro de mim, que o <u>colete de ferro</u> do tomismo maritainiano impedia que me arrastasse de novo para o oportunismo filosófico ou mesmo religioso. Mas... mas o fato é que não posso fugir de mim mesmo. E a agressividade, a intolerância, o espírito político (sic) de Maritain, hoje me são totalmente antipáticos. E creio que só os admiti porque me permitiram tomar pé em terra firme na <u>Fé</u>. Hoje já não me dizem nada. Ou, antes, me dizem <u>não</u> ou me parecem hostis, tão hostis que não con-

411_ *O camponês do Garona*, título da autobiografia de Jacques Maritain.

sigo deixar de ver neles algo que me repugne profundamente. Que repugne à minha natureza, ao meu temperamento. E assim como fui a ele e a elas, a Maritain e a suas posições rígidas, pelo que havia neles de capazes de me arrancar do diletantismo e, também, pelo que havia neles de diferente da mediocridade católica – hoje devo ir também, com a mesma naturalidade, aos caminhos que estejam de acordo com o meu temperamento, a minha inclinação, que é de composição, de tolerância, de respeito aos adversários, de ver em cada um deles o que há de bom, e não o que há de mau, ao passo que Maritain – nessas páginas que tanto me seduziram em 1925 ou 26 e, hoje, em grande parte, me repelem – Maritain se coloca como dono da verdade, do caminho e da vida, quando só há um dono dela e dele: o que é a Verdade, o Caminho e a Vida.

Maritain diria sentimentalismo, protestantismo, falso evangelismo. Tal e qual os corções que estão na linha do mais agressivo e polêmico maritainianismo, e têm razão de dizer que fui eu que mudei, ao passo que eles são os discípulos fiéis.

Por essas e outras é que, hoje, não consigo ler muito. Basta reler uma página ou dez, e logo o tumulto dos comentários e dos contrastes saltam lá do fundo de mim mesmo, e se não fosse esta bendita válvula de segurança que são estas cartas acabaria explodindo dentro de mim. Pois que entram em debate dentro de mim, lá isso entram. Pois justamente não me julgo, de modo algum, dono da verdade, e continuo fiel àquele título de uma velha croniqueta: Penso, logo hesito, ao que Maritain me diria: "*cher ami, ça c'est du pure cartesianisme*"...[412]

Mas Nosso Senhor, na cruz, era cartesiano ou anticartesiano?...

E, felizmente, o meu velho mestre também escreve, numa dessas páginas que reli agora como São Paulo, que só o Cristo crucificado contém toda a verdade.

E nisso estamos juntos!

Ciao,

P.

412_ Em francês: Caro amigo, isto é puro cartesianismo.

413_ Em francês: Neves de outrora. Referência ao poema "Ballade des dames du temps jadis", do poeta François Villon (1431-1463)

Petrópolis, 9 de junho de 1969

(...)

Mas... onde ficaram as "*neiges d'antan*"[413] das evocações por você pedidas para aquele caderno de anos por páginas?...

Nem sei a que ano me referira da última vez. 1909, creio eu, e a minha segunda viagem. O ano da aviação e do meu interesse esportivo. É mesmo. Nunca falamos, creio eu, nessa minha paixão esportiva da adolescência e do começo da mocidade. Quando começou não saberia dizer. Nem lembro mais o que me levou ao Fluminense, do qual fui o sócio número 63. Hoje seria o cinco, ou menos, pois isso se deu possivelmente antes de 1909, pouco depois da fundação do Fluminense, em 1906.[414] Será que já ia lá antes de morar em Senador Vergueiro, isto é, entre 1900 e 1904? Não creio. A mais remota lembrança nítida, como já contei até em rodapé do *Diário de Notícias*, foi o tal primeiro (?) jogo internacional do Brasil, no campo do Fluminense, contra um clube inglês, o "*Corinthians*",[415] de que ficou até hoje o nome de um dos grandes clubes de São Paulo, ontem batido pelo Santos. Pois até hoje me ficou certo xodó pelo *foot-ball*, dos tempos em que ainda não se grafava futebol...

Também dessa época foram as primeiras idas às corridas de cavalo, no velho Jockey Club. Como também os primeiros banhos de mar e no High Life,[416] ali na embocadura do meu velho rio Carioca, na confluência das ruas Paissandu e Barão de Flamengo, onde aprendi a nadar. O tênis viria depois, em 1911, em Petrópolis, a convite de Albertinho[417] e Edgar Ramos. Disso me lembrei nitidamente. E iria ser dos esportes o que pratiquei mais intensamente, mas em temporada mais curta, concentrando toda ela em 1914. O futebol, no Fluminense, foi o início, mas nunca cheguei a jogar num time. Uma vez, que me lembro, joguei como *goal keeper* (hoje se diz arqueiro) de terceiro time (dizia-se *team*...). Descrevi, no tal artigo, esse primeiro jogo internacional e a nossa sensacional derrota por 6 a 1, depois do 1 conquistado em um minuto inicial por uma "escapada", como então se dizia, de um jogador dos nossos contra a fleugma dos ingleses, que logo depois nos "enrolaram", como então também se dizia! No dia em que publiquei o tal artigo, evocando o jogo dos ingleses (na próxima semana, os ingleses, atuais campeões do mundo, voltam a jogar aqui!), o Flávio Ramos me telefonou dizendo que ele fazia parte de nosso "*team*", e que foi ele quem deu o passe da extrema direita para o gol... Tudo fica tão esbatido na péssima memória dos septuagenários, particularmente deste septuagenário...

Joguei também bastante tênis no Fluminense e até mesmo,

414_ Supõe-se que o autor quis indicar que dos 63 sócios iniciais do Fluminense restassem vivos apenas cinco.
415_ O nome do time inglês era *The Corinthians*, que veio ao Brasil entre fim de agosto e princípio de setembro de 1910, e fez 6 jogos contra times brasileiros. O resultado do jogo contra o Fluminense foi 10 a 1, a favor dos ingleses.
416_ Supõe-se tratar-se de um clube.
417_ Apelido de Alberto de Faria Filho, cunhado do autor.

uma vez, no Paulistano, aí num jogo entre cariocas e paulistas, creio que em 1913. Ou terá sido em 1915, quando passei aquela temporada na Chácara do Carvalho? Não saberia afirmar. Mas creio que em 1915 já estava fora do tênis. Em Paris (não me lembro se em 1909 ou em 1912) joguei ou tentei jogar em Fontainebleau, mas já me sentia fora de forma. Deve ter sido em 1913, já que só em 1909 é que comecei o tênis, e cheguei a chegar em segundo lugar no campeonato de Petrópolis, em 1911, em dupla com um rapaz Miranda Jordão, o Jordãozinho, como o chamavam, e que foi nesse verão o meu companheiro mais chegado, mais do que Henriquinho, que foi mais do Rio, embora o tal retrato comigo e o Temístocles, a que ainda outro dia eu me referia, ficasse sendo chamado entre nós de "os amiguinhos de Petrópolis". Mas nem Temístocles, nem Henriquinho eram esportistas. Nem iam ao tênis. Só o Temístocles, para conversar com as moças. O Temístocles já sofria do coração e não podia fazer exercícios mais violentos. O meu coração se dilatou tanto nessa época, que o Murtinho assustou Mamãe e me obrigou a deixar de jogar por um tempo. Depois disso, só esporadicamente joguei. Nesse ano de 1911 ou 12, o Graça Aranha estava aqui. Nós morávamos no sobrado da rua 15, em cima da loja de ferragens do Almeida Amado (o que era, para minha tolice adolescente, um motivo de humilhação, em face das casas ricas em que moravam Albertinho e Edgar Ramos. Mal sabia eu que uma daquelas casas grandes ia ser o berço da minha vida bem vivida, e que conta com a entrada em cena de Mamãe! E por onde, ainda esta manhã, passei intencionalmente de volta da missa e da passagem pelo centro, para o pão, o café, o jornal, as flores e... os minutos na Petrovolks (oficina) para consertar uma lâmpada traseira que apagou....

O Jordãozinho sumiu de todo. Nunca mais ouvi falar dele. Penso que terá morrido moço.[418] Foi mais uma dessas sombras vagas que vamos deixando pelo caminho e passaram por nós deixando a melancolia de um perfume efêmero, pois, no caso, mereceu uma saudade como esta, passados mais de 50 verões... Verões de antigamente, primeiro na Renânia, longe da cidade, entre primos e mato, com os longos passeios à Ponte dos Fones e pelos morros em torno. E até leituras de Shakespeare (que pedantismo...) à beira do rio... Depois, em plena cidade, na rua 15 (envergonhado), na Cruzeiro, hoje João Pessoa, já sem vergonha

418_ Miranda Jordão, pai do jornalista Jorge de Miranda Jordão, faleceu no Rio de Janeiro com mais de 90 anos de idade.

de morar em sobrado (que no interior seria uma situação social...) e, finalmente, na rua 7 de Setembro, antes da rua Piabanha e... da nossa Moselinha.

Ciao,

P.

Rio, 13 de junho de 1969

Santo Antônio, este ano, foi derrotado (salvo seja...) pelo Sagrado Coração de Jesus. Aliás, leio nos jornais que os "namorados" que outrora enchiam a igreja de Santo Antônio da Penitência ou a de Santo Antonio dos Pobres debandaram, e essas igrejas "só são hoje frequentadas por velhos"... Será isso um sinal dos tempos, em relação à decadência da religião em geral, ou apenas uma decadência... da superstição?

Provavelmente, como sempre, uma e outra coisa. Que as novas gerações estão abandonando a Fé, de modo crescente e alarmante, isto é um fato indiscutível. E em grande parte por culpa da própria Igreja, ou pelo menos de nós outros, que perdemos o contato com jovens. Será hoje possível, por exemplo, fazermos no velho Centro Dom Vital, agonizantezinho de 1969, o que fizemos outrora no jovem CDV da Praça XV, em 1930-40? Impossível? Só por culpa dos corções que o frequentaram em moços há muitos anos? Sim, mas... como diz o nosso prezado Paulo VI... sim, pois se em tempo a Igreja se tivesse colocado totalmente ao lado da juventude da Igreja, muita coisa errada teria sido evitada. Mas... porque o clima de violência como meio – a violência a mão armada, que é hoje o único método social em que a elite da nova geração acredita – não é positivamente compatível, em sã consciência, com o Cristianismo mais autêntico. De modo que, de qualquer modo – já aí por culpa do Estado, isto é, dos militares, nas ditaduras direitistas, e dos políticos, nas ditaduras esquerdistas – de qualquer modo o comportamento em face da violência dividiria os cristãos e colocaria a juventude fora da Igreja militante. Exatamente porque a juventude só considera Igreja militante a que hoje se serve de metralhadoras para assaltar bancos. Pois estou realmente convicto de que 90% dos "assaltos a bancos" são feitos pela juventude mais pura, mais idealista, mais convicta de que está realizando a Revolução Armada para destruir a Ordem Capitalista Armada (com seus generais e companhia) com a mesma vocação e missão histórica com que os cristãos das catacumbas destruíram o Império Romano. Esses, morrendo, e os de hoje, matando. Tudo por um ideal puríssimo, que no século I se chamava Religião e, hoje, se chama Revolução. Pois os comunistas mais puros se julgam idênticos aos cristãos primitivos, e realizando uma obra histórica igual à deles. Lembra-se daquela palavra de Thomas Merton, na sua última conferência antes de morrer, contando o episódio da Califórnia, quando o jovem comunista lhe dizia: "Nós também somos monges". Palavra tremenda!

Bem, mas lá me deixei mais uma vez arrastar. Vamos aos fatos de ontem. E primeiro quero indagar uma coisa. O *J do B* "bolou as trocas" e publicou, ontem, o artigo "O fundador", que devia sair hoje, e hoje o "1919", que devia ter saído ontem. Espero que aí tenha saído na ordem certa. Mas o que eu quero pedir a você é que verifique se no artigo "O fundador", depois da palavra "Washington Luís", mais ou menos no meio, a *Folha* publicou aquela referência às palavras do WL[419] ao Renato em que falava dos "generais". Aqui, o *J do B* suprimiu (sic).

Ainda bem que publicaram o resto. Mas que covardia. Ou, pelo menos, que impostura a nossa apregoada "liberdade de imprensa"! Uma referência feita a episódios reais, acontecidos há quase 40 anos (em 1930), não pode hoje ser publicada para não ferir os melindres desta casta de milicos que assaltaram o Brasil e, com isso, não podem, ou pelo menos não têm autoridade moral para condenar e muito menos perseguir os estudantes idealistas, ou mesmo os assaltantes terroristas, que hoje assaltam bancos, não para roubar para si, mas para ir buscar o dinheiro que eles reputam roubado pelos capitalistas, para servir à causa da Revolução.

O fato é que, ontem, houve a tal sessão na Academia, e o Peregrino falou com uma abudância, um conhecimento e, visivelmente, uma sinceridade (modéstia à parte) que me comoveram.

Começou dizendo que "para falar sobre AAL só mesmo fazendo um curso, e não um discurso"... E agora de manhã, quando lhe telefonei renovando os agradecimentos, disse-me que isso fora dito "na hora do chá", antes da sessão, pelo grupo de acadêmicos ali reunidos, e não apenas por ele. No mais, mostrou realmente conhecer "minha vida e minha obra", mais que eu mesmo, como se diz. E foi de tal exagero que eu até dei risada. "Foi o

419_ Washington Luís Pereira de Souza (1869-1957) foi prefeito de São Paulo (1914-1919), governador do estado (1920-1924) e presidente da República (1926-1930).

primeiro que falou no Brasil de Proust, de Claudel, de Freud, de Pirandello" etc. etc. E por aí afora. "Iniciou uma fase nova na crítica brasileira, então nas mãos displicentes de João Ribeiro, último dos críticos da geração do século XIX", e por aí afora. Falou do Jackson. E afinal de você, de nossa correspondência, dizendo que "se enternecia de ver esse pai, cada manhã, saindo da missa para dialogar com a filha no seu mosteiro", e do livro sobre João XXIII. Em suma, estava a par e pronunciou mais de 50 vezes a palavra "admirável". Falou também nos 17 anos de minhas aulas inaugurais na Academia, me dando um frio na espinha, na expectativa da próxima quinta-feira. Falou do professor "admirável", que entendia os alunos e era por eles etc. e tal. Falou do homem alegre que tratava de temas sérios, seriamente. Falou do estilo "que parece fluir como se tudo saísse da pena sem o mínimo esforço" e, está ouvindo cinzentinha, trata de não me envergonhar e desmentir o moço lá da Academia, ontem à tarde!...

(...)

Antes da sessão, eu fora à CNBB, a chamado de Dom Aloísio Lorscheider[420], que me pediu para lhe fazer um relatório confidencial, para seu uso, sobre a situação brasileira.

Vou fazer, mas não lhe darei sorte: durará pouco no cargo. É bom demais, dizem, isto é, é o homem para a Igreja, tal como deve ser, mas não o que os "bananas", ou pior, os integristas, tipo Sigauds e companhia, querem. De modo que não durará muito. E fico pensando no tal relatório recente que fiz (lembra-se?) para Dom Lombardi, e depois, logo depois...

Deus queira lhe suceda apenas ser mandado para alguma diocese distante... Os fatos se parecem. O próprio Gilberto Amado, que é todo da gente que aí está (como é sempre dos que estão de cima), me disse lá na Academia, antes da sessão, advertindo que o general Portela, o super dedo duro junto ao banana do Costa e Silva, enviou um telegrama de aplauso ao patife do NR[421] pelos artigos com que culpa Dom Helder pela morte do padre Henrique:[422] "Está colhendo o que semeou", diz o Cândido.[423] "As coisas estão piorando", disse-me Gilberto, insuspeito "*et pour cause*".[424]

Bem, vou ver, por isso mesmo, se escrevo algo sobre Dom Helder... para não sair, já se vê... mas pelo menos me desabafo!!

Ciao,

P.

420_ Dom Aloisio Lorscheider (1924--2007), foi bispo de Porto Alegre, Fortaleza e Aparecida.
421_ Nelson Rodrigues.
422_ O padre Antonio Henrique Pereira Neto foi preso, torturado e morto em 27 de maio de 1969, no Recife, por forças da repressão. Na ocasião, o próprio dom Hélder foi acusado de ser mandante do crime.
423_ Refere-se a Cândido Antônio José Francisco Mendes de Almeida.
424_ Expressão francesa: Com razão.

Rio, 18 de junho de 1969

São nove horas, e já às dez devem vir os americanos. E às 12 tenho de sair para o superchato almoço de "intelectuais" com o N.R.[425] Pura figuração com que o A. de A. procura servir à ditadura. Como sou partidário da "não violência", lá vou. Mas que, no íntimo, há vozes que protestam, lá isso há...

O túnel, nestes dois dias, está cheio...

Falo em duas semanas, porque ontem, no lançamento do *Violência*, que graças a Deus correu muito bem, houve um padre que veio expressamente de São Paulo, diz ele que em nome do cardeal Rossi,[426] a quem dediquei, então, contra a vontade... – um dos quatro exemplares do livro que o padre me apresentou – e me dizendo que o cardeal queria patrocinar o lançamento do livro em São Paulo, pois quer dar ênfase à ação "não violenta", e esse padre parece que é presidente, ou coisa que o valha, de um grupo nesse sentido, do qual faz parte o Mário de Jesus,[427] a quem também dediquei um dos volumes. Concordei. Marcamos, então, o dia 5 de julho para esse lançamento aí, já que a 4 de julho ficou marcado o de Campinas. Maria Helena[428] logo troçará: "Está esticando a permanência em SP"...

Voltemos agora à livraria do *C da M*, na cidade, onde, por todas as esquinas, inclusive ali, havia carros com soldados.

Foram-se. Foi uma boa conversa de três horas, em que, para bem da verdade, devo dizer que falei quase todo o tempo. E sei que gostaram, porque ouvi, quando desceram no elevador, "*very good interview!*".[429] O que lhes disse é o que você já sabe, mas acentuei que não se iludissem com a melhoria real da situação financeira. Ela será como a estátua de Nabucodonosor – de bronze com pés de areia. Mas a reação do nosso povo não será pela revolução violenta, mas por algo de... pior, que é a anestesia cívica, a indiferença, o tanto faz, o conformismo etc. e tal pontinhos.

Isso foi o principal.

Perguntou-me, então, aquele que vinha na Comissão Rockefeller como encarregado desses assuntos religiosos: "Que fazer?". Custei um pouco a responder, pois quando toco o prático-prático do meu velho Maritain, hesito. Aconselhei a que trabalhemos como se não houvesse os obstáculos (pre-

425_ Refere-se a Nelson Rockefeller (1908-1979).
426_ Refere-se a Agnelo Rossi.
427_ Mário Carvalho de Jesus (1919-1995), advogado trabalhista, fundou a Frente Nacional do Trabalho (1960) e o Movimento Justiça e Não Violência.
428_ Filha do autor.
429_ Expressão inglesa: Entrevista muito boa!

venção ditatorial e militar, policialismo, antinorte-americanismo etc. e tal), e ainda meio praticamente: conseguissem que revistas católicas de espírito liberal, como *Jubilee*, *Commonweal*, *The Critic*, fossem divulgadas entre nós pela tradução de artigos etc. e tal. "É tudo quanto posso dizer". E contei, então, o caso daquele primeiro ministro inglês conservador[430] que, no fim da guerra, sucedeu a Lloyd George,[431] que tinha feito tudo, durante a guerra, e mesmo se agitado demais. A um jornalista que lhe perguntou o que pretendia fazer, ele respondeu britanicamente: "Nada. Mr. Loyd George fez tanta coisa que, agora, é preciso parar um pouco"... No momento em que atravessamos uma ditadura maniqueísta (explico: disse-lhes que a polícia é sempre maniqueísta, dividindo os homens em inocentes e criminosos, e os Estados Policiais, por contaminação, também são maniqueístas etc. etc.) querer fazer muita coisa será contraproducente. O melhor será uma ação discreta, mas contínua. E nisso se passaram os 45 minutos, mais 15 do que os projetados, pois agora vão ter um encontro na ABI com editores e jornalistas, creio, como me disse o Fromm, para o qual ele foi convidado.

Bem, voltemos a ontem. Às 5 e 45, cheguei à tal livraria (que agora é dirigida por uma filha da Niomar, do seu primeiro casamento, de modo que se chama Muniz Sodré), com o Zildo[432] e o Parente, que tinham ido ao centro. Mamãe chegou logo depois com Nena,[433] mas tia Zaira,[434] para variar, já estava. Entramos e começou logo a assinatura dos livros, sendo o primeiro o Levi Carneiro, com seus 86, mas firme! Houve, sucessivamente, umas 150 a 200 pessoas, com uns 80 ou 100 livros assinados, talvez mais. Dom Marcos falou. A princípio otimamente, um discurso lindo, depois se prolongou demais, cansou, pois não havia microfone, e só podiam ouvir os que estavam bem próximos. Espero que te mande na íntegra o que falou. Escreva-lhe agradecendo, e dizendo que todos adoramos a saudação, sem a menor dúvida, cujo único defeito foi ser boa demais para a circunstância.

Imagine que citou sem dizer o nome do autor, e com aquela intenção re... unifica, muito louvável, que é sempre a dele – o artigo que o C. escreveu, em 1947, sobre o meu concurso... Citou também, isso com nome, os do Corção e do Carlos Lacerda, que vinham a mim, quando em estado de conversão

430_ Andrew Bonar Law (1858-1923), primeiro-ministro do Reino Unido entre 1922 e 1923.
431_ David Lloyd George (1863-1945), primeiro-ministro do Reino Unido entre 1916 e 1922.
432_ Zildo Jorge, companheiro do autor no Centro Dom Vital.
433_ Apelido de Maria Helena, filha do autor.
434_ Irmã do autor.

etc. Você verá. Peça-lhe a saudação que o *Correio* hoje publica, mas só uns trechos. Está primorosa, como redação e como delicadeza de espírito. Só lamento que todos não puderam ter ouvido. Como foi um pouco longa demais para a circunstância, falei pouco. Prometendo vingar-me "em outra circunstância"!... Ele sorriu e entendeu. O público, creio que não pescou... Havia, como sempre, os conhecidos e os desconhecidos. Dos importantes o Affonsinho,[435] o Hermes Lima,[436] o Newton Carlos,[437] a Niomar,[438] o Cardim, o xará,[439] o bispo de Volta Redonda, Dom Calheiros, a Eneida – uma velha cronista sempre meio escandalosa,[440] e outros. Raros jovens... Sintomático. Eles são pela violência, e entre eles me consideram um trânsfuga... Mas como você bem sabe, não vou atrás de aplausos, nem de velhos nem de moços, nem mesmo dos moços com os quais me sinto tão mais identificado. Compreendo perfeitamente. Mas também não mudo de atitudes por causa disto. Ademais, o aparato oficial em torno do local (não expressamente por minha causa...) afugentava a mocidade, que é por natureza "o inimigo" para os nossos "assaltantes" do Poder.

Creio que, no princípio, aludi a uma frase do Aloísio Novis por telefone e, à noite, creio não ter citado: "Quando escrever amanhã à sua filha, diga-lhe que o lançamento de ontem se poderia chamar – teoria e prática da violência (creio que queria dizer que o livro era a teoria, e o policiamento lá fora, a prática). Deve ter sido isso.

De lá rumamos, às seis e meia, para o Largo do Machado. A missa foi concelebrada e muito digna: frei Pedro,[441] frei Clarêncio, Dom Marcos, frei Martinho Burnier,[442] frei Romeu Dale[443] e o padre Edgar.[444] Três dominicanos, um beneditino, um franciscano e um secular. Umas 20 pessoas comungaram. Lá estavam: o Gilberto Amado (sic), o Francisco de Assis Barbosa,[445] o Celso Cunha,[446] o Péricles Madureira de Pinho,[447] o José Olympio, o filho e o irmão, um velho companheiro do ginásio, o tal Alcides de Barros e Vasconcelos – um caco, coitado! – com quem, desde o primeiro ano de ginásio (1903), tive implicância que nunca mais se desfez de todo. É irmão do que foi meu chefe no Itamaraty. O Mário de Vasconcelos. Outro colega da escola de Direito, o Otacílio Ramalho, que me disse estar com 83 anos, mais cabeludo que eu e tão jo-

→ *notas 446 e 447, ver página seguinte*

435_ Refere-se a Affonso Arinos de Mello Franco, filho.
436_ Hermes Lima (1902-1978), jurista e jornalista, membro da Academia Brasileira de Letras, foi primeiro-ministro do breve período parlamentarista do governo João Goulart, entre 1962 e 1963.
437_ Newton Carlos de Figueiredo (1927-), jornalista especializado em questões internacionais.
438_ Refere-se a Niomar Muniz Sodré.
439_ Refere-se a Austregésilo de Athayde.
440_ Eneida de Moraes (1904-1971), cronista, escritora, pesquisadora de temas relacionados ao Carnaval.
441_ Frei Pedro Secondi (1901-1992), frade dominicano francês, radicado no Brasil.
442_ Frei Martinho Penido Burnier (1918-1971), frade dominicano, biblista.
443_ Frei Romeu Dale (1912-2007), frade dominicano, foi assistente nacional da Juventude Universitária Católica (JUC).
444_ Pároco da igreja do largo do Machado.
445_ Francisco de Assis Barbosa (1914-1991), historiador, membro da Academia Brasileira de Letras.

vem de cara; disse que me acompanha sempre pelos artigos! É o único dos tempos de escola. E as pessoas amigas, ou da Ação Católica, como a Letícia,[448] a mãe do Marcito,[449] a Regina Jackson[450] e outros, além da família: tia Bibi, tia Lúcia, Lulu, netas e até mesmo Tatá.

Frei Pedro falou muito bem, em torno do Evangelho de domingo, "*nova et vetera*", com alusões discretas ao destinatário presente.

(...)

Ciao,

P.

Rio, 19 de junho de 1969

Estou com a garganta tomada, menos por resfriado que por abuso da traqueia nos agradecimentos, nas entrevistas e nas conversas desses dias do cinquentenário tristânico, em uma garganta de aposentado, desabituado da cátedra...

A manifestação do Pen Club foi realmente bonita. Falaram, além do presidente Almir Madeira,[451] o xará, o Geraldo França de Lima (*Voz de Minas*...),[452] o Vianna Moog,[453] a Dinah,[454] ambos ressaltando ter sido lançados pelo velho Tristão, o Pascoal Carlos Magno,[455] que ressaltou a "*humanità*" e o "amigo do jovem" (ele mesmo sempre foi um promotor da juventude, especialmente pelo teatro) e, finalmente, o Valdemar Cavalcanti,[456] que fez uma análise do crítico (ele mesmo o é) muito fina. Eu também me vi forçado a falar, embora previamente dissesse ao Madeira que não falaria. E depois de agradecer a cada um dividi minha vida em três etapas: o "desespero da liberdade" – que fixei com aquela imagem do que, com você, tenho evocado tantas vezes, o jovem de 20 anos, em Veneza, com a cabeça nas mãos; segundo, "a descoberta da autoridade", o encontro com o Jackson e a autoridade como símbolo de que o mundo tem um Autor e, por isso mesmo, tem um fim etc. Maritain me fixou o Autor; Chardin me focalizou o fim e os dois fecharam o circuito da autoridade; terceiro, e finalmente, a partir de o "redescobrimento da liberdade", especialmente com João XXIII, Merton, o Concílio e o ecumenismo.

E, então, comparei aquela homenagem do Pen Club heterogêneo, mas unido na caridade, e com a homenagem pelos 50 anos,

446_ Celso Ferreira Cunha (1917-1989), professor e gramático, membro da Academia Brasileira de Letras.

447_ Péricles Madureira de Pinho (1908-1978), político, foi ministro da Educação do governo Getúlio Vargas, em 1953.

448_ Letícia Redig de Campos, irmã de Aloisio de Salles.

449_ A mãe de Márcio Moreira Alves se chamava Branca Moreira Alves.

450_ Filha de Jackson de Figuereido, fundador do Centro Dom Vital.

451_ Marcos Almir Madeira (1916-2003), sociólogo e escritor.

452_ Geraldo França de Lima (1914-2003), professor e romancista, membro da Academia Brasileira de Letras.

453_ Clodomir Vianna Moog (1906-1988), ensaísta e romancista, membro da Academia Brasileira de Letras.

454_ Dinah Silveira de Queirós (1911-1982), cronista e romancista, membro da Academia Brasileira de Letras.

455_ Pascoal Carlos Magno (1906-1980), poeta, diplomata e teatrólogo.

456_ Valdemar Cavalcanti (1912-1982), escritor, jornalista e crítico literário.

ao Centro Dom Vital, com uma unidade na confessionalidade. Essa de ontem, numa base de liberdade e variedade bem maior, com pessoas vindas de vários lados do horizonte, católicos ou não... Até falei, no fim, ao Hermes Lima, que o visara, falando assim, e ele me disse que "compreendeu"! Em suma, foi uma festa realmente bonita e até tocante. Mamãe te contará, pois depois de me pregar um susto pelo telefone, dizendo que "talvez não fosse", porque não se sentira bem depois do almoço, graças a Deus foi e sentindo-se bem. Fiquei tão atrapalhado, pensando que ela não fosse, que acho que não teria falado neste caso, mas Deus foi camarada, mais uma vez.

A Dinah falou com muita delicadeza, lembrando que "em Roma, no consulado, me beijou a mão", e é verdade, porque "nunca ninguém lhe falou tanto de Deus"! (Sic, para o que ela disse, não o que é).

Bem, precisaria acabar aqui, para pôr a funcionar o gravador da *Última Hora*, sob pena de... o leão comer o domador logo mais... Por falar nisso, lá estavam, no Pen Club, além desses, outros nomes como: o embaixador do Senegal, sobrinho do Senghor,[457] o Lêdo Ivo, o Levi, o Cardim, o Hélio Silva,[458] o Mozart Lago, o Malba Tahan[459] – penso que está namorando a Academia, como ontem me procurou aquele tio do Guimarães Rosa, Vicente Guimarães, que escreve para crianças sob o pseudônimo de Vovô Felício – me perguntando se acha que ele pode candidatar-se à Academia com êxito... Já por aí que se vê que é um mediocrão!!! O Hermano Lima,[460] o Ivan Vasconcelos, o Celso Kelly,[461] o Roberto Alvim Corrêa[462] etc.

Nenhum padre. Ninguém do Centro Dom Vital ou adjacências... Isso não é sintomático?! Será que a culpa é só minha?!

O almoço com o Nelson Rockefeller também correu bem, com todo o meu constrangimento, tanto mais quanto o A. de A. me colocou na mesa de honra com o próprio Rock e mais três reitores de universidade: o Muniz de Aragão que, para surpresa minha (ou remorsos...), me tratou nas palmas das mãos, dizendo-me "da falta enorme que a minha ausência faz no Conselho" (!!!!);[463] o P. Laércio,[464] da PUC, e o reitor da Universidade do Estado da Guanabara, que é irmão do ministro da Guerra[465] e casado com uma LaRoque. Nunca o tinha visto, embora há 40 anos tivesse escrito um artigo violento contra um livro dele muito indecente (sic). Ontem me disse: "Foi ótimo aquele seu puxão de orelhas..."

457_ Léopold Sédar Senghor (1906-2001), escritor, poeta e político, presidiu o Senegal de 1960 a 1980.
458_ Hélio Ribeiro Silva (1904-1995), historiador e escritor, tornou-se monge beneditino em 1990.
459_ Pseudônimo de Júlio Cesar de Melo e Sousa (1895-1974), matemático e escritor, autor do clássico *O homem que calculava*.
460_ Hermano Lima (1927-2010), jornalista.
461_ Escritor, jornalista e crítico de arte (1906-1979), presidiu a Associação Brasileira de Imprensa.
462_ Roberto Alvim Corrêa (1901-1983), editor e crítico literário.
463_ Refere-se ao Conselho Nacional de Educação, do qual foi membro.
464_ Padre Laércio Dias de Moura, jesuíta, foi reitor da Pontifícia Universidade Católica do Rio de Janeiro.
465_ O ministro da Guerra – denominação dada, então, ao ministro do Exército – era o general Aurélio de Lira Tavares (1905-1998). Escritor, assinava suas poesias com o pseudônimo de *Adelita* – as iniciais de seu nome – e foi membro da Academia Brasileira de Letras.

e quando, a certa altura, eu contei a todos que aplicava aos Estados Unidos o que os Goncourts[466] diziam da França e da Alemanha: "Os franceses são antipáticos, mas a França é simpática. Os alemães são simpáticos, mas a Alemanha é antipática. Os norte-americanos são simpáticos mas... o senhor conclua"... ele riu muito, pois americano gosta de "*jokes*". Então acrescentei que Maria Thereza, apesar de toda "francesa", sempre diz que, "se eu for exilado, gostaria ela de irmos para os Estados Unidos, tanto que gosta de seu povo". Então o Lira, o reitor, voltou-se para o Rockefeller e disse: "Ele está dizendo isto porque eu sou irmão do ministro da Guerra, mas se ele fosse exilado seria o fim do Brasil"... A registrar, para nós, como palavras do irmão do ministro da Guerra...

Da manhã, a conversa com os do grupo "religião" foi muito boa, mas já te contei.

Como você vê, foi um dia cheio e, para terminar, o nosso advogado me comunicou que já recebeu a gaita atrasada da tal pensão da rua Conselheiro Saraiva. Deve ser o total, e espero que possa agora cumprir a sentença.

Tia Zaira e tia Layde[467] vão ficar contentes, e eu, para que mentir, também me sinto mais à larga, e levarei um cartuchinho de balas para você e outro para Mamãe. Lembra-se do que houve em 1919 com o meu primeiro aumento na Cometa, e Papai, na estação de Petrópolis, a dar risada com o cartuchinho de jujubas que eu trouxe então do Rio para Mamãe.

Ciao,

P.

Rio, 21 de junho de 1969 – Sábado (dia dos anos de meu padrinho!)

Agora posso escrever o uff, uff, uff, a que me referia, creio eu, nessa segunda-feira passada! Até agora de manhã (sic) ainda houve chateações. Com esta se encerraram. Foram três minutos de TV Tupi para responder a três perguntas num programa não sei de quê, patrocinado, diz a moça que arrancou de Mamãe a minha "projeção", apesar da garganta tomada e da cabeça pesada (há muito que não durmo uma noite tão acordada por tosses, espirros e outras chateações próprias!). Já tomei, agora mesmo, uma segunda injeção de ozonil, e estou espirrando desatinadamente, o que é sempre um alívio... rumoroso e chateante!

466_ Edmond e Jules de Goncourt, irmãos que publicaram diversos romances naturalistas e, após sua morte, doaram seus bens para uma academia que atribui prêmios às obras literárias de valor.
467_ Irmãs do autor.

A tal moça, pelo telefone, obteve de Mamãe que fosse "um anjo" ou, antes, "um arcanjo", para me levar a esse espetáculo ridículo de responder, em três minutos, três perguntas sobre a aproximação entre católicos e protestantes, sobre a possibilidade de eliminar a violência, e sobre o que me parecia ser o momento mais útil dos 50 anos do Tristão. A esta última eu respondi dizendo que me parecia ser a atitude em defesa do modernismo, ao qual eu trouxe o apoio de um sujeito que, em três anos (19 a 22), criara a fama (...) de ser um tipo sério.

De modo que, com essa ridícula exibição que passará amanhã, às sete da noite, na TV Tupi, encerram-se as comemoracões cinquentenárias.

Ontem à tarde, como programado, houve o lançamento dos *Adeuses* na Agir. Muito menos concorrido do que o das Vozes. A Agir tem o segredo da má propaganda. De modo que as pessoas que lá foram não passavam de uma terça ou quarta parte das que foram na terça-feira. E o mais engraçado é que o livro a que eu mais dediquei ontem foi o *Violência* e não o *Adeuses*... O tema violência está na ordem do dia. Ao passo que o *Adeus* é nostálgico e voltado para o passado, ou para os sucessivos passados da minha carreira!

Aliás, o Villaça, que tem se mexido de todo jeito, e escrito mais de cinco artigos em torno do "evento", e que lá estava, ontem, na Agir, como estava na véspera na Academia e nas Vozes – só não estava no Pen Club! – o V. escreve, hoje, uma carta a mim em que me intima a escrever o prometido *A casa azul e outras casas*. E já um tal Otávio de Vasconcelos[468] me telefona para dizer-me que reforça o pedido do Villaça como seu próprio!

Você verá, pois estou botando num envelope grande todos os recortes desses dias, que não são poucos.

Me dirá você: quem esteve lá no lançamento dos *Adeuses*? Vou lembrar alguns nomes: o Motta Filho, da Academia,[469] o Danton Jobim,[470] o Piquet Carneiro,[471] por acaso; o Houaiss,[472] o Clímaco Bezerra,[473] que escreveu um bom artigo; o Hilton Rocha,[474] a D. Inês Correia de Araújo, o Murilo de Araújo, o poeta;[475] um almirante, que hoje me escreve um cartão chamando-se de "meu discípulo"; uma jovem entrevistadora do *Diário de Notícias* (será que estão querendo se reabilitar perante o velho colaborador de 20 anos, de 1947 a 1965?); a viúva do Graciliano Ramos[476] (que me reclamou o prefácio que lhe prometi para as *Obras comple-*

468_ Romancista.
469_ Cândido Motta Filho (1897-1977), jurista, jornalista, escritor e membro da Academia Brasileira de Letras.
470_ Danton Pinheiro Jobim (1906-1978), jornalista e político.
471_ Américo Piquet Carneiro, médico do autor.
472_ Antônio Houaiss (1915-1999), filólogo e escritor, foi ministro da Cultura e membro da Academia Brasileira de Letras.
473_ Clímaco Bezerra (1913-2006), escritor cearense.
474_ Hilton Rocha (1911-1993), professor catedrático e oftalmologista.
475_ Murilo Araújo (1894-1980), jornalista e poeta.
476_ Graciliano Ramos (1892-1953), romancista.

tas) e alguns indistintos "*passers by*". Como você vê, nenhum "*big shot*".[477] Como eu entendo isso! Não vou nunca a lançamento algum, e creio mesmo que o único a que fui foi de um livro daquele pobre Emo Duarte, figura tão alta e tão digna como efêmera, embora tenha ocupado cargos de responsabilidade, como o de secretário-geral do jornal comunista que, creio, se chamava *Tribuna Popular*, e nele o Carlos Drummond (sic) foi, a princípio, também secretário de redação, e foi mesmo lá que brigou com os comunas e se separou do comunismo em vista de processos maquiavélicos por eles empregados. Nunca apurei isso com o próprio Carlos, mas sei que se passou assim.

(...)

Esta manhã, a Irene Tavares de Sá me falou dessa nossa correspondência e me urgiu a necessidade de publicá-la... "quando eu morrer". Ela protestou veementemente. "Deve ser já, Dr. Alceu". O Villaça insiste nas *Memórias* escritas com vagar. Há muito que ele censura a pressa com que escrevo. O Luiz Camilo[478] já dissera o mesmo a alguém. Acho que estou condenado a isso. É possível até que só saiba escrever assim. Como são estas cartas. Gostaria bem, lá isso gostaria, de levar avante o projeto das casas.[479] Se eu tivesse, realmente, um ano de cessação completa da colaboração dos jornais, talvez o fizesse. Outrora, nos tempos da crítica militante, de vez em quando eu tomava férias para respirar. Agora, há anos que não o faço, pois é dali que me vem a gaita certa. Quem sabe se a "nova aposentadoria", agora somada ao aumento da Conselheiro Saraiva, me permitirá isso...[480] Mas quando vemos que todos os dias sobe tudo, esses aumentos desaparecerão logo.

Bem, vou almoçar.

Ciao,

P.

Rio, 22 de junho de 1969

Não gosto de ler jornais reacionários, pois me dão logo o desejo de entrar em polêmica, de escrever contra etc. etc. Mas, hoje, comprei dois deles: o *Diário de Notícias* e o *O Jornal*, e em ambos encontrei logo matéria para estrilar. No *D de N* uma entrevista com o Plínio, da TFP, mostrando a Igreja infestada de

477_ Expressões em inglês: Transeuntes; figurão.

478_ Luiz Camilo Oliveira Pena.

479_ Trata-se de um projeto do autor de escrever um livro intitulado *A casa azul e outras casas*. A casa azul era a residência em que nasceu, no bairro do Cosme Velho, no Rio de Janeiro, já demolida. As outras são as casas em que residiu ao longo da vida.

480_ O autor e suas irmãs eram, por herança, proprietários de um imóvel na rua Conselheiro Saraiva, no centro do Rio de Janeiro, alugado a terceiros.

comunistas; e, no outro, o *O Jornal*, um artigo de um tal Teófilo de Andrade,[481] uma bicada em Dom Helder. E, em ambos, a notícia de que virá ao Brasil, para uma reunião de bispos que vai haver aí em São Paulo, nos fins de julho, como representante do papa, o cardeal Felici, que foi secretário do Concílio e é um reaça de marca. Diz a notícia que ele vai fazer conferências para "instrução dos bispos"... Além disso, o próprio papa, em Roma, advertiu os padres estrangeiros que veem à América Latina que sejam dóceis e "obedeçam" direitinho aos seus bispos, em vez de quererem "aplicar aqui o que não puderam fazer nos seus países"... Tudo isso me põe em estado de "contestação" total. Sinto-me tão hostil a essa gente como a esses soviéticos quando invadem a Tchecoslováquia ou aprisionam os escritores que fazem críticas ao governo. Cada vez mais só me sinto bem no clima de liberdade e me sinto totalmente alheio a esses catolicões tipo Plínio, Sigaud[482] (deste, há também, no *D de N*, uma entrevista) e aos reaças não católicos que olham a Igreja apenas como instrumento de autoridade e de anticomunismo.

É bom que, de vez em quando, eu veja essa gente em ação, para refrescar a minha oposição a eles e reforçar minha posição cada vez mais liberal ou mesmo libertária. "Protestantização da Igreja", como dirá o Corção, que continuo a crer que é um sujeito de nível intelectual um pouco mais alto que esses fanaticões medíocres. A churumela do Plínio então é ilisível, fosca, maçuda, e de um calibre primário total. Mais grave é a posição cada vez mais reacionária e conservadora do papa e da Igreja oficial. Quando penso nos tempos de João XXIII, ou até mesmo de Pio XII, sinto um verdadeiro vazio no estômago, como se tivesse perdido para sempre alguma coisa de insubstituível. Será que o catolicismo é isto e não aquilo que eu vi com Dom Leme, em parte, e com João XXIII *in totum*? Dirá você que estou vendo o passado com óculos cor-de-rosa, e que naquele momento tudo não me parecia tão sólido. Pode ser. Mas como costumo registrar aqui o que sinto no momento, devo te dizer que, neste momento, e cada vez mais, sinto-me em completa oposição à Igreja Oficial! Será que tenho o direito de o fazer? Não sei se tenho. Só sei que me sinto assim e como nunca até hoje me senti.

Paulo VI, de vez em quando, raramente, ainda abre um pouco a janela, mas 90% das vezes o que faz é se trancar de novo em seus muros e paredes, e me parece colocando-se em absoluta contra-

481_ Teófilo de Andrade foi diretor de *O Jornal*, e escrevia artigos contra João Goular e, depois, contra os críticos do regime militar.
482_ Refere-se a dom Geraldo Sigaud.

dição com o mundo ambiente. Por mais que eu procure compreender essa atitude como uma defesa, vejo nela tim-tim por tim-tim o que ocorreu com Pio IX. É uma volta do *Syllabus* da maneira mais formal. Por ora, ainda dos pequenos *Syllabus*, mas não tarda o novo. Não veio em 1964, como eu temia, mas virá em breve. A claque reacionária está dominando totalmente Roma, e os resquícios de abertura que havia em monsenhor Montini estão desaparecendo de dia para dia. Do diálogo, ele está passando ao monólogo, e do monólogo vai passar à condenação. Tomara que me engane e que esteja vendo fantasmas. Mas vejo a Igreja, neste final do século XX, de novo em contradição com o século, ou antes, digo mais, escravizada ao século, no sentido do autoritarismo, da segurança, da defesa, do dogmatismo, da intolerância, do antimoderno total. A Igreja volta ao gueto, como uma potência totalitária em face das outras potências totalitárias, e do crescente desinteresse do grande público pela religião e, de modo particular, da mocidade. Como nada disso se passa sem que Deus o queira, evito formular qualquer juízo sobre o futuro próximo da Igreja. Sua vida tem sido sempre de altos e baixos, e da direita para a esquerda. No momento ela está de novo na extrema direita, e apoiada pelos reacionários, ricos e poderosos, sob o pretexto da bandeira contra o comunismo. Como também tenho horror ao comunismo – e o que mais me pesa nessa atual posição da Igreja é vê-la em mãos dos que utilizam processos semelhantes aos dos comunistas sob pretexto de atacar o dito comunismo – é sentir que tudo aquilo que foi o meu ideal dentro da Igreja está hoje por terra. Ótimo. É o melhor meio que há para me corrigir de qualquer vaidade. Tudo fracassou. Quem domina hoje é toda a gente à qual me sinto mais avesso. A Igreja volta a ser a Casa dos Ricos, dos Poderosos e dos Fanáticos, enquanto a verdadeira Igreja é perseguida e silenciosa.

É certo que estou exagerando, e o que escrevo é uma reação contra o que li há pouco nesses pasquins. Mas... sou ilógico. Pois defendo, integralmente, a liberdade, de modo que a contradição às minhas ideias deve até reconfortar-me. E, de fato, pensando bem, reconforta. Só fico por conta é de ver o papa, com seu incomparável prestígio, em vez de se conservar acima dessas querelas – que são naturais e sadias – estar se passando com armas e bagagens para o plano da reação.

E dando a entender que realmente recomeçou a Inquisição. Não a medieval, mas a do início do século, contra o modernismo. Ora, o que me reconciliou com a Igreja foram homens como Maritain ou Chesterton, acima de tudo, que eram considerados esquerdistas e "heréticos" no seu tempo. Dom Leme era um "liberal". Jackson, um "violento", mas que era desautorizado pela Igreja, quando ela condenou a *Action Française*. De modo que o que me levava ao Jackson era a sua fé e o seu caráter, mas não o seu autoritarismo. Assim mesmo, me vi contaminado por ele durante alguns anos depois de sua morte. Até que me libertasse dele, como me libertei do c.

E hoje me sinto tão longe de todos eles, e desta nova volta à Inquisição e à Intolerância, que chego a temer que esteja me deixando levar por uma reação temperamental exagerada. Pela primeira vez estou me sentindo tolhido dentro da Igreja. E isso é um perigo. Até agora, é verdade, não tenho nenhum motivo para cumprir o que o Jackson disse que faria e eu estou disposto a fazer: quebrar a pena, se assim a Igreja quiser. Mas a Igreja... quem? O bispo? Sim, é a este que devo, hoje, obediência. Até hoje o cardeal, por menos que me aprove, também não me tolheu em nada. Por outro lado, não tenho nenhum propósito de me insurgir publicamente contra esta nova posição da Igreja. Mas até quando me calarei?! Até quando me limitarei a esses desabafos com você?

Por ora, o que continuarei a fazer é seguir o meu caminho, como se... João XXIII estivesse ainda no Vaticano, e Montini em Milão, antes da tremenda decepção que nos causou. Procurarei evitar tudo o que seja choque ostensivo com essas novas diretrizes da Igreja. E, pelo contrário, exaltar as que abrem caminhos. Como o cardeal Suenens,[483] por exemplo, e sua famosa entrevista, que já provocou a repulsa do Tisserant,[484] hoje porta-voz da ala reaça do Sacro Colégio. Enquanto esta ala não eliminar a outra, ficarei... com a outra, mas fico pensando que, se eu estivesse de fora neste momento, e tivesse 33 anos, como em 1928, nunca aceitaria entrar para uma Igreja que tão profundamente contrariasse minhas inclinações mais naturais. Ficaria de fora. Dirá você: quando você entrou, em 28, não houve também qualquer coisa de parecido? Não me senti logo num túnel? Mas esse próprio sacrifício da minha "disponibilidade" depois não me pareceu tão natural e tão necessário à minha alma e ao meu destino? Não

483_ Leo Joseph Suenens (1904-1996), arcebispo de Bruxelas (1961-1979), teve importante papel no Concílio Vaticano II, integrando o grupo de prelados da Igreja dos Pobres, liderado por Dom Helder Câmara.

484_ Eugène Gabriel-Gervais-Laurent Tisserant (1884-1972), cardeal francês, deão do Colégio dos Cardeais, desempenhou cargos, entre outros, como bibliotecário e arquivista no Vaticano.

sucederá o mesmo agora? É preciso ter paciência, e sobretudo não levar nada ao trágico, tanto mais quando, por ora, tudo ainda está apenas no terreno de uma contradição com o governo da Igreja, e não com a própria Igreja, já que uma coisa é a Igreja, outra os homens e as políticas (esquerda ou direita) dos que a governam. E enquanto me permitirem estar contra essa política, mesmo sem exprimir publicamente essa hostilidade, ainda me devo dar por muito feliz. Mas que é uma tristeza não ler mais o que o papa diz, para não me sentir inclinado a me sentir encarcerado... lá isso é verdade.

[...]

Mais alguns ecos do cinquentenário ainda estão chegando, e hoje é um artigo do Paulo de Castro, falando justamente daquilo que é oposto ao estado de espírito dominante na Igreja, de que acima falei: a minha tolerância. Foi esse, desde os tempos das cartas ao Jackson, um dos pontos capitais de nossas divergências: nunca tolerei a intolerância. E isso tem crescido de ano para ano. A ponto de hoje sentir uma verdadeira idiossincrasia por ela. Será que por isso serei mesmo um mau católico, já que ser católico (dizem que) é ser intolerante? Se assim é, os meus inimigos têm razão. Nunca me converti. Mas como estou absolutamente convicto de que Cristo era tolerante – e foi isso precisamente o que mais o distinguiu dos escribas e fariseus, até agora me sinto absolutamente à vontade com meu horror à intolerância.

Mas deixemos isso para novas conversas.

[...]

Ciao,

P.

São Lourenço, 25 de junho de 1969, quarta-feira

Para grande desapontamento de Alceuzinho, e um pouco das crianças e de Elisa, o tempo continua chuvoso, feio, de teto baixo, uma névoa morna e um pequeno chuvisco, que molha tudo e até já começa a me preocupar pelo estado dos caminhos para a volta! Nunca vimos inverno assim tão feio. Exatamente o oposto do que há 35 anos, invariavelmente, temos tido. Creio mesmo que os próprios daqui estão surpresos, pois "seu" Ézio,[485] anteontem, já

485_ Ézio Corrêa de Moraes, dono da venda anexa à fazenda São Lourenço.

dizia: "Isso passa amanhã mesmo". E o que se passou foram dois dias na mesma, com 12 graus à noite, e 17 de dia, o que é ótima temperatura, mas não para esta época. Para mim não importa, mas fico realmente com pena dos nossos "baianos", especialmente das crianças, que sonharam com a fazenda o ano inteiro, como os pais me contam, e agora ficam impedidos de andar a cavalo e mesmo de circular pelo "curral", tal a lama que se ajuntou em tão poucos dias. É como dizia o Monteiro Lobato: "Seis meses de poeira e seis meses de lama", mas aqui contraídos em semanas ou dias. Desta vez "chove na fazenda" é um fato.

A mim não prejudicou nada, a não ser privar-me, o que já é muito, da beleza dessas colinas de sol e de céu azul, substituídas por esta monotonia cor de cimento... desarmado.

Como aproveitamento do meu dia de ontem, não posso queixar-me. Escrevi logo de manhã o "companheiro" que faltava para a croniqueta que deixei capenga com o Carlos.[486] Aproveitei, como te disse, o episodiozinho do *videotape* e divulguei a parte que omitiram, e era afinal uma pequena página autobiográfica, dessas que o Villaça passa a dizer que são as únicas que devo cultivar a esta altura da vida.

Por falar nisso, eles fundaram agora, em Juiz de Fora, o Instituto Santo Tomás, como sucessor do Centro Dom Vital, na frase do próprio Dr. Joaquim, seu presidente.[487] Vejo nisso mais uma prova de imobilismo que caracteriza a nossa atual vida religiosa, depois de um surto de dinamismo lançado por Dom Leme, em 1916, por Jackson, em 21/27, e, modéstia à parte, pelo degas, de 28 a 41, quando esfriei com Dom Leme a propósito da eleição do Getúlio para a Academia, e começou a separação entre o CDV e o Palácio São Joaquim. Aconteceu, por essa época, a entrada dos gregos em Troia com o "cavalo de pau", de C. e companhia, que traziam o veneno da discórdia para dentro da praça. E as mortes sucessivas de Dom Leme, de Dom Gaspar,[488] do padre Franca,[489] do Wagner,[490] acabaram arrastando tudo, auxiliados pela minha partida, em 50, para os Estados Unidos, sua ida para o convento, minhas viagens à Europa e, acima de tudo, a vinda de um arcebispo para o Rio muito santo, mas totalmente alheio e avesso a nós.[491] E com João XXIII e o Concílio, então a ruptura se fez completa: eu acompanhei 100% o "*aggiornamento*", se não me antecipei a ele, ao passo que todos mais recuavam, e com a morte do nosso João arrastaram o seu sucessor a ser um novo

486_ Secretário do autor.
487_ Joaquim Ribeiro de Oliveira (1894--1997), empresário e líder católico.
488_ Dom José Gaspar de Afonseca e Silva (1901-1943), arcebispo de São Paulo.
489_ Padre Leonel Franca (1893-1948), jesuíta, filósofo, fundou a PUC do Rio de Janeiro.
490_ Wagner Dutra, secretário do autor.
491_ Refere-se a Dom Jaime de Barros Câmara.

Pio IX, em vez de um novo João XXIII. E, com isso, então se encerrou definitivamente um período iniciado em 1928, junto a P. Franca, e que, em 1948, com a morte dele, se encerrara. E o seu "convertido" de 15 de agosto passava de ovelha dócil do rebanho a "livre atirador" na denominação que, com razão, o novo ditador, que a nova Revolução, a de 64, lhe deu... por telefone.[492]

Eis aí como tudo mudou de tal ordem nesses 40 anos, de 28 a 68, de tal modo, que me sinto, hoje, mais próximo do Tristão de 1919 do que do Alceu de 1928. Não que a fé tenha diminuído. Mas que a liberdde voltou a arejar o ambiente e a reconciliar o Alceu com o Tristão, para colocar o problema na personalidade bicéfala que acabei tendo, como nota irreversível em minha vida, e que, agora, com o cinquentenário, se tornou como que irremediável... Tudo isso, essas considerações de conversa mole de manhã chuvosa de São Lourenço, com o silêncio – ah que maravilhoso silêncio em torno de mim, na casa e fora dela, até mesmo dentro de mim, com a consciência tranquila pelos trabalhos de ontem, de que ainda não falei – e tudo a propósito do imobilismo dos juizdeforanos, que desistiram de Dom Vital e se pegaram de novo com Santo Tomás. Muito bem, e Santo Tomás é mesmo infinitamente maior que Dom Vital, mas essa escolha é sintomática. O grupinho de Juiz de Fora (no qual, afinal, só dois mesmo se destacam um pouquinho, o Hargreaves[493] e o Joaquim) ficou à margem da corrente. Por um momento, com a Ação Católica e com o Movimento Litúrgico, se movimentou um pouco. Até mesmo a passagem do Bernanos lá por perto pareceu dar um pouco de vida à meia dúzia de homens de boa vontade, alguns inteligentes e ricos, e algumas mulheres de real valor. Mas... não tinham fibra nenhuma. Eram um mero reflexo do que se fazia no Rio e São Paulo e Belo Horizonte. Quando o Rio e São Paulo entraram em crise, não tiveram outro remédio: recolheram as velas. E voltaram para o porto... tomista. Ficaram horrorizados com as minhas saídas ao mar alto e, particularmente, com o meu escandaloso apoio à... juventude. A juventude deles partiu para a frente também. Exemplo, os filhos e, particularmente, as filhas do Dr. Joaquim, que escandalizaram os pais escolhendo maridos jovens e pra-frente até demais. Os pais, especialmente Dona Marita,[494] acompanharam os filhos, um pouco, como, por exemplo, na música de violão durante a missa. Mas foi o máximo. Quando Paulo VI começou a desfazer

492_ O "convertido" é o próprio autor. Logo após o golpe militar de 1964, Tristão de Athayde publicou o artigo "Terrorismo cultural", que suscitou um telefonema do marechal Castello Branco, então à frente do governo castrense. O presidente disse admirar os escritos do autor, mas que o considerava um "livre atirador" por ignorar as implicações dos acontecimentos políticos, como o combate ao comunismo.

493_ Henrique José Hargreaves (1903-1991), filósofo e professor, figura eminente do laicato católico brasileiro. Foi diretor do Centro Dom Vita de Juiz de Fora (MG).

494_ Esposa do dr. Joaquim Ribeiro de Oliveira.

a obra de João XXIII, ou pelo menos a frear o carro, eles se encolheram de todo e voltaram então ao... academicismo. Comentam indefinidamente Santo Tomás de Aquino, de Maritain na mão, e fazem as mesmas e eternas palestras para os mesmos ouvintes, nos mesmos ambientes de velhotes sonolentos, tudo sem nenhum efeito, sem nenhuma novidade, sem nenhum sentido, só para adormecer os moribundos. Enquanto isso, toda a mocidade passa longe dessas dormideiras e, por sua vez, perdeu a fibra de qualquer inovação e volta à vidinha besta de que fala o Carlos Drummond.[495] Tudo morto, morto, morto. Juiz de Fora de 1919, um cemitério de pseudovivos.

Voltando aos trabalhos de ontem, adiantei bastante. Já escrevi duas partes do M. Bandeira. Segundo o plano comum dos "Nossos Clássicos", a saber: "A situação histórica" e o "Estado crítico". Pus o que sabia e o que me ocorreu dizer sobre o nosso Manuel, no espaço reservado.

[...]

P.

São Lourenço, 26 de junho de 1969

[...]

Já terminei o M.B., pelo menos naquilo que posso fazer aqui. Ontem fiz a seleção da antologia, que penso corresponder às 90 e poucas páginas que lhe estão reservadas. Distribuí a matéria por três fases: inicial, central e final. A primeira, contendo os dois primeiros livros pré-modernistas, *Cinza das horas* (1917) e *Carnaval* (1919), que o pai do Manuel me deu no restaurante da Brahma, em 1920, e eu escrevi uma crítica bastante reticente, pois não ia muito com aquele excesso de sentimentalismo piegas, e estava, a esse tempo, muito próximo e simpático ao realismo do Monteiro Lobato[496] ou Lima Barreto,[497] com seu lado social e mesmo socialista. E aquela poesia chorona me parecia ultrapassada, pois era a dos microssimbolistas franceses. Ou então dos portugueses, como Cesário Verde[498] ou Antônio Nobre,[499] embora este último fosse realmente nossa paixão, pois unia uma técnica quase parnasiana do verso a uma sentimentalidade lusa que nos ia no fundo do coração. Falo nós, eu juntamente aos primos do Manuel, Gustavo e Antoninho, com quem na época (1919) eu já

495_ Referência ao último verso do poema "Cidadezinha qualquer", de Carlos Drummond de Andrade.

496_ José Bento Renato Monteiro Lobato (1882-1948), romancista, autor de clássicos da literatura infanto-juvenil.

497_ Afonso Henriques de Lima Barreto (1881-1922), romancista.

498_ José Joaquim Cesário Verde (1855-1886), poeta português.

499_ António Pereira Nobre (1867-1900), poeta português.

não estava em contato. Gustavo viajava como diplomata; Antoninho se preparava para isso, mas tentara suicidar-se, como você sabe, e eu deixara há muito o escritório do tio João, ao entrar para o Itamaraty (1917) e começar o namoro com Mamãe, que me afastou totalmente dos meus amigos: é verdade, virei um urso, semelhante ao que viro (ou virava) ao entrar num navio... No avião não há tempo para tais metamorpsicoses... Mas nos tempos de mais intimidade com os dois Bandeiras (1910 a 1912), éramos muito leitores e recitadores de poesia, mas os parnasianos, Bilac à testa, ou então os simbolistas menos extremados, como Verlaine,[500] eram os preferidos. Os mais modernos, como Guillaume Apollinaire,[501] que foi o da virada modernista, iriam influenciar muito o Manuel. Desses, nada, nada, nada. As próprias relações entre Manuel e os primos eram mínimas. Como já te disse, conheci o Manuel através das cartas que ele escrevia ao tio, e mandava de vez em quando um poema. O tio, Dr. Bandeira,[502] como nós chamávamos, o admirava muito, mas o considerava, acima de tudo, um doente, um tuberculoso, com mínimas probabilidades de cura. E que no Brasil vivia pelas estações de montanha, Petrópolis, Teresópolis, Campanha, e mesmo alguns lugares do interior do Norte, como Quixeramobim, creio, mas sempre longe do Rio. De modo que nunca foi, que eu saiba, à casa do tio e a nenhuma daquelas recepções de literatos, nem aos jantares mais íntimos em que o tio nos regalava recitando Goethe[503] em alemão, Shakespeare em inglês, enquanto Dona Luzia recitava em italiano (ela era Cresta, de origem italiana), ou em francês, que pronunciava como uma francesa. Mas em nenhuma dessas tertúlias se falava no Manuel, nem mesmo como o doentinho da família. Não me lembro, pelo menos, de jamais ter ouvido menção ao sobrinho tuberculoso. Sabia-se, mas não se falava, talvez mesmo por discrição. Só quando ele foi para a Suíça morrer é que, pelas cartas, chegou a mim.[504] Os primos não lhe davam a mínima importância e, talvez, até ignorassem que escrevia e fora um aluno brilhante do ginásio, de onde saiu em 1902, e eu entrei em 1903. Cruzamo-nos na entrada, mas como não cheguei a frequentar o ano de 1903, pois adoeci com a tal "febre renitente biliosa", prima da "amarela", que por um triz... impedia que vocês nascessem! – não encontrei nenhum eco dele, Manuel, no ginásio.

(...)

500_ Paul Marie Verlaine (1844-1896), poeta francês.
501_ Pseudônimo de Wilhelm Albert Vladimir Apollinaris de Kostrowitzky (1880--1918), poeta nascido em Roma e naturalizado francês.
502_ O autor, recém--formado em Direito, trabalhou no escritório de advocacia de Sousa Bandeira, tio do poeta Manuel Bandeira. Alceu Amoroso Lima contava que sua primeira causa como advogado foi a defesa de um jardineiro acusado de roubar 200 mil réis. Fez uma promessa: se perdesse a causa, abandonaria a advocacia. Perdeu-a e cumpriu o prometido.
503_ Johann Wolfgang Von Goethe (1749--1832), poeta e escritor alemão.
504_ Manuel Bandeira esteve internado na Suíça, no sanatório de Clavadel, para curar-se da tuberculose. Morreu no Rio de Janeiro, em 1968.

Voltando ao Bandeira – e já que esta será provavelmente a última desta minitemporada laurenciana – o fato é que os dois primos, G. e A., não tinham nem uma sombra do gênio do primo tuberculoso que, na época, perambulava de galho em galho das montanhas e dos climas secos, para romper a barreira da morte prematura (e conseguiu!). Os primos de Barão de Itamby[505] não suspeitavam sequer do que ele iria dar na vida. E muito menos de que seria a maior figura poética de uma época que iria começar em 22 e ainda não terminou de todo, embora já, para muitos, M.B. seja um... ultrapassado, como hoje se diz. Mas nesses 40 anos, de 20 a 60, foi sem dúvida a figura central da nossa poesia moderna, embora outros, como o Carlos Drummond, sejam intrinsecamente maiores – acho o Carlos D. o nosso maior escritor vivo, sem a menor comparação – embora lhe falte aquela serenidade de espírito e aquela continuidade e paciência, ou mesmo aquela aplicação a uma obra, que fazem os Machados, os Nabucos, os Alencares e os Euclides. Mas que é o maior – tanto pela inteligência e versatilidade de pensamento, como pela originalidade na criação, e a agilidade no uso das palavras – isso, creio eu, ninguém lhe tira. Excede de muito nesse ponto o próprio Manuel. Mas não nos vamos perder nesses contrastes e confrontos, sob pena de perdermos o único dia disponível que ainda temos nesta microestadia, e amanhã de manhã já não terei tempo de escrever.

O fato é que o próprio livro inicial do Manuel, *A cinza das horas*, me era desconhecido, creio eu, em 1917, ano em que o meu livro era uma cabecinha com um laço preto na janela de um sobrado da rua São Clemente. O próprio Ronald [de Carvalho], com quem eu tinha longas conversas poéticas nas janelas do Itamaraty, onde pouco ou nada fazíamos senão remexer nos papeis do arquivo das questões da guerra do Pacífico entre o Chile e o Peru, de que o Brasil foi o árbitro – o próprio Ronald não me falava do *Cinza das horas*, que talvez conhecesse, mas que englobávamos, um pouco desdenhosamente, no rol da "literatura de *Fon-Fon*"...[506]

Quando é que fiquei gostando mesmo do poeta, não sei. Em 1920, quando escrevi sobre *Carnaval*, ainda era com reservas mentais. Pouco a pouco é que virá o encanto. E o conhecimento da pessoa. Quando, também não sei – ah, não ter eu tido, desde menino, uma "minha Menina" a quem mandar cartas diárias, que tivessem sido o registro da minha vida, toda dispersa por aí, com a minha correspondência...

(...)

505_ Refere-se a Cândido José Rodrigues Torres (1807-1877), negociante.
506_ *Fon-Fon*, revista de variedades publicada no Rio de Janeiro entre 1907 e 1958.

Bem, nas outras duas partes da antologia, tirei poemas dos livros da fase central (1921 e 40): *Ritmo dissoluto*; *Libertinagem*; *Estrela da manhã*; *Lira dos cinquenta anos*. E na terceira (1941-1968), os últimos: *Belo-belo*; *Opus 10*; *Estrela da tarde*. Creio que foi tudo.

(...)

E agora, por <u>mais um ano</u> (!!!), se Deus quiser, adeus São Lourenço, que vai diminuindo a cada ano, como a "*peau de chagrin*"[507] de Balzac...

Ciao,

P.

São Lourenço, 27 de junho de 1969 – sexta-feira

Ainda estamos por aqui, ao contrário do projeto de ontem. "Seu" Ezio queria dar um pato (sic) para nosso almoço, e então convenceu Alceuzinho de ficarmos mais um dia. As crianças vibraram e os grandes também! Mas o principal argumento é que amanhã o Ieldo[508] vai a Cordeiro e então pode nos acompanhar "*por si acaso*"...

(...)

Mas sempre que quero retornar ao passado com o fio da meada, me esqueço onde fiquei: ou repito ou deixo "*gaps*". Acho mesmo que da fase pré-Mamãe ficaram faltando apenas... as namoradas. Ainda há dias uma me telefonou e não me encontrou. Deve ter sido a Brasília Itiberê, uma das duas brasileiras no meio das "*argentines en fleur*"[509] do Majestic,[510] e aliás muito mais meninas que elas, e por isso minha atenção se voltava muito mais para as argentinas, em geral da minha idade (19 ou 20) ou mais velhas. As duas Itiberês (foi antes da minha entrada no grupo fechado das argentinas, creio eu, de modo que deve ter sido logo no mês de janeiro de 14, pois cheguei a Paris no dia 31 de dezembro de 1913, depois da tal viagem no Cap Arcone, sozinho e sem falar com ninguém, a ponto de ter tido dificuldade de falar com Mamãe e Carmen na estação e da estação ao Majestic) – essas duas brasileirinhas meninotas lá estavam com a mãe, uma paraguaia, viúva de um compositor paranaense, que até hoje tem seu nome ligado a composições de estilo popular brasileiro, Itiberê da Cunha.[511] Era uma bonitona, que mal aparecia.

507_ *A pele do onagro*, título do romance de Honoré de Balzac (1799-1850), romancista francês.
508_ Ieldo era genro de seu Ézio.
509_ Expressão em francês: Argentinas em flor. Aqui no sentido de 'adolescentes argentinas'.
510_ Hotel de Paris.
511_ Brasílio Itiberê da Cunha (1846-1913), pianista, compositor e diplomata.

As meninas, uma morena que eu vagamente namorei, a outra loura, que há tempos Mamãe e eu encontramos numa fila do Bob's do Largo do Machado. Andavam soltas por ali e eu, naturalmente, me aproximei delas, e o engraçado é que escrevi qualquer coisa a respeito, pois eu era facilmente inflamável, e logo me enternecia, e além de um ou outro beijo roubado nos porões do Majestic, achei que estava realmente caído pela moreninha. E então escrevi qualquer coisa num caderno de pensamentos, uma espécie de Diário, que imagino ainda exista entre a papelada do meu armário embutido do Rio, em que me referia à mamãe (Vovó Camilita)[512] como querendo empatar o meu namoro. Qual não foi minha decepção ao ver que mamãe tinha furungado meu quarto – que ainda era ao lado do delas duas, só depois, por medida de economia, é que passei lá para as "águas furtadas" a 10 francos por dia! – e me censurava por estar dando trela a uma meninota etc. e tal.

Já antes, em 1911 e 12, mamãe tinha dado os contras, da maneira mais violenta, ao meu namoro com a Beatriz Quartim, que, especialmente no verão de 1912, em Petrópolis, eu levei avante seriamente, muito mais seriamente que o namoro com a tal de Brasília Itiberê, no Majestic. Esse com a Beatriz me trouxe algumas chateações. Ela não o levou muito a sério, e creio mesmo que eu nunca cheguei a me declarar totalmente. Ela era muito bonita, mas muito fria, distante e... pouco inteligente. Eu vivia embelezado pelo seu porte de rainha e estava firme nos meus projetos de noivado, mas ainda estava no quinto ano da faculdade, e não tinha a menor probabilidade de ter um emprego que me permitisse pensar em noivar. Por isso não compreendia (lembro-me perfeitamente desse pensamento idiota) como é que um Guilherme Guinle (sic),[513] com toda a sua fortuna, não se casasse com a Beatriz, que me parecia o suprassumo da beleza feminina. Ela realmente não me dava senão uma trela mais de camaradagem que de pré-noivado. Eu é que me embalava estupidamente e sofria – ah, isso sofria – de ver que não tinha, por muito tempo, a menor probabilidade de passar de namorado a noivo. E tinha 19 anos. Já me sentia velho... Mas com um dispositivo de amor intacto e... explosivo. E ela distante, desdenhosa e fria como uma estátua.

A oposição em casa foi crescendo. E da parte de mamãe, de modo irritado e irritante, que só fazia aumentar a minha disposição ao namoro.

512_ Camila da Silva Amoroso Lima, mãe do autor.
513_ Guilherme Guinle (1882-1960), empresário e banqueiro.

Um belo dia, afinal, papai se decidiu a falar-me. Era na casa de tio Alfredo,[514] na rua Voluntários da Pátria, onde passávamos esse ano de 1912, pois tio Alfredo, Juju e os filhos tinham ido passar um ano ou mais na Europa (Alemanha e Inglaterra) e levado Carmen,[515] que ficara viúva em 1911. E nós ficamos na casa deles. Papai me procurou e falou... calmamente, em vez do modo agressivo de mamãe, elogiou a família da moça, embora não a conhecesse, disse que sabia tratar-se de moça muito digna. Disse que era naturalíssimo que eu quisesse casar, que namorasse... mas... o mas vinha no fim da conversa.

Com mamãe era logo de início, e fazia o efeito contrário. Papai, então, passou a mostrar que eu estava apenas começando a vida. Nem diploma tinha. Que era duro o começo. Que a moça já estava em idade de casar, e eu iria empatá-la. Que eu tinha de ganhar a vida, pois não tinha fortuna. Nem ele podia dar-me nada. E foi engrossando, engrossando, até chegar no fim a dizer-me que, se eu insistisse, ele não consentiria que eu prosseguisse nos estudos e me mandaria para... Manchester, numa casa de fazendas do E.G. Fontes, tio do que depois se tornou marido de uma viuvinha Van Erven, sem eira nem beira e é hoje uma mais que octogenária, supermilionária e altamente bem conservada, que diz que quer ter-me a seu lado na hora da morte. A conversa terminava num *ultimatum*, meio disfarçado mas não menos forte. Fiquei chateado e amedrontado que aquilo se realizasse. Mas, no momento, não mudei nada do namoro, que era muito bem recebido pela Zizi, irmã da Beatriz, e protegido pelo grupo (os Nabuco, os Coelho de Almeida, as futuras primas etc.), mas o veneno ficou roendo dentro de mim: as enormes dificuldades a vencer, a resistência total em casa, a displicência da Beatriz, com seu ar de rainha Cleópatra e, *last...*,[516] a sua falta de inteligência, que a princípio ficara escondida pela beleza, realmente diferente de todas as moças do nosso grupo, mas que pouco a pouco foi aflorando e, afinal, num passeio à Tijuca, do grupo, em que fiquei ao lado da Beatriz no automóvel e conversei com ela o dia inteiro, senti que realmente "*le feu ne valait pas la chandelle*",[517] como dizem os franceses. E então, bruscamente, da noite para o dia, resolvi acabar com aquilo cirurgicamente – e sem dar à Beatriz e ao grupo a mínima explicação não apareci mais. Sumi. A Zizi classificou o meu procedimento de "indigno", e creio mesmo de um termo mais gíria: "cachorral"...

514_ Alfredo Ferreira Chaves, casado com Julieta (Juju), irmã de Camila Amoroso Lima, mãe do autor.
515_ Irmã do autor.
516_ O autor sugere a expressão inglesa "*last but not least*", que significa "por último, mas nem por isso menos importante".
517_ Expressão francesa: O fogo não faz jus à vela.

Mas eu achei que era melhor assim. Fiquei em casa, e preso aos estudos e a... tomar a sério a redação da *Época*. [518]

Escrevi então um conto para ela, que foi publicado e não sei se existirá entre os nossos guardados, tão mal guardados (...), que se chamava "Decepção" ou "fascinação", em que eu invertia os papéis, fazia com que a moça é que se decepcionasse com o rapaz e rompesse o namoro. Tudo terminava melancolicamente num terraço em que eu revia o nosso terraço do morro da casa de tio Marinhas,[519] por cujas árvores, à beira da rua Alice, até hoje não passo sem um olhar de relance e saudade.

E assim terminou, de modo feio para mim, o meu mais sério namoro de solteiro, antes da Nelly, a argentina do Majestic, que mamãe já agora via com bons olhos, já não sei bem por quê, talvez porque via que não teria futuro, e cujo relato fica para outra vez, pois afinal preciso aproveitar o dia para avançar o trabalho. Ao mesmo tempo, penso que mais vale terminar as evocações dos namoricos que precederam Mamãe, e nenhum dos quais, aliás, chegou a ser formalizado como noivado firme. A ruptura mesmo feia com a Beatriz, acredito que tenha concorrido com a nossa viagem à Europa, em 1912. Mamãe exultou, e papai não menos, mas imaginaram que a ferida em mim fosse talvez mais séria do que realmente era. E temeram que o contato com o grupo no Rio, afinal inevitável, sobretudo em Petrópolis, durante as férias de 1913, operasse uma recaída. Nunca me disseram nada a respeito. Só me comunicaram a decisão da viagem em dezembro, e eu naturalmente exultei com a hipótese.

Foi o ano da revista *Época* e da aproximação com o Eddy Macedo[520] e o seu famoso artigo sobre "René Quinton e a evolução" (?), que fez escândalo na faculdade, pois todos nós éramos evolucionistas e ateus, e o artigo era católico e fixista. Para uns, como o Ronald [de Carvalho], foi uma "revelação". Para mim, um motivo de curiosidade e de extensão cultural, pois o que eu era, era culturalista, e não evolucionista ou ateu. Para o Eddy foi uma válvula, que aliás nunca chegou a permitir que ele se adaptasse ao Brasil. Morreria aqui, 50 anos mais tarde, passando pela vida em branca nuvem e, por nós, como um pássaro estranho, com uma mensagem que, afinal, creio que só eu é que acabei recolhendo e compreendendo. Até hoje o Eddy foi uma sombra isolada em meu passado. Era tudo quanto havia de mais contrário a tudo quanto eu era e aprendera até então. Monarquista, católico,

518_ *A época*, revista da Faculdade de Direito, que o autor, na companhia de Ronald de Carvalho e Rodrigo Octavio de Faria, dirigiu em 1912.
519_ Antônio Martins Marinhas, padrinho do autor.
520_ Amigo de juventude e de escola do autor.

reacionário, escoteiro, fugindo das mulheres, sem qualquer namoro, nem regular nem irregular, em suma o mais singular dos singulares. Por isso mesmo me encantou e passávamos noites e noites de conversa pela Praia de Botafogo e adjacências, até sermos, certa vez, interceptados por um fuzil à beira do quartel da Praia Vermelha, aonde nos levara o nosso peripatetismo. Em Paris, no ano de 1913, ainda prosseguiram, um pouco, as nossas passeatas noturnas. Foi ele quem me levou a uma reunião da *Action Française* para ouvir Léon Daudet,[521] por exemplo. Mas era diferente demais. Em sua casa da Place Victor Hugo, minha paixão por Wagner, naquele tempo, me levou mais de uma vez a estudar, no piano dele – a mãe ainda era viva e a Edith, solteira – os temas das óperas wagnerianas.

Mas já então no Majestic, em 14 – pois em 13 fôramos para o Hotel Langhan, onde moravam os Arinos e, depois, para o Loti, na Rue de Castiglioni – as argentinas é que formaram, como para o Proust da adolescência, a coroa de "*jeunes filles en fleur*"[522] que até agosto de 14 iam realmente encher a minha vida. Tudo, nesse ano, girou em torno delas, com pequenas variantes. A viagem à Italia, com Veneza e companhia, pois em 13 e, no Rio, eu publicara um artigo, na *Época*, sobre essa viagem, que gostaria tanto de reler hoje. Mas cometi a tolice de não guardar a *Época*, nem mesmo os meus artigos de então, de modo que os contos de 1911 (na casa da rua Marquês de Abrantes, mais uma a figurar na sequência), nem o conto da ruptura, em 1912, nem o conto anarquista da *Folha Acadêmica*, nem nada desses primeiros ensaios pré-tristânicos, nada disso conservei. Ou talvez esteja escondido no meio de alguns maços desses anos, a lápis, e com datas de 1910, 11, 12 etc., que vejo por vezes de longe, nas estantes do tal armário, e já por mais de uma vez prometi levar a você e sempre me esqueço. Mas o seu dia chegará...

Mas já que resolvi esticar estas confidências de um dia morto em São Lourenço (eles, afinal, saíram, até o próprio Marcos,[523] no colo de Alceuzinho, aproveitando a estiada, e só ouço o barulho do lenhador fazendo lenha, como... Guilherme II[524] depois de 1918...). E por falar em Guilherme II, voltemos a 1914...

Como me acerquei do grupo fechado das argentinas, não sei. Creio que foi via México... Aproximei-me do Leon Carascus, o mexicanozinho tarraca, parecido com Henriquinho,[525] e da minha idade ou menos, com quem passei a sair. Tinha um irmão

521_ Léon Daudet (1867-1952), escritor francês, monarquista.
522_ Expressão francesa, literalmente: Jovens moças em flor. Ou: Adolescentes em pleno desabrochar.
523_ Neto do autor, filho de Alceu Amoroso Lima Filho (Alceuzinho).
524_ Guilherme II (1859-1941), último imperador alemão. Em 1918, foi proclamada a República.
525_ Refere-se a Henrique Dodsworth.

mais velho, Hector, que andava de namoro firme com uma das argentinas. Por aí fomos, Temístocles,[526] que foi sempre meceneiro e sociável, meteu-se no meio. Vimos que, sem dançar, não iríamos lá das pernas. Matriculamo-nos, então, no curso de dança que mamãe me disse que até frequentava uma tal de Miss Gorret, da Rue de La Pompe, e aí aprendemos a arrumar e desarrumar as pernas, especialmente no tango, que começava a fazer furor desde o ano anterior, quando conheci um par de dançarinos brasileiros, um deles a cara do Juscelino, e eu dançava regularmente muito bem, enquanto o Temístocles logo desistiu por causa do coração.

Entrei, então, para o círculo fechado. A princípio me receberam com reservas, pois as argentinas eram fechadas e arrogantes por natureza. Naturalmente aquela grã-finagem tomava chá todas as tardes no próprio hotel. Certa vez, logo no início, quando cheguei, o grupo já estava. Quando me sentei com a minha xícara, à espera, ouvi um silêncio. Não notei nada demais. Servi-me de açúcar e de chá. Quando tomei da xícara para beber, ouvi uma barulhada, risos, aprovações, suspenses. Tinham apostado se eu sabia ou não pegar numa xícara de chá como se deve... Isto é, como as grã-finas portenhas tomam. Felizmente não meti o dedo na alça, o que seria uma condenação, talvez, a não entrar no grupo! Que gente! Que tempo! Que *belle époque*! Que mundo de falsa aristocracia! Que fim de mundo! Este episódio mínimo dos meus 20 anos, no momento não me disse nada, e achei até natural aquele cenário de iniciação do círculo fechado daqueles rapazes e moças que representavam a morgue, a arrogância, a besteira aristocrática da oligarquia argentina. Nem notei que era um momento do mundo, e eu o estava vivendo. Era no fim do mundo que eu estava vivendo. Era a despedida do século XIX. Era o anúncio da revolução comunista, da solução nazista, do imperialismo americano, do Terceiro Mundo, e tudo o que iria encher o mundo futuro do Tristão, que eu estava vivendo naquela cerimônia de um chá das cinco no grande hall do Majestic, por onde mais tarde passariam a Gestapo, a Unesco e as negociações de paz (...) do Vietnam, uma *première* do século XX em sua encosta final, que nós estávamos começando a subir, em 1914, na encosta inicial. Que sentido histórico tinha aquela xícara de chá!!! Se eu enfiasse o dedo na alça estaria excluído do círculo das "*jeunes argentines en fleur*", que eram o símbolo da "*belle époque*".

526_ Temístocles Graça Aranha, amigo de infância do autor.

Se eu, como por acaso aconteceu, não enfiasse o dedo na alça, comprovando que era digno (...) de figurar junto àqueles bem nascidos e bem educados pela fina flor dos ricaços portenhos, estava admitido àquela maçonaria de uma mocidade já toda embebida nos mesmos preconceitos de casta de Alveares, Molinas, Anchorenas, Martinez de Oz, Alcostas, da alta feudalidade da carne de boi...[527] Falei em Alcostas, Nelly[528] era uma Alcosta. Seu pai fora Presidente da República. Sua mãe, viúva, muito distinta, vivia em Paris ou, antes, entre Paris e Buenos Aires, graças aos bois. Não era das mais ricas, mas seguramente das mais distintas, lá isso era. Tanto a mãe como a filha. Esta não era bonita, mas tinha um sorriso de bondade encantador. E uma conversa admirável. Sem a menor pose. O oposto de muitas das outras. E com certa inclinação literária. Digo certa, pois nas outras nenhuma. Quando um dia falei em ir ouvir Molière na *Comédie*, riram de mim. De espetáculo, só cinema, ou então peças de *boulevard*.[529] Conversas as mais fúteis e inúteis que era possível. O Bois[530] de manhã, algumas a cavalo. O Rumpel[531] à tarde. À noite, o tango no hotel. Isso era a rotina. Um mundo totalmente vazio, vazio e vazio. Nenhuma repercussão do que ia lá por fora. O drama de Madame Caillaux (o assassinato de Calmette);[532] o discurso da lei dos três anos na Câmara em torno da possível guerra; depois o próprio atentado de Sarajevo[533], que ia desencadeando a guerra. Nada, nada disso alterava o ambiente absolutamente alheio a tudo que não fosse os seus *potins*, os seus vestidos, os seus namoricos, os seus diz que diz. Duvido que alguém tenha tido uma participação tão ativa no que ficou simbolizado pelo tema *belle époque* como eu o tive nesses dias de Majestic, "*a l'ombre des argentines en fleur*",[534] enquanto lá fora rugia o vento e anunciava o ciclone que descia das montanhas do destino. Mas nós dançávamos, alheios a tudo, siderados pelas mariposas que voejavam em torno da mesma lâmpada que nós, cegos pela mesma luz da inconsciência da mocidade que se despedia de um mundo, sem saber que entrava um pouco no drama da Violência que, 55 anos depois, em 1969, ainda seria o tema do fim de vida daquele *jovencito* de 20 anos que rodopiava com aquelas meninotas em flor, como se o mundo fosse aquilo e nada mais, e os rumores que roncavam lá por fora fossem apenas ruídos sem futuro que não ameaçavam em nada aquelas tertúlias juvenis...

527_ Sobrenomes de famílias oligárquicas da Argentina.
528_ Namorada do autor.
529_ Peças, ou comédias de boulevard são, normalmente, espetáculos leves, geralmente comédias, com vários números diferentes, e sempre com música.
530_ Refere-se ao *Bois de Boulogne*, parque parisiense.
531_ Rumpel Meyer, confeitaria de Paris.
532_ Henriette Caillaux (1874-1943), esposa do primeiro-ministro da França, assassinou, em 1914, Gastón Calmette, diretor do jornal *Le Figaro*, crítico da atuação política de seu marido.
533_ O autor refere-se ao atentado que matou o arquiduque Franz Ferdinand, herdeiro do Império Austro Húngaro, no dia 28 de junho de 1814, em Saravejo. O ato foi o estopim para a Primeira Guerra Mundial.
534_ Em francês: À sombra das argentinas em flor.

Através de uma xícara eu entrava... e saía da *belle époque*, pois tudo afinal durou muito pouco. Em agosto o gonço soou e começou a tragédia. Mas nesses seis ou sete meses meu coração não parou de bater. A princípio por uma outra, cujo nome até me esqueço. Paula? Não creio. Eram duas irmãs Zuberbuler, também gente supermilionária de Buenos Aires. Durou pouco. Eram meninas demais. Pouco a pouco fui me aproximando da Nelly que, por não ser bonita, mas apenas "*charmeuse*" e um pouco franzina de corpo, e frágil de saúde, ficava mais sentada que as outras. E como sempre me senti atraído pelas moças mais recatadas, mais silenciosas, menos "mostracites", fui me chegando à Nelly, e o namoro nasceu mansamente, sem intenção, pela penetração cotidiana do seu charme, e nem que houvesse, tampouco, da parte dela, nenhum avanço. Aliás, entre várias namoradas fracassadas do meu passado, figuram também as que fizeram avanços em relação a mim que, por temperamento, sinto repugnância por mulheres e moças atiradas. É como aquelas que até hoje me pedem que escreva sobre seus livros. É sinal para não escrever...

Assim também com as meninas provocadeiras. Bastava-me notar esse avanço que eu recuava. E virasse grosseiro. Não por chantagem, para me vender caro. Não. Por repugnância às oferecidazinhas. Nelly era exatamente o oposto. Aliás, a Beatriz também.

[...]

Quando, no ano seguinte, elas passaram pelo Rio, acompanhei Nelly até Santos. Nunca mais soube de seu destino.

Revolvemos um pouco as cinzas do passado. Com tição! Nenhuma brasa se inflamou, naturalmente. Mas Mamãe sabe que foi Nelly a única que poderia ter sido outra antes dela.

Ciao,

P.

Rio, 30 de junho de 1969

[...]

Na incerteza do que fazer, peguei de um rolo com uma peça de teatro que um rapazinho espanholado e tímido deixou com Mamãe, para que eu lesse e dissesse se tinha mérito. Se tivesse, ele trataria de melhorá-la. Comecei a ler e fiquei empolgado e fui até o fim, embora seja enorme. Escrito numa espécie de espanholês, cheio de erros, com "*longueurs*" enormes nos diálogos, e com uma total ou quase total inobservância dos Evangelhos no conjunto e, sobretudo no final, pois é de um pessimismo total. Para na sexta-feira da Paixão e omite a Ressureição. A peça é sobre Lázaro e se chama *Saudades do cemitério*, mas é admirável. Gostaria que você lesse, pois é empolgante. Inadmissível como compreensão do Cristianismo, apesar de não ter uma palavra durante o drama que contrarie os Evangelhos, e é de um formidável realismo no ambiente de luta entre o hebraísmo e a mensagem de Jesus. E termina de modo desesperador, com o suicídio de Lázaro com a própria lança que matou, ou pelo menos que transpassou, o peito de Jesus, e que Lázaro arranca das mãos do centurião. De modo que é uma imagem do desespero da missão de Cristo, e se coloca no estado de espírito dos apóstolos e dos discípulos antes de Emaús e do jardim da Ressureição e de tudo o mais. Para no desespero de Lázaro ante a morte de Cristo e do seu protesto por ter sido ressuscitado depois de ter gozado das delícias da morte, que aliás, para ele, não passa de um estado negativo. Aliás, como teria sido o estado de Lázaro nos quatro dias de túmulo? Realmente não houve separação da alma à espera do milagre? Só o saberemos... no Juízo Final, de modo que todas as conjecturas são livres. De qualquer modo, a peça termina por uma negação total, que o suicídio de Lázaro ilustra de modo trágico. Mas é realmente admirável, e mesmo que não possamos concordar com o desfecho ou filosofia consequente, não se pode negar que é de alta qualidade, embora precise ser quase totalmente reescrita, e mesmo encurtada. Para mim bastaria uma frase da Madalena, que é, no decorrer da peça, a que fica intacta em sua fé. Bastaria um grito dela ao se debruçar sobre o corpo do irmão suicida e vendo ao longe o seu Cristo na cruz, antes de o ver ressuscitado no jardim do mausoléu. Bastaria que Madalena lançasse um brado levantando o rosto do irmão morto e, voltando-se para o Calvário ao longe, onde Jesus está morto na cruz, gritando, ela diria apenas: "E, no entanto, eu sei que tu ressuscitarás!". Ou coisa semelhante. Seria o raio de sol na sombra da noite, e abrindo as janelas para o Evangelho total da morte e da ressurreição.

Quando ele (o autor) vier conversar comigo, hei de propor-lhe esta cena final, caso ele seja ou queira ser fiel aos Evangelhos, como interpretação do "*consumatum est*",[535] como uma porta que se fecha sobre a Esperança. Em tudo se sente a alma espanhola, trágica, desesperada e, provavelmente, a influência de Unamuno e dos heterodoxos que abundam na Espanha. Se assim for, e ele for (ele, o jovem e tímido autor) um desesperado, o fecho da peça está perfeito e deve mantê-lo. Se não, precisa abrir essa janela para o futuro, o que, longe de diminuir em nada a peça, mesmo do ponto de vista puramente artístico, será até o último momento uma sucessão de cenas empolgantes que manterá a plateia em estado de tensão. E com a vantagem ainda de poder ser representada, por exemplo, por um teatro católico, sem perigo de desabarem as condenações por heresia, que, no caso, seriam perfeitamente justas. Mas longe de mim querer forçar o autor. Só se ele realmente for católico, isto é, aceitar todo o Evangelho, não apenas a parte da condenação à vida, pois se Lázaro realmente se suicida por achar a sua ressurreição absurda e ter saudades da morte, então a peça se coloca sob a égide da sentença de Sartre:[536] "*La vie ne vaut pas, evidemment, la peine d'être vécue*".[537] E seria uma esplêndida teatralização dessa sentença desesperada e pessimista, total.

Aliás, você sabe que o fim de *Morte e vida Severina*[538] não era aquele canto ou hino à vida, como afinal ficou sendo, e penso que, de acordo com o próprio autor, mas se não o suicídio de Severino, pelo menos nenhum canto de alegria pelo nascimento de seu filho. No caso da peça do espanholzinho seria o mesmo. No caso que se diga católico. Nesse caso, todo o desespero de Lázaro se justificava, pois a vida é realmente... de amargar. E a vitória dos escribas fariseus piláticos e heródicos sobre o Cristo é mesmo de desesperar. E só pela Fé é que podemos crer na Ressurreição e no Céu como fecho otimista do mundo e do drama da Criação. Tudo isso seria representado pelo grito final de Madalena, que seria uma abertura sobre Emaús e o jardim de Arimateia, e uma fidelidade aos Evangelhos, na íntegra e não mutilados.

De qualquer forma, não perdi o meu domingo, embora não tenha feito nada do que queria e deixando os "trabalhos"... "infindos". Vamos ver se agora aproveito a manhã.

(...)

Ciao,

P.

535_ Expressão latina: Tudo está terminado.

536_ Jean-Paul Sartre (1905-1980), escritor e filósofo francês.

537_ Em francês: A vida, evidentemente, não vale a pena ser vivida.

538_ Poema de João Cabral de Melo Neto (1955), levado ao teatro em adaptação de Roberto Freire e música de Chico Buarque.

julho | **1969**

Rio, 12 de julho de 1969

Apesar do boato que correu ontem por aqui, ainda estou... vivo. Realmente, de três jornais (*J do B*, *Jornal da Tarde* e *O Estado de S. Paulo*), além de um "jornalista meu amigo", telefonaram, prudentemente, perguntando se eu "estava doente". E a moça que telefonou da agência do *Jornal da Tarde* aí de S. P. me respondeu com tanta euforia quando eu atendi – "Ah professor, que alegria!" – que eu me espantei, e ela então me disse que chegou à redação uma notícia "desoladora" (ou coisa parecida) a meu respeito. "Que eu morri?" "É sim, professor". "Até agora não me consta", e soltei uma daquelas "schmidtianas"[539] que fazem bem aos pulmões! Como terá nascido o quiproquó? Confusão com o Guilherme de Almeida não pode ser. Malandragem de algum pliniano, também não. Em suma, nasce o boato como nascem as larvas nas poças d'água ou os versos no coração dos poetas, como os de G. de A.,[540] que Manuel Bandeira considerava "o maior poeta brasileiro", não sei bem por quê. Se o Bandeira o dizia, é que acreditava, pois nunca fez elogios convencionais. E se acreditava é que tinha uma paixão profunda pelo verso bem feito, e o G. de A. foi realmente um malabarista de versos, como foi um tradicionalista que se assanhou pelo modernismo por puro mimetismo, e logo voltou à sua ourivesaria, embora capaz de fazer renda com palavras, como o demonstrou na deliciosa *Dança das horas*, que penso ficará como sua obra-prima. Dizem que deixou inédito um livro de poemas "concretistas". Malabarismo? Sarcasmo? Ou saudades dos tempos da Semana de Arte Moderna?

Muitas vezes o ensinei em aulas. Mas raras vezes conversei com ele, pois raramente aparecia na Academia (e eu também... embora um pouco menos raramente) e nunca o procurei, nem ele a mim. Nem sei mesmo se jamais me mandou um livro seu. Os dois que olhei agora na estante estão sem dedicatória. Devo ter escrito e publicado – não sei se em livro – coisas sobre alguns dos seus livros, sobretudo os primeiros. Ultimamente me parecia tão convencional, e mesmo artificial, que raramente o lia. Seu poema na inauguração de Brasília foi uma decepção geral. Caiu no silêncio à medida que se encascorava no passado, com seu monarquismo, seu tradicionalismo e seu culto parnasiano da Beleza, com um "B" bem grande. Quando se separou, tacita-

539_ Referência ao poeta Augusto Frederico Schmidt (1906-1965), conhecido por suas risadas bonachonas.
540_ Referência a Guilherme de Almeida, poeta brasileiro falecido a 11 de julho de 1969.

mente, dos seus companheiros da Semana de Arte Moderna, e os Andrades (mesmo também separados entre si)[541] foram "pra frente", ele recuou para o portugalismo e os "fechos de ouro" (publicou uma série deles para que outros pendurassem os doze versos restantes dos sonetos e ficou oficializado, encacernado, arquivado, como "poeta inicial", e nada mais). Daí, quem sabe, seu último lance de voltar a 22?

Vamos ver se, no silêncio da Moselinha, rabisco alguma coisa sobre ele. Tenho um xodó pelos mortos, que você bem conhece, mas da pessoa Guilherme pouco sei, e do que sei nada me prende ao seu "tradicionalismo" com cheiro de naftalina; e do poeta, acho que teve os dons de um Portinari, que podia fazer dos pincéis, como ele da pena, tudo o que queria, mas não abriu nenhum caminho novo.

E por isso o coloco muito abaixo, muito abaixo de um Bandeira, de um Drummond ou de um Schmidt.[542] Mesmo de um Mário de Andrade, que não é dos que mais me encantam como poeta, mas foi um tremendo desbravador de rotas inéditas! O Guilherme ficou no terreno seguro e batido. Por isso ficará como um Olegário Mariano[543] de primeira classe, mas um Manuel Bandeira ou, antes, um Ribeiro Couto[544] de segunda... Mas, para o grande público, e principalmente para São Paulo, foi um separatista em 32 e um regionalista sincero, muito ligado ao grupo do *Estadão*.

Vamos ver o que posso escrever lá nas bandas da Moselinha. De qualquer modo, é mais um dos nossos e dos nossos tempos que se vai. Era o decano da Academia. Entrou em 1930. Cinco anos antes de mim. Agora, antes de mim (1935), só o Múcio Leão (34)... Será que Dom Marcos se arrisca? Aconselhei-o a que o fizesse, quando me consultou, há tempos, "na primeira vaga" que tratasse de se inscrever. Não me compete agora animá-lo. Sei lá o que pode sair daí, e não quero que se repita o que houve com o Sousa da Silveira.[545] Mas se me telefonar, dir-lhe-ei que o faça. A menos que o Carlos Drummond, que é hoje, sem a menor dúvida, nosso maior poeta, vença suas relutâncias. Mas seria pedir quase o impossível. Para a cadeira do Bilac, que era a do Guilherme, acho que um monge poeta, o primeiro que entraria na Academia, seria muito certo. Estou quase telefonando... mas compete a ele fazê-lo, tanto mais que já o fez na última vaga, logo pode fazê-lo agora, tanto mais quanto já lhe disse para o fazer na primeira vaga, e esta cai-lhe como uma luva.

541_ Referência a Mário e Oswald de Andrade.
542_ Refere-se a Augusto Frederico Schmidt.
543_ Olegário Mariano Carneiro da Cunha (1889-1958), poeta, político e diplomata, membro da Academia Brasileira de Letras.
544_ Rui Esteves Ribeiro de Almeida Couto (1898-1963), jornalista, magistrado, poeta e romancista. Foi membro da Academia Brasileira de Letras.
545_ Álvaro Ferdinando de Sousa da Silveira (1883-1967), filólogo.

Terminei ontem a revisão do Manuel Bandeira para os "Nossos Clássicos". Tirei o excesso para chegar às páginas comportadas pela coleção e deixei ao Carlos a incumbência de entregar à Maria José (Negrão), que a Agir emprega sempre para rever os originais da coleção, no que já está craque.

Em Petrópolis, até segunda, ainda tenho de rabiscar algo sobre "a conquista da lua" que a *Manchete* me pediu. Também ignoro o que vou responder.

(...)

Ciao,

P.

Petrópolis, 13 de julho de 1969

Meio-dia, "panela no fogo, barriga vazia", ouvia eu dizer no tempo do Cosme Velho,[546] que acabo de ver relembrado (o Cosme Velho, não o meu tempo de infância) por C.D.A.,[547] lembrando que Portinari[548] também morou por ali! Digo "também", porque aos poucos vai aumentando o número dos nomes que ficaram para a posteridade – ao menos relativa – e moraram por lá: Machado de Assis, Euclides da Cunha, Manuel Bandeira, Lima Barreto (rua Ipiranga), Gastão Cruls, Sousa da Silveira, Álvaro de Carvalho (tom menor...), Portinari e outros que, no momento, não me vêm à memória e que fazem do meu "*green valley*"[549] uma espécie de Via Apia de mortos ilustres, com os quais, um dia, embora cá embaixo da escala de valores, terei (...) o prazer de confabular quando, à meia-noite, as sombras se reunirem no bairro para conversar de seu remoto passado, e poderei oferecer o morro da "casa azul" ou do 214 para nos encontrarmos em nossas tertúlias póstumas...[550] Esses pensamentos pós-mortais se ajeitam bem com a passagem da "dama branca", como a chamava o M.B.,[551] por São Paulo, levando o Guilherme de Almeida e o Julinho Mesquita.

Este ficou ligado ao menos a uma noite e a uma manhã do meu passado remoto e recente. O remoto foi a festa folclórica organizada por Afonso Arinos, em 1916, quando o Julinho – que tinha apenas mais dois anos que eu – e eu próprio, fantasiados, cantamos em coro no salão da Cultura Artística, onde se realizou a festa, creio eu, como você já viu num velho retrato que você colecionou num dos álbuns da "mocidade", lembra-se?

546_ Bairro da Zona Sul do Rio de Janeiro.
547_ Carlos Drummond de Andrade.
548_ O pintor Cândido Torquato Portinari (1903-1962).
549_ Em inglês: Vale verde.
550_ O autor se refere a endereços em que morou no Rio de Janeiro. Na "casa azul", no Cosme Velho, ele nasceu.
551_ Referência ao poema de Manuel Bandeira "A dama branca". No poema, a morte é chamada de "dama branca".

Quanto ao encontro mais recente, foi anos atrás, quando fiz uma conferência na Escola Paulista de Medicina. Estava em plena palestra quando vejo entrar o Paulo Duarte,[552] que reconheci, embora não o visse há muito, acompanhado de um senhor de tipo britânico, com uma gravata "borboleta", que não reconheci. Ao fim da conferência é que o Paulo Duarte me disse: "Não conhece mais então o Julinho Mesquita?". E aí é que me voltou à lembrança a noite folclórica de 1916. Foi tudo. Sempre detestei o espírito do *Estadão*, obra principal, ou mesmo única, do Julinho, herdada do pai, mas por ele levada à alta qualidade jornalística que hoje representa o *Estadão*, como é chamado. Tão detestável como órgão da alta plutocracia paulista, quanto admirável como perfeição jornalística. No Brasil de hoje, só o *J do B* pode entestar com ele, e não sei se o *Estadão* ainda o supera, inclusive com o *Jornal da Tarde*, de apresentação tipográfica magnífica. Mesmo assim, um dos bastiões da "*big press*" que fez a Revolução de 64. Pois foi, sem dúvida, a ação do *Estadão* e sua influência junto ao general Kruel,[553] Comandante da Região Militar, que decidiram o golpe de 64, como foi o seu apoio que permitiu a "guerra de São Paulo" em 32, cujo aniversário se comemorou há dias, 9 de Julho, coincidindo com a perda dos dois maiores próceres, o poeta e o jornalista.

E assim vai se enchendo, cada vez, cada ano, a Via Apia dos mausoléus de meus "companheiros de viagem"... Com esses dois, porém, não tive contato bastante para aumentar o número de páginas de meu... ossuário de amigos, que o José Olympio está custando a publicar, a ponto de eu suspeitar que só o faça quando eu entrar para o grupo dos "Companheiros de Viagem"... De qualquer modo, o Guilherme de A. e o Julinho M. fazem parte do mundo de "meu tempo", que vai assim se compondo de sombras fugidias, como acabando o cortejo de mortos que nos acompanham vida afora, e com a passagem dos anos vai engrossando, engrossando...

Escrevi ontem duas croniquetas sobre o Guilherme, mas não farei o mesmo sobre o Julinho, pois é uma sombra turva demais em minha memória, e teria de acrescentar um reverso da medalha que ajudaria a lembrança que dele guardo, e que pessoalmente me é até bastante simpática, e até comovente. Poderia, ou antes, teria mesmo de contar um episódio ainda

552_ Paulo Alfeu Junqueira Duarte (1899-1984), biógrafo, professor, poeta e jornalista.
553_ Amaury Kruel (1901-1996), ministro do Exército do governo João Goulart entre janeiro e junho de 1963. Aderiu ao golpe militar de 1964.

anterior à época do Julinho, que envolveria o Jackson. Este ficou, lá por 1916 ou 18, amigo do Plínio Barreto,[554] com quem eu também mantive ótimas relações críticas – foi, por longos anos, o crítico literário do *Estadão* – por ocasião do suicídio de uma filha do Plínio. Este convidou o Jackson para colaborar no *Estadão*. O Jackson, recém convertido, e em pleno furor antiliberal, perguntou ao Plínio se podia escrever o que entendesse. "Sem dúvida. Nosso lema é justamente pela liberdade." O Jackson, então, sacudiu um artigo violento contra o liberalismo. Resultado: carta do Plínio, cheio de desculpas, dizendo ao Jackson que, realmente, o artigo não podia sair, pois o *Estadão* era liberal (o Plínio entendia o termo em sentido substantivo, e não adjetivo...). Aliás, nas rodas plinianas (Plínio Corrêa de Oliveira, não Plínio Barreto), o *Estadão* era repudiado com horror por ser "órgão da maçonaria" (sic). Hoje, o *Estadão* é "órgão do mais feroz clericalismo reacionário" ... Malícias da história...

Para encaixar tudo isso no necrológio, seria abrir feridas, ou fazê-las novas. Para calar, seria não escrever o que penso. E já basta não escrever o que queria... em política!

Aliás, sobre o Guilherme também não calei restrições, mas amaciadas, e com termos puramente literários. Aliás, admirei muito mais, incomparavelmente mais, o Guilherme que o Julinho. O Guilherme, é certo, sempre foi estadonovista... Pois foi lá que estreou como poeta, e lá que colaborou como jornalista muito tempo. Penso até que toda a vida. Ainda outro diria que o *Estadão* deu o maior apoio à Semana de Arte Moderna. Foi órgão do modernismo, e até hoje tem o melhor Suplemento Literário do Brasil, embora eu raramente o leia. Por tudo isso você dirá que o saldo positivo é maior que o negativo, e com isso posso escrever... Sim, talvez, quem sabe?... Mas não hoje.

Preciso urgentemente, nesta tarde, pôr mãos à obra na "conquista da lua", que prometi para amanhã, sem falta, para a *Manchete*, que está se resgatando da mancada com o artigo da Clarice.

Detesto "últimas horas"! E como preciso pensar na lua de qualquer jeito, vou ficando por aqui, deixando o que sobra de papel para amanhã de manhã, se Deus quiser.

(...)

P.

554_ Plínio Barreto (1882-1958), jornalista e político, foi diretor de *O Estado de S.Paulo*.

Petrópolis, 20 de julho de 1969

O dia de hoje vai ser um marco na história da humanidade se logo mais, às cinco da tarde, como previsto, o módulo do foguete Apolo II pousar tranquilamente sobre a face da lua. E amanhã, às três da manhã, Armstrong, o primeiro homem a pisar na lua, marcará o início de uma nova aventura espacial, semelhante às que os navegadores portugueses e espanhóis fizeram nos séculos XV e XVI em âmbito infinitamente maiores, mas com resultados imediatos infinitamente menores, como disse um prêmio Nobel francês ontem. Alceuzinho vai pôr despertador para não perder o espetáculo. Eu talvez o fizesse se estivesse no Rio. Mas me limitarei ou, antes, nos limitaremos a pedir a algum de nossos quatro vizinhos (sic) – que todos têm TV, exceto nós – para olhar com eles o acontecimento.

A dona Maria, que vive de lavar roupa para fora, está instalando hoje, às pressas, a sua antena (uma TV custa hoje de 500 contos para cima... diz Mamãe: "Coitados dos fregueses"...); "sêo" João é funileiro, e tem TV. "Sêo" Vitório é agrônomo do Palácio Imperial, e tem TV. "Sêo" – esqueci o nome – vizinho da esquerda, é lapidador de diamantes, e tem TV. Só o Professor não tem TV... aqui. Acrescento o "aqui" para que a queixa seja mais realista. Se eu tivesse a idade de Alceuzinho talvez descesse hoje à noite e pusesse o despertador para ver, como meus olhos vistos, o começo da nova era do homem extraterrestre. O C.D.A. escreveu este poema, que é a confirmação de ser ele, de longe, o maior de nossos poetas modernos, batendo de longe o G. de A.[555]

Por falar em exageros, li que o padre Calazans,[556] na missa que celebrou pelo Julinho Mesquita, comparou este a ... São Paulo (sic). Disse que "J.M. amava a verdade e São Paulo também", ou "como São Paulo". É dos casos mais incríveis de retoricismo balofo e de padre perdido pela politicagem da pior espécie, como aconteceu com essa dupla Calazans-Godinho,[557] que bem mereceram o qualificativo com que os designaram quando moravam na Igreja da Boa Morte – onde um dia almocei (sic) com eles – de "padres da boa vida".

(...)

Cada dia engulo menos a decisão do cardeal do Rio, e cada dia me afasto mais de todos os cardeais brasileiros, especialmente agora que foram trocar, ou vender, dirão os mais zangados – a intervenção da Igreja em favor dos pobres pelo prato de lentilhas do divórcio, isto é, da manutenção da indissolubilidade do casamento

555_ O autor não transcreve na carta o poema. Provavelmente enviou-o em recorte de jornal à filha.

556_ Padre Benedito Maria Calazans (1911--2007) foi deputado estadual (1951-1959) em São Paulo e senador pelo mesmo estado (1959-1967).

557_ Padre Antônio de Oliveira Godinho (1920-1992) foi deputado estadual em São Paulo por sucessivos mandatos, de 1959 a 1971, quando teve os direitos políticos cassados pela ditadura militar.

como princípio constitucional. Sou contra o divórcio, como sou contra o casamento dos padres, mas... (outrora, dirão os meus inimigos, não havia mas), também cada vez mais convicto de que os destinos da Igreja e do Cristianismo não dependem nem de um nem de outro. Possivelmente mais do celibato que da indissolubilidade. O fato é que nos países onde há o divórcio, o catolicismo se tem desenvolvido de modo crescente: Estados Unidos, Inglaterra, Alemanha, França, Holanda; ao passo que na América Latina, onde não há divórcio, a curva de desenvolvimento religioso é decrescente e os costumes sociais são cada vez piores! É a prova de que não há equação entre o divórcio e os costumes, ou entre o divórcio e o progresso do catolicismo. Não é motivo, pensei, para que nos tornemos divorcistas, mas é motivo para um, ou mesmo para mais de um, mas...

Sempre lembro que, já nos tempos de Dom Leme, monsenhor Costa Rego, que não podia ser acusado de liberal ou de relaxado, me dizia: "O divórcio é inevitável no Brasil", mais dia menos dia. Na Itália, tudo indica que virá antes do fim do século, ou mesmo em breve. E até no reacionaríssimo Portugal já há um dispositivo da concordata entre o governo e a Santa Sé, permitindo o divórcio para os não católicos. Quando se ouve a campanha dos divorcistas (eu não ouvi, mas Mamãe ouviu na TV de Chica)[558] contra a Igreja e contra "os padres que nada têm a ver com isto", a propósito do divórcio, fica-se com mais fervor antidivorcista. Mas que a maré mundial é nesse sentido, e que daqui ao ano 2000 até mesmo a conservadoríssima e atrasadíssima América Latina terá o divórcio reconhecido em sua legislação, disto não tenho dúvida. Será sinal de que a humanidade está se corrompendo, pode ser? Será que isso será o triunfo do egoísmo, do burguesismo, do secularismo, do sensualismo etc. e tal? Logo do espírito que levou Sodoma e Gomorra e, com elas, numerosas civilizações da História a desaparecerem da face da Terra, sem dúvida. Que a luta da Igreja pela purificação dos costumes é da maior beleza, sem a menor dúvida. Que nisso ela se aproxima muito mais do Socialismo e até do Comunismo, do que da civilização burguesa e capitalista, divorcista por natureza, que os catolicões querem a todo custo defender (sic) – também é verdade. Mas que a batalha da Igreja pela indissolubilidade é uma batalha perdida, lá disso não tenho a menor dúvida.

(...)

Ciao,

P.

558_ Francisca Peixoto, irmã da esposa do autor, casada com o escritor Afrânio Peixoto.

Petrópolis, 20 de julho de 1969

Neste momento, cinco e 40, estamos voltando da casa de "sêo" João, nosso vizinho, onde assistimos, maravilhados, ao pouso do módulo, ou da aranha, como já se diz popularmente, sobre o solo da lua, com uma suavidade, como um balão de São João quando acabou a mecha e pousa no chão mansamente, como se a mão de uma mãe acariciasse a cabeça de um filho. Foi de uma precisão e de uma beleza realmente insuperáveis. Vimos dos dois lados, do aparelho em direção à lua e da lua em direção ao aparelho. Como isso se fez, sucessivamente, mas tirado simultaneamente, é o segredo da técnica maravilhosa que culminou com este êxito realmente espetacular.

No momento em que estavam anunciando, 10, 9, 8 etc., até o segundo final do pouso, rezei uma Ave-Maria, e logo depois se soube que um hindu, que estava no centro de Houston acompanhando o desenrolar do feito, caiu de joelhos e disse: "Graças a Deus, graças a Deus, pousaram!". Foi um oriental, não sei se cristão ou budista, que teve esse gesto. Mas, de qualquer modo, foi o gesto que Deus queria que fizéssemos nesse minuto de vitória extraordinária da Ciência, que vem de Deus, pois vem do Homem.

A precisão de tudo isso é realmente de desarmar a gente! O perigo é que o homem se encha de tal orgulho com tudo isso que se esqueça de Deus. E se faça de Deus, como está acontecendo. Mas Deus vela! O importante é que chegaram. E chegaram intactos. E agora vamos rezar para que voltem assim também. Parece que vão antecipar o programa, e que a saída dos astronautas será às nove, e não às três da manhã. Eu já combinei com "sêo" João ir lá para ver. Mas parece que não será preciso.

Petrópolis, 21 de julho de 1969

Você sabe que tudo isso era uma farsa? Ou pelo menos um simples faz de conta? É verdade. Quando à noite, dez horas, voltamos à casa de "sêo" João para assistirmos à verdadeira alunissagem, a equipe das TVS (Tupi, Globo etc.) teve o topete de anunciar, cinicamente, que o Centro Espacial de Houston não tinha transmitido a alunissagem, e que aquilo que eles, as TVS, tinham transmitido, era um "*make believe*",[559] uma "maquete",

559_ Expressão inglesa: Faz de conta.

preparada com antecedência nos Estados Unidos para mostrar como provavelmente seria a descida. Tudo fita! Tudo farsa! Tudo mentira! Tudo "faz de conta"! Por conta fiquei eu, e mais uma vez confirmado no que disse no Congresso de São Paulo: a imprensa é uma arma de dois gumes, que tanto fere como cura, que tanto diz a verdade como a mentira, de modo que tudo depende do homem e das duas vertentes do seu espírito, para o mal e para o bem. Se as TVs tivessem sido honestas como deviam, o que tinham de fazer é comunicar o que de fato se passava: a Nasa – Administração Espacial dos Norte-Americanos, por motivos técnicos, tinha suprimido a irradiação da alunissagem. Mas, para não perderem a oportunidade de um sensacionalismo, consentiram, descaradamente, confirmando o nosso ceticismo em relação ao que "vem nas folhas", como diz o matuto, que crê, religiosamente, no que elas dizem. Registro o fato e o comentarei na primeira oportunidade.

Eu estava deslumbrado com a transmissão, como te disse no comentário que fiz questão de fazer logo de volta, às 5:45, da casa de "sêo" João. Especialmente aquelas duas posições sucessivas de dentro do módulo – ou pelo menos por trás dele, depois de frente, vendo-se a Águia (como estão chamando o módulo, ou Aranha) descer mansamente, essa dupla focalização me invocava. Mas diante de tanta técnica espantosa, mais uma menos uma, era de menos. O que me irrita é a mentira. Como você sabe, tenho uma especial idiossincrasia por ela, de modo que não admito que enganem milhares de ouvintes, e venham depois, displicentemente, quando "centenas de telefonemas lhes foram endereçados" (sic), e sabendo que iam ser desmentidos hoje, quando de Houston se anunciasse que não tinham irradiado a descida por motivos técnicos, só então resolveram confessar a fraude! Eis como se empana o brilho de um feito como o de ontem, pois foi faltando cinco minutos para a meia-noite que o Armstrong pisou o solo da lua. Aí então foi tudo verdadeiro! Viu-se nitidamente (mais ou menos) o homem descendo com um cuidado extremo e pousar o pé esquerdo (simbólico...) na superfície lunar. Os detalhes, as palavras etc., estão nos jornais de hoje, e o *J do B* deu um número especial magnífico, que guardaremos para você, se quiser ler.

O artigo de fundo, não assinado (Dines?), é magnífico. E os detalhes todos lá estão, aí sim, honestamente transmitidos e recebidos de Houston, pois os americanos, honra lhes seja feita, não mentem (em geral). Isso que sucedeu com as nossas TVS seria impossível nos Estados Unidos, ou pelo menos, seriamente punido.

Por duas horas então, ou antes, hora e 15, ficamos vendo as evoluções dos dois astronautas, Armstrong e Aldrin, na lua. A superfície parece branca como neve, mas eles dizem que é cinzenta e marrom. O solo mais duro do que pensavam, mas recoberto de uma fina poeira. Andando parecem ursos dançando balé! Um deles, o Aldrin, por várias vezes passou diante da câmera da TV que haviam colocado na superfície para transmitir suas evoluções, como se estivessem brincando e saltando. Tem-se a impressão, disse Mamãe, de peixes num aquário. O andar é de quem saltita como pássaros de voo baixo, aos saltos, por falta de gravidade. O homem pesa menos um sexto do seu peso na lua. Ou, antes, só pesa um sexto de seu peso, de modo que, andando, parece estar saltitando. Plantaram no solo, sobre um tripé, uma espécie de caixa, um instrumento e uma bandeira dos Estados Unidos (já se sabe, e é justo, contanto que não queiram a lua para si...).

Foi o que fizeram, recolhendo 27 kg de pedrinhas e poeira, com uma pá e uma pequena escavadeira. Por vezes pareciam ectoplasmas ou fantasmas circulando. O fundo do céu era negro. E o solo, como eu disse, branco, muito plano. As sombras do aparelho e dos dois homens, muito nítidas, e dizem que a temperatura é, entre sol e sombras enormes, de 150 graus acima de zero ao sol, e 50 abaixo, na sombra.

Foi isso o que vimos, por hora e tanto. Monótono, mas assombroso, ao pensarmos que eram os primeiros seres humanos a pisar solo sólido fora da Terra e a ir a um planeta ou, pelo menos, a um satélite como a lua.

Por falar nisso, mando-te o belo poema do Paulo Mendes Campos,[560] despedindo-se da lua. Um comovente "*never more*" de um Poe brasileiro! Mas se a Terra continua a inspirar os poetas, por que não há de a lua, mesmo colonizada e alunizada, continuar a fazê-lo?

Já telefonaram para cá uma porção de vezes, mas sempre ninguém atende, porque Mamãe, quando ouve e se levanta, desligam; Arminda está lá fora e não ouve. E eu saí para deixar a Garça na oficina, onde vou buscá-la agora, para descermos à tarde. Espero poder assistir ainda, às duas horas, sempre na casa de

560_ Paulo Mendes Campos (1922-1991), poeta, cronista e jornalista.

"sêo" João, à decolagem, e será de novo um momento crucial. Imagine só se o bicho não sobe (no caso, o bicho calha como denigração, pois o chamam de águia ou de aranha). Às três é que devem decolar. Agora já estão dentro do módulo, recomeçando a pressurizá-lo (colocar uma atmosfera respirável com capacetes etc.) até que possam, de novo, subir. Momento de nova emoção. Espero que as TVs não nos iludam outra vez, mas penso que a transmissão será difícil, a não ser que deixem na lua (o que é provável) o aparelho que transmitirá a subida, o qual lá ficará até que os Apolo 12 e outros os encontrem, como os exploradores do Polo Sul encontraram o que a expedição de Scott,[561] de trágica memória, deixou.

Bom, a letra está virando aranha mesmo ...

Ciao,

P.

Rio, 24 de julho de 1969

Como você deve ter visto sem muita surpresa, mas com justificada irritação, a *Folha* voltou ontem, e certamente hoje, a não publicar os dois artigos que lá estão, e chegaram na hora mesma em que eu conversava com o Cláudio Abramo. À vista disso, fiz o que prometi: enviei-lhe o seguinte telegrama: "Interpretando reiterada ausência meus artigos convite cessar colaboração de 20 anos despeço-me pesaroso mas sem rancor. AAL".

Já te havia mandado, aliás, creio eu, o texto projetado, e era mais ou menos este que aí vai. Aguardo agora alguns dias, até que eles se manifestem ou... não se manifestem. E o silêncio representará a confirmação de que o grupo dos TFP – ou antes PTF...[562] – é que mandam lá dentro, pois só impugnam artigos religiosos, como os relativos ao assassinato do Pe. Henrique e, agora, os do Suenens.

Se, como penso, a resposta será o silêncio, terminará mais uma série de meu acidentado – nem tanto... – jornalismo, como terminou *O Jornal*, depois o *Diário de Notícias* e, agora, mais dois: *O Diário*, de Minas, e a *Folha*. Será mesmo um aviso da Providência para que eu comece a descida no... silêncio de uma lua, onde a paz eterna o acompanhará? Às vezes penso isso. E irei assim me despedindo da obrigação jornalística, pouco a

561_ Em 1911, o britânico Robert Falcon Scott chegou ao Polo Sul, numa disputa com a expedição do norueguês Roald Amundsen. Scott e seus companheiros morreram ao retornar.

562_ O autor inverte a sigla do movimento católico ultramontano TFP (Tradição, Família e Propriedade).

pouco, até ficar livre dela e poder, então, à vontade, começar a escrever as páginas da *Casa azul e outras casas*, mesmo sem a aprovação de Mamãe, mas só soltando e empinando os papagaios que ela preliminarmente aprove. E deixando os outros para a publicação... póstuma, a seu critério, já que faço de você, desde já, a minha testamenteira literária, naturalmente sempre de acordo com Mamãe...

De qualquer forma, é bem possível que, atrás dessa "causa segunda" da interrupção de mais essas duas tribunas, abandone-as sinceramente "*sans rancune*",[563] e o único problema agora é o "buraco" que deixam no orçamento. Mas isso mesmo não terá sido providenciado pela... "causa primeira", com o novo aluguel da rua Conselheiro Saraiva – que ouço falar desde menino, por mamãe e papai, no tempo em que rendia 600 mil réis por mês, e o quitandeiro que a alugava costumava... não pagar. Mas isso se remediará.

No entanto, como o uso do cachimbo faz a boca torta, e por ora o *J do B* continua "mais corajoso", como dizia o Abramo, naquela conversa fiada, vou ainda tentar o seguinte: primeiro, falar ao Brito, do *J do B*, se acaso aceitariam os artigos "dominicais" que só saíam na *Folha*. Se ele, como penso, não aceitar, pois já tentei isso no tempo do Celso de Souza e Silva e não quiseram, falarei ao Athayde-xará para *O Jornal*... Seria engraçado que, ao cabo de meio século, o Tristão voltasse ao berço... Seria comprovar a frase do menino "tristonho" de que "envelhecer é rejuvenescer" e... voltar às origens. O argumento de que o *O Jornal* segue uma linha política oposta à minha, para mim não prevalece, pois sempre segui pessoalmente linhas políticas opostas aos jornais em que colaborei, ou ainda colaboro, como o *J do B*, por exemplo. E no *Correio da Manhã*, com o qual tenho muito mais afinidade, nele nunca colaborei efetivamente. Seria também uma solução, embora não solucionasse o aspecto monetário do problema, secundário mas não "despiciendo", como diria o Moraes.[564]

Vamos ver o que me trazem os próximos dias. Não pense que me sinto frustrado, nem por um minuto. E dormi tão bem ou melhor do que nunca.

[...]

Ciao,

P.

563_ Em francês: Sem rancor.

564_ Henrique de Moraes, proprietário da Fazenda São Lourenço, no município fluminense de Trajano de Moraes.

Rio, 26 de julho de 1969

Até agora não recebi nenhuma reação da *Folha* pelo meu telegrama, o que confirma a minha convicção de que realmente havia lá dentro um grupo – o dos plinianos – conspirando pela minha saída. Esses integristas – eu ia escrever um nome mais feio, mas pensei que você não gosta e travei a pena a tempo, como os astronautas, que no último momento assumiram o controle do módulo na hora em que o computador, reputado de infalível, se descontrolou e, em Houston, na base, os "técnicos americanos" mandaram logo os dados necessários para a alunissagem, o que fez o chefe da missão, o general (lá também...) Phillips, dizer que a façanha foi obra coletiva, e logo obra humana e coletiva, mais do que mecânica e individual, e por isso mesmo, em vez de pregarem lá a bandeira dos Estados Unidos, deveriam ter pregado um painel com bandeiras de todos os membros da ONU, para não dar ao acontecimento o caráter nacionalista que, na realidade, está tendo. E com isso confirmando, queira ou não queira, a Era Nova nasce já com os mesmos fermentos da nossa era velha, como se está vendo, aliás, da indiferença de árabes e judeus, que continuam tranquilamente a engalfinhar-se (com uma ridícula escala os salvadorenhos e hondurenhos), mostrando que a Era Nova começa mal, como começa a Ordem Nova de que tanto falou Pio XII nas suas mensagens de Natal durante a Segunda Grande Guerra. Será que isso nos leva ao pessimismo dos corções e plinianos? De modo algum. Apenas ao realismo dos tristões... que bem sabem que o futuro não equivale ao perfeito, mas apenas ao perfectível, na medida em que "os nossos atos nos seguem" (*Apocalipse*), como nos seguem os nossos pecados desde o pecado original, fosse ele individual de um casal, fosse de toda a humanidade, coletivamente...

Tudo isso partiu apenas desta ponta de cinzentinha que ia escrevendo um nome feio – ou pelo menos rude – e eu travei, e a bichinha então soltou logo as asas e se pôs a seguir o rastro do Apolo XI que, queiramos ou não, está preocupando a Terra inteira, como se lê hoje no *L'Osservatore Romano*, que já prevê a hipótese do encontro do homem com seres de outros planetas.

Quando, há dez anos, mandei de Washington os meus dois artigos sobre esta hipótese, provocados, aliás, pelas declarações de um teólogo norte-americano a respeito dos discos, só o

Etiene,[565] no *O Diário*, de Minas, glosou o assunto. Estou certo de que então o mastodonte romano não observou nada e, provavelmente, considerava a hipótese como... modernismo.

É como diz o nosso frei Constantino: começam pelo não, quando deviam começar pelo distingo. Ainda hoje o frei C. volta a ocupar o noticiário na sua intervenção, ontem, na reunião dos bispos, enquanto os do T.F.P. tentavam interromper a sessão com suas impertinências de desmamados, pretensiosos, escudados no dinheiro dos reis do café, já que são sustentados, principalmente, pela tal Sociedade Rural Paulista dos cafezistas latifundiários, que já pagou e espalhou a tal *Reforma Agrária, questão de consciência*.[566] São "complôs dos reis do café" e não apenas, como os seus predecessores franceses, "*camelots du roi*",[567] embora também sejam monarquistas etc. e tal. Se estão assim afobadinhos é que têm as costas protegidas pela polícia, como terroristas da direita nos tiros voluntários contra os terroristas da esquerda, de que a polícia da Marinha anuncia, hoje, até a descoberta do vasto complô para "implantar o socialismo no Brasil"...

O regime da imbecilidade (perdão...) continua, e os assaltantes de cima precisam desses estímulos para se manterem no poder, enquanto cosem, no seu atelier de alfaiate, a nova roupa, já rasgada antes de usada, com que pretendem constitucionalizar a Revolução.

Bem, vamos parar de desvios, pois preciso trabalhar.

(...)

Em face dessa nossa patacoada política, o trágico do acidente com o Edward Kennedy![568] Que sina a dessa família trágica, só comparável à dos Átridas[569] na Grécia. Merece até uma croniqueta, enquanto houver croniquetas, depois do desaparecimento dos catataus. Desaparecimento não sei, embora Mamãe já tenha insinuado que era melhor aproveitar os incidentes para tomar umas férias até a volta...

E por falar nisso, já fui ontem dar os primeiros passos para a ida. Estive no Itamaraty, para os passaportes, e na Alitália.

(...)

Ciao,

P.

565_ João Etiene Filho (1918-1997) foi jornalista, dramaturgo e escritor.

566_ Título do livro de Plínio Corrêa de Oliveira e outros, publicado pela TFP em 1960.

567_ Referência ao grupo Camelots du Roi, organização antirrepublicana, antidemocrática e antissemita que atuou na França entre 1908 e 1936. Assumiu a responsabilidade de manter a ordem pública, recorrendo a ações violentas, e defendia a restauração da monarquia.

568_ Em julho de1969, o senador norte-americano Edward Moore Kennedy (1932-2009) dirigia seu carro em companhia de sua secretária quando o veículo caiu na água. O senador escapou do afogamento sem ter prestado ou chamado socorro para sua secretária, que morreu. O episódio nunca foi devidamente esclarecido.

569_ Na mitologia grega, família amaldiçoada pelos deuses.

agosto | **1969**

Rio, 1º de agosto de 1969

Mais um lance no jogo Tristão versus *Folha*... Já tinha escrito esta carta, quando, ao chegar em casa, Luiz[570] me informa que o Cláudio Abramo me tinha telefonado, lá pelas nove da noite, mas como ele não o fizesse de novo, como dissera, resolvi telefonar-lhe. Depois de algum custo, pois é a terceira vez que Mamãe só consegue ligar para o interurbano depois de apelar para a telefonista chefe, o que mostra que as telefonistas, de propósito, desligam para não ter trabalho... ou por qualquer outro motivo, como diria aquele motorneiro..., consegui falar-lhe. Fez-me então um veemente apelo a que eu reconsiderasse o meu propósito. "Não podemos perder sua colaboração" (sic). Queria até vir ao Rio explicar-me, porque "não podia fazer por telefone" (sic).

Disse-me que não houvera pressão alguma, nem mesmo dos tais TFP – pois eu lhe disse, francamente, que atribuía a eles a sabotagem – e que fora "deliberação sua mesmo, em vista de certos casos ocorridos".

Resolvi, então, atender, reiniciando a remessa de artigos, "ao menos até conversarmos pessoalmente aí" (sic), como escrevi em PS à carta que resolvi enviar assim mesmo para documentar o incidente.

É uma solução precária, e talvez apenas temporária, pois se continuarem a sabotar a publicação dos artigos terei mesmo de suspender de todo. Na nossa conversa telefônica, ele me confessou que foi mesmo o <u>tema</u> dos artigos que o levou a não autorizar a saída. Nunca um propósito qualquer de cessar minha colaboração, que fazia questão etc. e tal. "Mas os artigos eram de ordem exclusivamente religiosos", disse eu. "Ainda assim", respondeu, falando pouco e sibilinamente, como quem não queria ser ouvido <u>lá</u>, tanto assim que se ofereceu a vir ao Rio para me explicar a atitude que tomou. Respondi-lhe: "Então não posso escrever nem sobre política nem sobre religião – sobre o que hei de escrever?". Ele se limitou a <u>rir</u> (sic).

Tudo isso é misterioso e aumenta minha curiosidade. Diz Mamãe: "Bom pretexto para apressar a ida a São Paulo". Realmente... Fico aqui matutando. Se não é a tal TFP, nem qualquer pressão, "então a pressão veio de mais alto", disse eu, e aí ele me disse: "Não houve pressão alguma, fui eu mesmo etc.".

570_ Luiz Alceu, filho do autor.

Então o problema é financeiro. O mesmo me dizia, anos atrás, o Brito, do *J do B*, quando entrou na sala, ainda no tempo do Jango, e eu conversava com o Souza e Silva, que neste tempo era um dos diretores. A pressão será indireta, de anunciantes, que deixam de o fazer se etc. Mas ainda aí haverá pressão. Será ainda pelo temor de perder o lugar, já que é o responsável pela autocensura, mas como explicar então a censura em artigos de caráter religioso como esses? E, como ele mesmo reconheceu, dizendo: "Ainda assim...". E por que todo esse segredo em relação aos companheiros de redação, prontificando-se, entretanto, a vir ao Rio para explicar... Não vale a pena dar tratos à bola. O melhor é mesmo apressar a ida a São Paulo!...

(...)

Ciao,

P.

Rio, 3 de agosto de 1969

(...)

De croniquetas talvez aproveite um pequeno capítulo novo na nova edição daquela *Philosophie de l'education*, de Maritain, que ele me dedicara outrora. Nesta nova edição ele colocou, abaixo do meu nome, as seguintes palavras sibilinas, mas que para mim estão claras como água: "*Aux jeunes et aux vieux amis, d'un vieille ermite, auquel il déplairait de plaire et qui ne sait pas se taire*" (sic).[571] E que se poderá traduzir assim: "Aos jovens e velhos amigos de um velho eremita, que não escreve para agradar mas para dizer o que pensa".

Estou com vontade de escrever-lhe um bilhete, coisa que nunca mais fiz desde o nosso encontro de 62, dizendo-lhe que entendi perfeitamente a mensagem cifrada. E que poderia, por meu lado, perfeitamente subscrevê-la, pois também não escrevo para agradar, mas porque não sei dizer senão o que penso... Com certeza teve notícia de meus artigos sobre o *Paysan*[572] (que aliás apenas folheei...) e algum espírito de porco deve ter contado o que se passa entre o Corção e eu. Talvez o próprio "tigre", pois ao tal grupinho que formou (e do qual, aliás, nunca mais tive notícias, e que se reúne ou se reuniu o ano passado em sua casa da rua das Laranjeiras, para ouvir as preleções do "mestre", e do qual a própria Irene Tavares de Sá fazia parte) – iam dar o nome de "Centro Jacques Maritain". Será que continuam? A tal

571_ Jacques Maritain, após ficar viúvo de Raissa Maritain, tornou-se eremita no interior da França.

572_ O autor se refere ao livro autobiográfico de Maritain, publicado em 1966, *Le paysan de la Garonne* (O camponês de La Garonne).

Permanência – que também nunca vi – parece que sim. Dinheiro não lhes falta, pois cavaram 20 ou 30 milhões no orçamento do Ministério da Educação, mas repercussão não parece que tenha tido. Quase tão morto como o Centro Dom Vital...

Mas na certa o "eremita" foi informado e acrescentou essas palavras à velha dedicatória. Ainda teve a delicadeza de não a suprimir... Aliás, folheando o livro (imagine que perdi a primeira edição com a dedicatória do autor!) encontrei uma ótima citação para uma das croniquetas que ontem escrevi, além de matéria possível para uma nova sobre as palavras que ele acrescenta a essa nova edição, comentando os "*événements de Mai*"[573] e que revelam compreensão do movimento, embora não o endossem. Bem diferente do modo primário e guerreiro com que o c. sempre tratou a "revolta" dos estudantes, mesmo a dos que se declararam católicos. Aliás, no tempo em que a múmia ainda estava no Centro, embora já contaminando-o com os seus miasmas entorpecentes, foi ele quem afugentou os moços e, com isso, começou a decadência e a ruptura.

É inegável, porém, que Maritain já hoje não desperta em mim nem sombra daquela fagulha de outrora. Continuo a admirá-lo, e mesmo a dedicar-lhe a máxima gratidão e reverência, mas como a um velho mestre aposentado – como eu... – e distante, com quem a afinidade é apenas o eco de um passado irrecuperável. A culpa será minha, que mudei e piorei e voltei, ou me desviei, sei lá... Mas como... nada faço para agradar e apenas sei dizer o que penso e sinto, se me afastei do velho "ermitão" terá sido por um movimento tão invencível como o que me levou a ele, <u>antes mesmo de 1928</u>, como sendo um <u>abridor de caminhos</u> e não apenas, como hoje, um <u>fechador de porteiras</u>.

Mas, em tudo, o mesmo respeito, a mesma gratidão e o mesmo sentimento de admiração. Sinto mesmo que hoje não tenho mais ninguém em quem confiar, como nele confiava em matéria de <u>filosofia</u>, como confiava no... Sobral, em matéria de política, "*si parva licet...*"[574].

Também já partiu o único em quem eu me apoiava – desde o momento em que perdi o meu apoio ou, antes, não senti mais que ele representava apoio para os meus "cambaleios" no caminho – e que você bem sabe que era Thomas Merton.

A morte deste me deixou, em tais terrenos, absolutamente só. Bem sei que "homem algum é uma ilha",[575] e que a leitura de um

573_ O autor de refere aos acontecimentos de maio de 1968 na França, quando o movimento estudantil contestador se alastrou em ondas de protesto de várias categorias profissionais, praticamente paralisando o país.

574_ Referência à expressão em latim "*si parva licet componere magnis*": Se for permitido comparar coisas pequenas com as grandes.

575_ Referência ao verso de poema de John Donne: "Nenhum homem é uma ilha".

Suenens ou de um Congar, de um Rahner ou de um Kung, sem falar nos menores, que sempre iluminam a noite escura e os caminhos escorregadios do caos contemporâneo, mas um guia seguro, como outrora Chesterton ou Maritain, e até há pouco, Merton, isso lá se foi para sempre, e tenho mesmo é de continuar a viagem, o pouco que me resta dela, sozinho, e na única companhia que nunca falta, e para mim é uma só: Deus no alto e Mamãe e vocês cá embaixo.

[...]

O sábado não foi perdido. Arrumei duas croniquetas sobre o discurso do papa em Uganda, que me encheu as medidas. Penso que foi o melhor que até hoje pronunciou. Do princípio ao fim não me decepcionou, coisa que há muito não me acontecia. Estava realmente... em estado de graça! Ah, se fosse sempre assim. Os ares de Roma é que o tolheram? Tenho a impressão disso, e tanto assim que em Jerusalém, em Bombaim e, agora, em Kinshasa é outro homem e passa realmente a ser um novo João XXIII, unindo o coração e a intuição deste com a sua própria inteligência e cultura.

Agora, voltando aos seus aposentos vaticanos, a flor se terá fechado de novo. E a partir de amanhã, o contato com a Cúria ou ex-Santo Ofício, e os "*monsignori*" e "*cardinali*", o pânico, a dúvida, a necessidade de ser duro, o medo de concorrer para desagradar os "juntas de coice", tudo isso e o peso da responsabilidade, e a sombra de Pio IX e a tentação do *Syllabus*, tudo isso vai de novo aprisioná-lo, e ele voltará a advertir, a condenar, a lamentar, a predizer catástrofes, e a ver em cada canto o espectro dos cismas e heresias de que lhe falam os redatores do *L'Osservatore Romano*, ou mesmo os "ermitões" e os cassandras...

Ah! se Paulo VI pudesse sair de Roma uma vez por mês e viesse conversar com os pobres, os presos, os revoltados, os insatisfeitos, em suma, "*nous autre gens de rues*"...[576]

Mas que a chama continua a arder nos olhos do jovem "*monsignor*" que nós ouvimos, três dias seguidos, na capelinha redonda da Universidade de Roma, há 19 anos passados – isso é fato. E bastaria que ele se encontrasse livre de sua prisão vaticana e dos seus implacáveis guardas da tradição, da regra, da ordem, do medo, dos anátemas – para que o Montini voltasse e Paulo saísse do cesto... Péssimo trocadilho, mas que saiu sem querer...

[...]

Ciao,

576_ Expressão francesa: A gente da rua.

P.

Petrópolis, 11 de agosto de 1969

[...]

Os ladrões da Mosela são modestos, mas não deixam de ser ladrões. Mas aqui por perto, na avenida Ipiranga, houve pior, pois houve fuzilaria com os assaltantes na casa de um engenheiro ausente. Como na região de Angra dos Reis, a luta guerrilheiros da oposição contra guerrilheiros do governo – pois todos são assaltantes – vem mostrar como é certa a minha tese: a "Revolução" de 64 instalou a guerra civil no Brasil, que até agora só a conhecera em 1893[577], ou em tempos mais remotos do império e da colônia, isso mesmo isoladamente. Agora, o estado de espírito geral é de guerrilha, tanto de um lado como do outro. Como no Oriente Médio, entre árabes e judeus. Tudo isso por falta de liberdade. Já agora se torna cada vez mais difícil a instalação de qualquer regime de liberdade. A milicagem, sobretudo a naval, que é quem está dirigindo as operações em Angra, por parte dos governistas – e milicagem só acredita na força – e, de outro lado, os cassados e os perseguidos, estudantes e operários, também só acreditam na força – estamos cada vez mais entre dois fogos – e nós, os que não acreditamos nas soluções pela violência, estamos condenados a viver nesta atmosfera de guerra civil fria, que torna ilusória toda tentativa de democratização autêntica. Podem reabrir o Congresso, como parece que vão fazer. Mas será ainda pior, pois será um Congresso tão desfibrado, tão amedrontado e tão cerceado, que só servirá para que os assaltantes-governo finjam de democracia, perante... os pagadores, isto é, os Estados Unidos.

Triste Brasil. Mas também... tão Brasil. Ontem, em Angra dos Reis, houve um alarme danado, bombas etc. Sabe o que era? Uma... procissão de São Cristóvão, com foguetes... Ainda bem que sobra um pouco de Brasil. Como eu dizia ao Aloísio em Campinas: a bagunça é que nos salva!...

[...]

Ciao,

P.

577_ Referência à Revolução Federalista no Rio Grande do Sul, em 1893.

setembro | **1969**

Petrópolis, 1º de setembro de 1969

→ *notas 582 e 583 ver página seguinte*

O mês de agosto terminou ontem com uma surpresa sensacional: o Costa e Silva imitando Salazar.[578] E os nossos milicos das três armas, em nome da famosa "Segurança Nacional", dando mais um minigolpe de Estado, assaltando o poder que legalmente (...) devia caber ao vice-presidente Pedro Aleixo.[579] Este, porém, viu bem, ontem, o papelório que está fazendo para salvar a pele. Tem feito direitinho tudo que os milicos deixam que ele faça, esbaldando-se para elaborar uma "Constituição" nova que modifica à vontade, segundo as ordens dos seus patrões agaloados. Pois bem, na hora em que esses sargentões – que vivem apregoando que vivem "na legalidade constitucional" (e o pobre do Costa e Silva, até há um ano, só falava na "intocabilidade da Constituição de 1967") – esses sargentões, na hora em que essa pobre órfã (a Constituição de 67) manda que ele, Pedro Aleixo, assuma o governo, como vice-presidente, recebe um recado dos "assaltantes" "que vá para o banheiro" (no caso, Belo Horizonte) bem quietinho, se não quiser ir para a Ilha Grande ou para Fernando de Noronha.[580] E o pobre diabo mete o rabo entre as pernas e lá se vai, obedientezinho, como um empregadinho, bem comportadinho, e os galões da troika militar assumem o poder. Na realidade, tudo continua como dantes neste triste quartel de abrantes em que vivemos, fingimos viver, já que tanto faz que seja um militar ou três militares, como tanto faz que seja um elefante ou três elefantes, pois tudo dá na mesma coisa.

Mas o episódio serve para ilustrar, futuramente, o descalabro político em que caímos, assemelhados a qualquer republiqueta da América Central. Há muito que passamos para a terceira categoria das nações do mundo. De modo que tudo isso que vem ocorrendo está perfeitamente na lógica desta decomposição de cúpulas em que, desde 64, senão desde a fuga do Jânio,[581] caiu o Brasil. E o espetáculo de impostura continua firme. A máscara continua afivelada na cara dos donos da bola – já que estamos em maré futebolística que, aliás, por pouco não nos fez ontem entrar no "cano esportivo", como entramos no "cano político". O cavalo argentino leva o Grande Prêmio Brasil.[582] As "feras do Saldanha"[583] por pouco que não são engolidas pelas feras paraguaias e, no mínimo, provocaram uma enorme decepção de 180 mil espectadores, iludidos pelas "goleadas" em que viviam, como

578_ António de Oliveira Salazar (1889-1970) governou Portugal, como ditador, nos últimos 40 anos de sua vida. Acometido de um acidente vascular, passou várias semanas em internação hospitalar até falecer. No Brasil, o mandato do presidente Arthur da Costa e Silva, acometido de derrame cerebral, foi interrompido em agosto de 1969.

579_ Pedro Aleixo (1901-1975), jurista e vice-presidente do mandato presidencial do marechal Costa e Silva, foi impedido, por uma Junta Militar, de assumir a presidência, quando o presidente se afastou da função por motivo de saúde.

580_ A Ilha Grande, no litoral fluminense, e a ilha de Fernando de Noronha, no litoral nordestino, abrigaram, em seus cárceres, presos políticos sob as ditaduras que governaram o Brasil no século XX.

581_ Em 25 de agosto de 1961, Jânio Quadros (1917-1992) renunciou à presidência do Brasil e refugiou-se na aeronave que, mais tarde, o levaria de Brasília a São Paulo, à espera de uma reação popular que o reconduzisse, com plenos poderes, à função de chefe de Estado.

a maioria do nosso pobre povo, anestesiado.[584] É o que não me canso de dizer: o crime dessa gente que tomou conta do governo é anestesiar o povo. Tudo é mentira, ou meia verdade. Tapeação. Propaganda. Injeções de tranquilizantes. O mar da tranquilidade não está na lua. Parece que está aqui no Brasil. Só se fala em tranquilidade. Em ordem. Em desenvolvimento. Em "inflação contida". Em "petróleo jorrando nas Alagoas". Em normalidade. Em semana da pátria. Em procura industrial. Em fim de recesso (enquanto o pobre do C. e S. entra em recesso, provavelmente definitivo...). Mas ainda aí, nesse triste episódio da trombose do Costa e Silva, a mesma mentira volta, a mesma tapeação entra em cena. O porta-voz de imprensa no Palácio das Laranjeiras teve o topete de dizer, à noite, que o Marechal C. e S. assistia ao jogo de futebol pela TV e ele mesmo acionou os botões das estações! Então se declara a Presidência em recesso e os "armados" das três armas fazem uma Junta Militar, e o Presidente assiste à TV!

Estamos ou não em plena republiqueta de ópera cômica?!

A mentira é quando hoje, no Brasil, imprensa, rádio, TV, tudo isso é uma farsa. Quem anda solto, isso sim, é S.M. o Boato! Este é que se aproveita dessa falta de coragem e de compostura dos nossos mandantes com medo da cidade: ontem, só à noite é que as notícias apareceram, quando tudo já estava consumado, sob pretexto de não alarmar a população e deixar que ela gozasse, à vontade, dos espetáculos (cavalos e futebol). "*Panem (...) et circenses*", estes sim. O pão não...

Foi Tia Layde,[585] que nos telefonou às quatro ou cinco horas. E como eu não visse nem ouvisse nada no rádio, pense até que fosse mais uma de suas imaginações. Apenas deu logo o C. e S. por morto. Morto está, mas à Salazar. E talvez seja um bom pretexto para os "dedos duros" adiarem *sine die*[586] a famosa "reconstitucionalização"! Pois era o pobre do C. e S. que estava fazendo força para que ela se fizesse. E hoje ou amanhã, ou no máximo no dia sete, é que ele ia promulgar a nova carta constitucional! Por isso mesmo é que S.M. o Boato não deixará de dizer que a trombose do Costa veio muito a tempo demais para servir aos "duros", para que fosse mesmo natural. Por isso mesmo já os boatos correm e em Alagoas já correu a notícia de que ele tinha sido assassinado. Não creio. Mas a pergunta romana dos criminalistas vem afinal: "*cui prodest*?".[587]

Se não foram os ultras que o "trombosaram", pelo menos

582_ Refere-se ao prêmio de corridas de cavalo realizadas, no Rio de Janeiro, no Jockey Clube Brasileiro.
583_ João Alves Jobin Saldanha (1917-1990), jornalista, foi técnico da seleção brasileira de futebol, classificando-a para a Copa de 1970. Referia-se aos jogadores como "feras".
584_ A 31 de agosto de 1969 a seleção brasileira de futebol venceu por 1 x 0 a do Paraguai.
585_ Irmã do autor.
586_ Expressão latina: Sem data. Adiado por tempo indefinido.
587_ Expressão latina: A quem beneficia?

estão se regozijando com isso. Pois, naturalmente, até que os "médicos" declarem Sua Excelência em condições de governar, os zelosos guardiães da "ordem pública" e dos "postulados da Revolução" não vão permitir que o Congresso volte a reunir-se e que a "nova Constituição" nos dê um mínimo de "legalidade". O Costa, reduzido a um pobre enfermo, com o "sistema neurológico" afetado, como asseguram os próprios médicos, é um ótimo pretexto para que a Ditadura Militar se eternize!

Eis a que estamos reduzidos nesta senzala em que, desde 64, passamos a viver!

[...]

Ciao,

P.

Rio, 3 de setembro de 1969

O que queria ainda contar de ontem é a conversa que tive com o Abgar Renault e que vem confirmar plenamente o que, aliás, já é, hoje, convicção de 90% da população que pensam um pouco.

O que houve no dia 31 de agosto foi a terceira etapa da Revolução de 64. E a liquidação, por tempo indefinido, de toda tentativa de volta a um regime civil em nossa terra: estamos prosseguindo na rota fascista, prevista pelo Santiago Dantas, no dia 31 de março de 64. O Costa e Silva é um homem liquidado: ou voltará ao poder, o que é muito pouco provável, e será um mulambo igual ao Pedro Aleixo nas mãos dos dedos duros, isto é, os nossos estalinistas. Ou então, o que é mais provável, será definitivamente declarado incapaz e renunciará, pois agora se torna patente que todo esse movimento de "reconstitucionalização" foi imprimido e dirigido por ele pessoalmente contra a opinião, não só dos milicos do poder (Exército, Marinha e Aeronáutica), mas ainda desse civil inominável que se chama Gama e Silva, ministro da Justiça, e que há muito se declarava "dedo duríssimo", e será um instrumento ideal para os sargentões que não querem ver Congresso ou Constituição senão como fita para enganar os norte-americanos que, afinal, vão ser pagadores da tropa...

Estamos amarrados à cauda do Ongania, o argentino, cujo regime é puramente militar, ajudado pelos católicos (!) integristas, tipo Ordoñez e companhia. Aqui será o mesmo, pois os próprios monarquistas, tipo João Camilo,[588] que deveriam, como Eduardo Prado,[589] ter horror aos "fastos" da ditadura militar (nome do seu livro famoso contra a República), estão atrelados também ao esquema militarista, e chegam ao topete de comparar a tutela militarista, a que estamos subjugados, ao Poder Moderador, que o Imperador exercia durante o Império! E o pior é que tudo se passa como se nada acontecesse. O povo está de tal maneira decepcionado e cético que tanto faz – é a palavra que define a situação atual do Brasil e do povo brasileiro.

O governo passou a ser, definitivamente, a parelha de cavalos, ou a junta de coice, que arrasta o carro em que estamos todos atrelados para irmos a caminho do desconhecido! Tanto faz que sejam cavalos, bois ou generais, brigadeiros e almirantes. O povo está cuidando apenas de sobreviver e nada mais.

Mas a conversa do Abgar?

Vou contá-la daqui a pouco no escritório.

(...)

E o Abgar?

Disse-me que sabia ser certo que o C. e S. tinha tido sério bate-boca com os militares, dias atrás. Além disso, o Tarso Dutra[590] (ministro da Educação) lhe contara que, numa reunião recente do tal Conselho de Segurança Nacional, o ministro da Guerra começou a dar a lista dos oficiais que deviam ser reformados. Essa reforma depende da anuência do presidente da República. Este começou a negar a anuência a vários nomes. A certa altura, o ministro vira-se para o presidente e diz: "Presidente, assim é impossível trabalhar. Vossa Excelência, com sua tolerância, está perturbando todo o nosso trabalho de depuração do Exército".

Isso mostra como estavam tensas as relações entre eles. São depoimentos (do Abgar) de pessoa particularmente autorizada, que passou a noite do sábado, 30, fazendo a última revisão da ex-nova Constituição elaborada pelo Pedro Aleixo, que acaba de receber um pontapé dessa gente e ser tranquilamente ignorado como vice! A ponto de a gente de Minas (Alkmin,[591] vice-governador; Milton Campos,[592] em nome do Israel Pinheiro,[593] e o próprio Comandante da Força Pública) ter telefonado para o Aleixo em Brasília, que ia tomar o avião para o Rio na sexta ou sábado, pedindo-lhe que passasse

588_ João Camilo de Oliveira Torres (1915-1973), historiador e professor, especialista na história de Minas Gerais, era a favor do monarquismo.

589_ Eduardo Paulo da Silva Prado (1860-1901), jornalista e escritor, era monarquista. Foi membro fundador da Academia Brasileira de Letras. Entre outras obras, publicou, em 1890, *Os fastos da ditadura militar no Brasil*.

590_ Tarso de Morais Dutra (1914-1983), advogado e político, foi ministro da Educação de março a outubro de 1969. Implantou o Mobral e o acordo MEC-Usaid.

591_ José Maria Alkmin (1901-1974), advogado e político, foi ministro da Fazenda e vice-presidente da República no governo do marechal Castelo Branco.

592_ Milton Soares Campos (1900-1972), jornalista e advogado, foi governador de Minas Gerais (1947-1951) e ministro da Justiça do governo do marechal Castelo Branco.

593_ Israel Pinheiro (1896-1973), engenheiro e político, foi um dos responsáveis pela construção de Brasília e seu primeiro administrador. Governador de Minas Gerais entre 1965 e 1971.

por BH. Isto é, eles compreenderam logo que era um novo golpe, e que o Pedro Aleixo ia ficar, como ficou, numa situação suja. Mas, hoje, quem liga em política (existe ainda essa expressão?) ser ou não limpo?

O Hélio Fernandes[594] conta hoje, na *Tribuna da Imprensa*, afirmando ser absoluta verdade que o Costa e Silva, na manhã de domingo, tentou assinar a nova Constituição e a convocação do Congresso. Não conseguindo fazê-lo com a mão direita, pois está hemiplégico, procurou fazê-lo com a esquerda. Não conseguindo, atirou fora a caneta e chorou copiosamente.

O Hélio Fernandes desafia a que desmintam este episódio. Isto dignifica, sem dúvida, o Costa e Silva, e define total e de uma vez por todas o golpe como de tipo fascista.

Não duvidei disso nem por um momento.

Estou vendo realizarem-se as minhas previsões: a Revolução é uma avalanche irresistível. A 2ª pior que a 1ª. E a 3ª pior que a 2ª.

Agora estamos na 3ª. Esse triunvirato, disse-me esta manhã o Aloísio Novis,[595] já estava com o golpe preparado. A embolia do C. e S. estragou o golpe que eles queriam definitivo, com a renúncia ou a deposição do Costa e Silva. Mas, digo eu, essa embolia, longe de atrapalhar ("eles não sabem agora o que fazer", diz-me o Hélio Silva) esses golpistas, vai facilitar-lhes a tarefa. Evitou o trabalho de um reconhecimento dos outros países. O C. e S. não foi afastado nem deposto. Ficou impossibilitado de governar e... retirou-se!

Continua o reinado da impostura!!!

Ciao,

P.

Rio, 13 de setembro de 1969

(...)

Está anunciado hoje que na segunda-feira se reunirão os altos comandos das três armas. (Diz o carioca que estamos sendo governados pela MÃE: Marinha, Aeronáutica e Exército). De políticos nem se cogita. O Pedro Aleixo, vice-presidente constitucional, virou minhoca, e vai ser despachado sem aviso prévio, mas com o ordenado pago em dia e, possivelmente, com alguma indenização por ter-se comportado direitinho... Eis a que estado fomos reduzidos. E contra isso, o que há? Assaltos, bombas, tiros, terrorismo,

594_ Hélio Fernandes (1920-), jornalista, fundador, em 1962, e diretor do jornal *Tribuna da Imprensa*.
595_ Médico e amigo do autor.

como no Oriente Médio. Foram-se todos os nossos ilustres que meio século de benefício jurídico tinha colocado o Brasil em um plano superior às "republiquetas". Estamos hoje reduzidos a pior que republiqueta, a republipetas, pois se apregoa república e... não é. É peta...

Ciao,

P.

outubro | **1969**

Rio, 8 de outubro de 1969

(...)

E o tal do "calhamaço" (Garrastazu,[596] nome basco)... fez ontem um discurso de "candidato" à Presidência da República. Já aí está uma mistificação, pois foi indicado pelo tal Alto Comando das Forças Armadas, e vai ser, ao que dizem, eleito (...!!!) pela Câmara e Senado, que vão ser convocados para tal fim, para darem um colorido democrático ao que é, pura e simplesmente, uma imposição das forças militares – isto é, uma mascarada a mais nesse regime mascarado de Revolução Democrática em que vivemos desde 1964.

Agora, o que o tal Calhamaço diz, em muitos pontos, está certo, especialmente quando fala que é preciso olhar para o futuro e não para o passado (tenho vontade de dizer: cite o autor...), ou que a liberdade não deve ser concedida, mas reconhecida (idem), ou que não pode haver bom governo sem "partidos livres, sindicatos livres, imprensa livre, universidade livre, Igreja livre" (sic, sic, sic, sic, idem), embora logo se resguarde: "Livre, sobretudo, de ideias exóticas etc. e tal". Tudo isso está muito bom, mas... não vai ser mais uma tapeação? Já estamos cansados de promessas.

O Sobral respondeu à *Realidade* essas palavras, que certamente não serão publicadas. Se me fizerem a mesma pergunta eu diria: Espero muito... se:

Dessem anistia aos presos políticos;

Revissem os processos de cassação;

Banissem os banimentos;

Convocassem eleições livres;

Limitassem o mandato do novo presidente apenas até as eleições;

Dessem efetiva liberdade de imprensa, de partidos, de sindicatos etc.;

Garantissem de novo a inviolabilidade dos deputados;

Garantissem a liberdade do Poder Judiciário.

Em suma, restaurassem efetivamente um regime democrático.

Como nada disso é possível, continuamos na mesma, esperando apenas que o Calhamaço não seja um Palhaço e realize alguma coisa do que disse no seu manifesto de ontem.

Pessoalmente é um tipo simpático e simples que, dizem, e acredito, ser no momento o menos mau.

É mais um gaúcho do tipo getuliano, isto é, caladão e sincero, ho-

596_ Emílio Garrastazu Médici (1905-1985), general, presidiu o Brasil de outubro de 1969 a março de 1974. Seu governo se caracterizou por ter sido o mais ditatorial de todo o regime militar (1964-1985).

mem de costumes austeros. Como devemos sempre procurar ver o lado bom das coisas, esperemos que esse aspecto positivo seja uma saída para o impasse em que nos encontramos no fim de cinco anos de promessas e patacoadas.

Também quando o C. e S. entrou com a sua "humanização", tudo parecia apressar a "redemocratização", ou pelo menos uma abertura no caminho da liberdade. E o que vimos em dezembro foi essa desgraça de 69. Ora, o Calhamaço endossa tudo isso e não diz uma palavra que represente, diretamente, um repúdio a essa onda selvagem de repressão que caracterizou este 69 de má memória.

O silêncio poderá ser imposto pelas circunstâncias. Mas é uma aprovação e não uma repulsa. Logo, uma cumplicidade. Logo, nenhuma certeza de melhoria: a não ser... o tempo e a... tradição brasileira da não perseverança, que infelizmente tanto é no mal como no bem, de modo que também é faca de dois gumes. No momento, como estamos em pleno regime do mal, a não perseverança só pode agir no sentido positivo. É essa minha única esperança.

O Candinho me telefonou agora, dizendo que a CNBB, na sua última reunião, resolveu pôr em prática a organização da Comissão Justiça e Paz do Brasil, e designou o bispo auxiliar de Uberaba, Dom Pedro Costa (?),[597] como encarregado disso. Esse bispo convidou o Cândido para secretário geral da Comissão, e já designou alguns membros: o Diegues;[598] a Helena Junqueira; um Clautar, do Pará; o Tibor, da JOC; um doutor Nelson Motta, que não conheço, daqui do Rio. Esse bispo teria dito ao Cândido que não quer fazer nada sem se entender comigo. E como estará aqui a 23 e 24 deste mês, marcamos um encontro para esses dias.

(...)

De qualquer modo, o Cândido ficou de vir conversar comigo amanhã no Centro. A esta altura, eu preferia que nada se fizesse relativamente a essa Comissão J e P brasileira, pois não estou disposto a trabalhar mais do que faço atualmente e a prender-me de novo. Mas, por outro lado, reconheço que é um pequeno escândalo que a Comissão Justiça e Paz brasileira ainda não esteja organizada. Apenas fico pensando para que, o que fazer? Como trabalhar? Com que fundos? Tudo??????

(...)

Ciao,

P.

597_ Dom José Pedro de Araújo Costa foi arcebispo coadjutor de Uberaba (MG) entre 1968 e 1978.

598_ Antônio Carlos Sant'Ana Diegues, sociólogo e professor universitário.

Petrópolis, 26 de outubro de 1969 – Cristo Rei

(...)

Ontem, a ratificação do novo Presidente por uma Câmara e Senado bem comportadinhos, e onde no máximo 56 (?) se abstiveram.[599] É melhor do que nada, sem dúvida, mas... Mas significa que a pretensa Revolução de 64 vai acabando assim, à brasileira, mediocremente, deixando apenas um rastro de violência, de perseguição, de ódios, de sentimentos e, acima de tudo, de carnaval, isto é, de mascaramento e impostura, de patacoada e falação, de fingimento e de incontinência legisferante, que inoculou no povo brasileiro um veneno de "tanto faz", de indiferença, de pilatismo (lavar as mãos), de absenteísmo cívico, de dissociação entre governo e povo, que desfez em cinco anos tudo aquilo que a Revolução de 30 – que foi, aliás, a fonte desta de 64 e companhia – tinha procurado corrigir, trazendo as mulheres, os moços, os operários, até então (1930) "à margem da história da República" (título do livro de 1924) onde está o meu ensaio "Política e Letras", que o Francisco de Assis Barbosa acha ainda a melhor coisa que eu escrevi.

(...)

Ciao,

P.

Rio, 31 de outubro de 1969

(...)

Esta manhã li o discurso de posse do novo Presidente. Literariamente perfeito. Parece feito pelo Erico Verissimo.[600] Juro que não é do próprio. É de grande escritor. Quanto a ideias, as mais abstratamente perfeitas, tanto em sua formulação quanto em seu conteúdo, salvo uma ou outra sentença de fidelidade à "obra da salvação" Revolucionária e outros slogans. Mas... mas o que representará tudo isso em fatos? Que não vai fazer as monstruosas injustiças que foram feitas com professores, alunos e operários? Vai mandar rever todos esses processos para eliminar os da mais clamorosa injustiça? Vai mandar reabrir as associações estudantis? Vai dar liberdade de imprensa real? E a anistia aos condenados políticos? E a revisão de todos os processos de

599_ Indicado para ser presidente da República pela Junta Militar que sucedeu o marechal Costa e Silva, o general Garrastazu Médici exigiu que o Congresso Nacional fosse reaberto e seu nome submetido à aprovação de deputados federais e senadores. Em 25 de outubro de 1969, obteve 293 votos e houve 75 abstenções. Tomou posse em 30 de outubro do mesmo ano.

600_ Erico Verissimo (1905-1975), escritor, autor de contos e romances.

cassação? Se fizer tudo isso, sairá pela mão dos "linhas duras". Se não fizer, como é certo, não cumprirá o que promete.

Longa conversa com um jovem sacerdote mexicano que veio de Roma, foi companheiro de estudos do P. Gremillion, e foi por ele chamado para trabalhar na Comissão J e P. Está totalmente com nossas ideias! Disse-me que, em Roma, durante a sessão, ele combateu por aquelas duas velhas ideias minhas: a representação direta da mocidade e dos trabalhadores.

Contou-me: ao se iniciar a sessão e saberem da minha ausência, pensaram tratar-se de motivos políticos, e o Vanistendael propôs mesmo um telegrama de solidariedade. Depois se esclareceu.

Vai haver, em maio, uma reunião em Caracas das Comissões J e Paz. Já estou vendo a dificuldade com Mamãe. Propus 1º de maio, para permitir irmos a Genebra em abril e, depois, em maio, a Caracas.

[...]

E, agora, até a volta, se Deus quiser!

Já estou torcendo para estar de novo a caminho de Santa Maria. Ciao,

P.

novembro | **1969**

Nova York, 1º de novembro de 1969

Cá estamos, dez anos depois, e com uma excelente viagem, mas que começou no péssimo aeroporto carioca – o superlativo aumenta subdesenvolvido – e com mais uma perda de carteira ou, talvez, e mais provável, um roubo.

[...]

Tudo estava seguindo o "*schedule*",[601] com uma estudante brasileira-americana, de São Paulo, nos esperando num auto da Universidade e nos depositando na *One 5th Avenue Hotel*, onde as "*reservations*" estavam feitas. Logo em seguida, uma carta da Universidade com nova explicação das cerimônias do prêmio Maria Moors Cabot[602], mais em detalhes que você lerá, se Deus quiser, para se divertir com os mil detalhes com que preparam as coisas aqui e explicam os "*hippies*" reagindo pela desordem contra o excesso da ordem! Falamos de dona Celeste,[603] que foi passar o *weekend* fora, mas cuja secretária já nos telefonou. Também telefonou Grossman[604] nos convidando para jantar logo mais.

Andei logo vagueando pelo nosso velho bairro, que já era *hippie* antes dos *hippies*, como Montparnasse ou o Quartier Latin, mais conhecidos, embora elevados agora à 100ª potência pelo psicodelismo dos vestuários. A moda, na ausência de moda. Cada uma e cada um por si com as indumentárias mais divertidas. É um "*show*" de ruas incessante, como se fossem vitrines ambulantes. De um colorido riquíssimo. É engraçado. Outrora, quando se vinha de longe, ficávamos escandalizados com os tons berrantes de nossa casa. Me lembro nitidamente, nesse sentido, de minha chegada a Recife, em 1959. Agora, nossas cidades, por causa do cimento armado e dos arranha-céus, se tornaram cinzentas. Embora já, agora, uma reação esteja de novo colorindo nossos bairros de habitações populares, e enquanto isso as cidades estrangeiras se colorem! Andamos sempre mais atrasados em matéria de imitação. Mesmo política!

Já vi o discurso do Nixon para a *Latin America*. Há coisas ótimas, sem dúvida, sobretudo se compararmos com a visão da *Latin America* dos tempos do Theodore Roosevelt[605] e do seu *big stick*.[606] Mas isto por quê? Porque os latino-americanos puseram a boca no mundo e começaram a fazer uma "revolução" autêntica, de baixo para cima e do sul contra o norte do Continente.

601_ Em inglês: Horário.
602_ Prêmio internacional de jornalismo concedido pela Universidade de Colúmbia a jornalistas ou organizações que tenham contribuido com o diálogo entre as Américas.
603_ Secretária do autor no período que ele passou na Universidade de Nova York ensinando, como professor convidado, civilização brasileira.
604_ William Grossman (1906--1980), escritor norte--americano.
605_ Theodore Roosevelt (1858-1919), presidente dos EUA entre 1901 e 1909.
606_ Em inglês: Grande porrete. Expressão usada pelo presidente Roosevelt para justificar o papel dos EUA como polícia do mundo, sobretudo o intervencionismo do país na América Latina. A expressão deriva de um provérbio africano: "Fale com suavidade e traga à mão um grande porrete".

Os americanos se assustaram e temem que surjam 20 "Cubas" incubadas... Se não fossem os estudantes e os "subversivos", o discurso do Nixon seria impossível. Agora o duplo paradoxo: os governos militaristas e direitistas da América Latina perseguem implacavelmente todos os elementos que levaram os Estados Unidos a mudar de atitude em face da América Latina. E estão a "bater nos peitos", dizendo que outrora eles julgaram poder ditar regimes ao mundo (alusão à guerra do Vietnã?)[607] e, agora, se dispuseram a reconhecer qualquer regime, sobretudo as ditaduras sul-americanas. Mas, ao mesmo tempo, no próprio discurso do Nixon, previnem, sem citar nomes, que "um país que pretende exportar revolução (Cuba...) não pode fazer parte da "comunidade americana". Esta dupla incongruência é que <u>sombreia</u> – não digo anula – o que há de bom nesse discurso e de aproveitável para o futuro. Mas impede qualquer juízo enfático em favor dele, como a esta hora muitos já devem estar fazendo por aí, especialmente nas hostes "<u>medicinais</u>"...[608]

(...)

Ciao,

P.

Nova York, 4 de novembro de 1969

Esta data marca um grande momento na vida do Brasil, na família e na vida do Morto,[609] nesse trágico domingo, já tão remoto em minha lembrança e na minha própria vida. Até 1950, nunca deixamos nem deixei eu, pessoalmente, de ir ao túmulo do Jackson e à reunião no Centro. Em 1951 e 1952 mandei celebrar missas especiais em Washington. Depois voltamos à fiel comemoração, até 1966. De 67 em diante, agora estamos no terceiro ano em que só de longe lembro a data e, no Rio, o CDV silencia totalmente! De minha parte, um pouco de afastamento, pois não mandei celebrar a missa em memória, como fiz aqui em Nova York em 51 ou 52. No Rio, o Sobral nem pensou nisso, certamente, em 69, como não pensei nem em 67 nem em 68, e o Carlos[610] não tem bastante iniciativa para o fazer. Será que os permanentes[611] (...) o fizeram, para mostrar que são eles os verdadeiros continuadores do pensamento do Jackson? E não terão razão? – se tomarmos o Jackson como ele queria ser: um "reacionário" e

607_ A guerra do Vietnã, entre esta nação e os EUA, durou de 1959 a 1975. Do lado vietnamita morreram de três a quatro milhões de combatentes e civis. Do lado norte-americano, 50 mil soldados. Os EUA foram derrotados. Em 1976, o Vietnã unificado passou a se designar República Socialista do Vietnã.

608_ Referência ao general Garrastazu Médici.

609_ Refere-se a Jackson de Figueiredo, falecido em 4 de novembro de 1928, afogado, aos 37 anos de idade.

610_ Secretário do autor.

611_ Refere-se a Gustavo Corção e outros católicos conservadores reunidos em torno da revista *Permanência*.

não, como eu o vi, um renovador do Cristo em nossa geração e da Igreja, mas em termos de liberdade, pluralismo e... projeção, e não em termos de autoritarismo, unitarismo e anacronismo.

Como você vê, estou com o pensamento no Brasil, hoje, e não aqui, embora um tanto decepcionado por várias coisas, principalmente por duas: uma, o discurso do Nixon, ou os, contando com o de outro dia sobre a América Latina, que revelam, nesse Estados Unidos cada vez mais conservador, parado, direitista, antijovem, antifuturo, antipioneiro, exatamente como eu o vi de longe no prefácio de *Europa de hoje*[612] e só se tem confirmado nesses 18 anos de ver de perto. Essa visão de perto aumentou, sem dúvida, minha simpatia por muitos americanos, mas nenhuma pelos Estados Unidos, de que o Nixon é 100% o representante hoje. Não quer dizer que o seu discurso de ontem não fosse bem feito e, por vezes, tocante e simpático, mas como o são no Brasil os discursos dos nossos generais, mel nos lábios e tão duros pelas costas... A maior decepção foi esta.

A segunda foi não ver no *New York Times* de hoje qualquer notícia, por mais vaga que fosse, ao prêmio, que devia ter sido anunciado ontem. Será que os jornais não vão dizer nada? Disseram-me que anteontem, à noite, a *Voice of America*[613] disse alguma coisa para a *Latin America*. Mas o fato é que as coisas relativas à *Latin America* continuam a ser indiferentes por aqui, especialmente em dois dias com duas coisas importantes. Ontem, o discurso do Nixon sobre o Vietnam e, hoje, as eleições para prefeito de Nova York. E também dois governadores de estados e outros prefeitos. A luta aqui em Nova York dura há um ano, e nos põe água na boca, qualquer que seja o resultado, pois mostra um povo que realmente participa! Que imenso contraste com o nosso povo, completamente alheio a tudo, não por sua culpa, mas por culpa dos milicos que o governam. Aqui também se sente um peso dos milicos, mas nos bastidores, e o discurso do Nixon, prosseguindo na guerra do Vietnam, é tipicamente um reflexo do Pentágono. Ao passo que entre nós é cinicamente (embora com palavras de celofane) como o nosso triálogo ou "trinifono".[614]

Bem, vamos aos fatos do dia. Entre parênteses: não temos uma mesa sequer em nosso quarto, e não pedi nenhuma porque são muito antipáticos e não vamos ficar mais que até o fim da semana que vem, se tanto. Por isso a cali- ou, antes, disgrafia, é tão horrível. Pior que a do Rio, não acha?

612_ Relatos de viagens do autor. A obra foi editada pela Agir em 1951.
613_ *Voz da América* – programa radiofônico dos EUA.
614_ Neologismo criado pelo autor possivelmente para designar o regime militar brasileiro governado pelas três armas: Exército, Marinha e Aeronáutica.

Ontem fomos ver dona Celeste no *Brazilian Institute*, aqui perto. Depois fomos ao alfaiate para arranjar um *smoking* que aqui chamam de *tuxedo* ou *black tie*. E paguei 15 dólares, sessenta e tantos contos (!) por uma noite. Depois a uma recepção na casa do novo *Dean*[615] na Faculdade de Letras da *New York University*, que eu já conhecia há 10 anos, e onde encontramos o simpático casal Pollick, que era (ele) o decano há dez anos.

Lá na recepção estava o meu sucessor no *Brazilian Institute*, que é o crítico literário do *Estadão*, Wilson Martins,[616] com quem já tive até uma pequena polêmica, mas é um jovem de muito valor. Deficiente físico, mas anda bem com bengala, e que vai me apresentar (...) na conferência da próxima segunda-feira, que vai ser um fracasso total, pois... bem passemos adiante. Lá estava o Sprague Smith,[617] o único que parece envelhecido nesses 10 anos, mas sempre uma flor de simpatia e de fala à brasileira. Fomos depois jantar com os Grossman de novo e os "Celestes".

Daqui a pouco vem aqui um fotógrafo, que ontem telefonou, por causa do prêmio. Não soube por quem ele soube, pois não vi nada nos jornais. Talvez na TV, que temos aqui no quarto, mas que até agora não liguei sequer para ver o que dão, ou mesmo para melhorar o inglês, que está péssimo mas, em todo caso, tem servido para o uso diário. Amanhã vou ter outra chateação, uma reunião na NYU com o grupo dos professores ibero-americanos. Espero ver lá o Dacal.[618]

(...)

Ciao,

P.

615_ Em inglês: Decano, reitor.

616_ Wilson Martins (1921-2010), crítico literário e professor, deu aulas na Universidade de Nova York durante vários anos, até 1992. Suas colunas literárias foram publicadas pelos principais jornais brasileiros.

617_ Sarleton Sprague Smith (1905-1994), musicólogo norte-americano, diretor do Instituto Brasileiro da Universidade de Nova York.

618_ Professor da Universidade de Nova York.

Nova York, 7 de novembro de 1969

Já são 4 e 20 e estamos chegando do tal almoço, penúltimo ato da "medalha", pois daqui a pouco ainda temos a chateação de um *informal dinner* com o "Dean Baker" e esposa, mas já fui ameaçado por ele de ter de falar sobre minhas "impressões" dos Estados Unidos e, se já não bastasse a chateação do jantar, tenho ainda mais essa perspectiva com o meu inglês que apenas começa a se recompor de um eclipse de dez anos e está abaixo da crítica. Estive mesmo tentado, antes desta, de tomar algumas notas, mas não sinto <u>nada</u>, muito menos em inglês. Recomeça aquele desafio ao Espírito Santo. Se fosse em Paris...

Tomara já ver logo mais pelas costas essa longa maçada que dura há 24 horas. As cerimônias de ontem, em que tive de tomar parte ativa, mas quase passiva, correram bem. O almoço foi com a *Associated Press*, como hoje com a *United Press*, que são as duas grandes agências de notícias daqui, de uma importância mundial, mas o fato é que as "informações" locais da cerimônia de ontem foram praticamente nulas, apenas uma vaga notícia no NYT,[619] na página 40 e tantos ou 50, e isso mesmo porque reproduziu o texto do discurso de um dos americanos, ex-diretor (decano) da Faculdade de Jornalismo, e uma minúscula menção dos nomes dos agraciados. Quem ainda pensar que somos alguma coisa aqui está muito enganado. Nos jornais não há a mínima notícia de qualquer país latino-americano. Mostra que o grande público não se interessa por tudo que esteja "*south of the Rio Grande*", a não ser notícias exóticas como o Eleazar de Carvalho, que tem uma situação aqui cozinhando... Individualmente são encantadores. Mas coletivamente continuam, não digo insuportáveis, mas dificilmente digeríveis. Aliás, um pouco como a França e os franceses, mas no sentido positivo: França (simpática), os franceses antipáticos; aqui exatamente o oposto. Mas poderei dizer isso logo mais?!... E como?, com o meu inglês capenga, e o pior é que logo mais não estarei todo "*over*", pois temos a "conferência" de segunda-feira, que querem que seja em português, mas ainda assim... E já ontem dois estudantes latino-americanos, esquerdistas, vieram falar que o padre Weglay – quando estávamos nos preparando para a tal "*procession*", para receber as medalhas –, pediu que eu lhes falasse. O Weglay já me havia pedido, mas eu lhe dissera que só poderia ser uma repetição do que vou tentar dizer sobre literatura, na NYU. Mas os estudantes, mormente esquerdistas ou esquerdizantes, pouco se interessam por literatura. O que querem é política, e política violenta.

Agora mesmo o Nascimento Brito me deu uma má notícia: que o Marighella[620] estava refugiado "no convento dos dominicanos" aí de São Paulo e que foi denunciado por dois dominicanos (!!!) à polícia, que armou então uma tocaia para o liquidar sumariamente, traiçoeiramente, com tiros, criando assim o nosso "Che" brasileiro. Que mundo insensato! Já é de admirar que os dominicanos hospedem o chefe dos terroristas...[621] Mas até aí vai bem, pois o papel da Igreja sempre foi homiziar os perseguidos, seja

619_ Jornal *The New York Times*.

620_ Carlos Marighella (1911-1969), líder comunista, esteve preso sob a ditadura de Vargas. Exerceu o mandato de deputado federal, eleito pelo Partido Comunista Brasileiro, com o qual rompeu em 1967. Fundou a ALN (Ação Libertadora Nacional) para combater a ditadura militar. Foi assassinado pela polícia na capital paulista, na noite de 4 de novembro de 1969.

621_ Ao contrário da notícia recebida pelo autor, Marighella nunca esteve refugiado ou hospedado em convento dominicano. Alguns frades, porém, ingressaram no setor de apoio da ALN, sem empunhar armas.

qual for sua atuação. Mas que dois dominicanos o denunciassem à polícia, isso sim, é uma ignomínia. E que a polícia o trucidasse, sem tentar ao menos prendê-lo para julgá-lo, mostra bem que gênero de polícia nós temos e que tipo de Estado policial e terrorista está instalado no Brasil.

Tudo isso mostra em que tempos terríveis vivemos, e que *Hair*[622] é um reflexo orgiástico ou o seu reverso desse mundo de sangue, terror e traição em que estamos metidos. A tal delação dos dois dominicanos, se for exato, é uma tal vergonha que me sinto culpado, como se fosse um deles. Só por medo esses dois renegados podiam ter feito isso, para estarem bem com a polícia! E vai ver que vão ser louvados pelos corções e os nelsons, esbirros da plutocracia.

[...]

Ciao,

P.

Washington, 22 de novembro de 1969

Me lembro dos sábados de outrora, aqui, no verdezinho pela manhã! Apenas, depois da fase "mausoléu"... Tão calmo, tão gostoso, naquele silêncio matutino, apenas marcado pelo relógio elétrico de quarto em quarto de hora, sem ninguém na casa, e à tarde a expectativa de um passeio de automóvel com MT e os *kids*! Tudo já tão longe, mas com a graça de Deus todos vivos e MT ao meu lado.

[...]

Leio hoje, no jornal daqui, o *Washington Post*, a primeira notícia sobre as prisões de padres e freiras, inclusive uma de Riberão Preto, que parece que foi torturada.[623] Que horror! Como está este nosso pobre país! Li nesse despacho de um correspondente do *W.P.* em São Paulo que o arcebispo de Riberão Preto tinha "excomungado" os policiais que torturaram a Irmã Maurina, assim como um comunicado de Dom Vicente Scherer dizendo não haver provas quanto à participação de padres e freiras em qualquer ato de terrorismo, mas condenando o que acaso houver. Mais uma vez está acontecendo o que há muito venho prevendo: o terrorismo de cima, "cultural" e policial, provocou o de baixo. Devemos condenar ambos, mas quem começou foram os de cima e, como tal, mais responsáveis.

622_ Refere-se ao musical *Hair*.
623_ Refere-se ao caso de madre Maurina Borges (1924-2011), religiosa presa e torturada em Ribeirão Preto, em novembro de 1969, acusada de apoiar grupos de luta armada. Banida do país poucos meses depois, permaneceu dez anos no exílio.

Aqui também a violência domina e o Mancini[624] nos contou ontem como ele, por acaso, foi envolvido num assalto num cinema, onde fora buscar os filhos.

[...]

Ciao,

P.

Washington, 25 de novembro de 1969

[...]

Os lunáticos voltaram em paz, mas os jornais se ocupam talvez mais com o horrível massacre de civis e até crianças de um a dois anos, por soldados americanos no Vietnam. Barbaridades que eles, os americanos, já atribuíam aos vietcongs e, agora, são forçados a ver cometidas pelos seus próprios soldados. Li agora o interrogatório de um dos participantes do tal massacre e fiquei arrepiado. Que adianta ir à lua e continuar cometendo atrocidades desse tipo e jaez, e numa guerra que os "falcões" (os partidários da linha dura aqui) acham que é feita, como disse o falecido cardeal Spelmann,[625] "em nome de Deus". E ainda os nossos próprios falcões e corções continuam a afirmar a mesma monstruosidade!

Também fui ontem ao Smithsonian Museum ver a pedra que os astronautas da Apollo 11 trouxeram da lua, e lá está em exposição, no centro do hall, dentro de uma bola plástica, e girando, para o público ver. É uma pedra como outra qualquer, naturalmente, e é por fé que acreditamos ter vindo de tão longe...

Também, no mesmo museu, em exposição, os vários tipos de foguetes, uma das cápsulas que andou lá por cima, toda queimada, e inúmeras e belíssimas fotografias dos sistemas interespaciais.

[...]

Ciao,

P.

624_ Luiz Carlos Mancini (1917-2011), formado em direito e em serviço social, foi professor da PUC-RJ. Amigo do autor de quando os dois trabalharam na OEA.

625_ Cardeal Francis J. Spellman (1889--1967), arcebispo de Nova York entre 1939 e 1967. Apoiou a guerra dos EUA contra o Vietnã.

dezembro | **1969**

Nova York, 1º de dezembro de 1969

Ontem tivemos a primeira neve! Foi pouca, à noite, mas bastou para dar uma nota autêntica ao inverno em N.Y., embora ainda estejamos oficialmente no outono até o dia 21.

Hoje de manhã já fui despachar a primeira mala, que foi por carga-avião. Começam, assim, os passos definitivos para a despedida desta terra, onde ainda se respira livremente e onde o exército, até Ele (como se deve escrever em nossa terra, hoje em dia...) é criticado pelo abominável massacre no Vietnã, que despertou uma onda de protesto por aqui, mas também uma contraonda de reacionarismo militarista igual ao nosso. Mas, pelo menos aqui se pode falar livremente, de lado a lado, e é isso que eu faço e não temo em nossa pobre terra, onde o 13 de maio foi um <u>*bluff*</u>, pois se os pretos adquiriram uma "*phony*"[626] liberdade, brancos e pretos a perderam em parte, pois é fato que no Império havia mais liberdade, ao menos de expressão, que na República.

Ontem fomos ver uma peça inédita: levada por ex-alcoólatras e viciados em drogas em torno de suas próprias experiências de viciados em vias de reabilitação, feita mais ou menos por eles próprios. Terminam com um apelo de <u>amor</u>, descem do palco para virem abraçar os assistentes e sobem de novo, juntam-se e começam um diálogo com a plateia em torno da peça. Muito comovente, embora o ato (um só) fosse meio confuso e dito em uma linguagem por vezes especial (no programa há até um glossário) que esses "*addicts*" empregam. Duas moças e uns seis ou sete rapazes brancos e pretos. Uma expêriencia de teatro real.

Depois do jantar, com a neve, ainda fomos a um cinema, meio francês, meio italiano, em torno de contos de Edgar Poe. Isso é um pouco de <u>cultura</u>, que só se acumula ou, pelo menos, que nós dois já nos dispomos a sair de casa para acumular aqui. Em matéria de teatro então, e de exposições, são tantos que a gente se perde na escolha e acaba não indo a nenhum a maior parte das noites. Hoje à tarde, pretendo ir despedir-me da Columbia University, pelo menos dos dois chefes com quem estive em contato.

(...)

Ciao,

P.

626_ Em inglês: Falsa.

Nova York, 3 de dezembro de 1969

Estou escrevendo também à tarde, com os pés doendo de tanto andar para tomar o *"subway"* e encontrar os dois museus que eu queria ainda visitar de despedida. Um é uma casa pequena, de alguma associação judaica, que organizou, pelo 45º aniversário da morte de Kafka,[627] uma exposição de fotografias e originais que reconstituem bem a atmosfera desse estranho escritor, que não sei bem por que tem exercido, senão uma certa influência, mas, pelo menos, uma segura sedução sobre mim, por qualquer afinidade que talvez seja um contraste ou, pelo menos, a sensação de contraste constante entre o absoluto e a relatividade de todas as coisas, redundando numa certa inquietação permanente, uma insatisfação, e uma procura que me faz, constantemente, sentir palpavelmente a passagem constante de tudo, mas, ao mesmo tempo, a existência do absoluto, por cima e por baixo de todas as coisas, como se a Mão de Deus (que Rodin[628] representou tão admiravelmente) estivesse sempre criando o mundo e o sustentando, por cima e por baixo deste mundo da Evolução (Teilhard) em que <u>sonhamos</u> e onde reside a nossa eterna busca de um corrimão para não escorregar, como nas escadas rolantes que aqui se sobe e desce tantas vezes, como também na rodoviária do Rio, quando vamos ver você, e é o melhor momento do Rio e, agora mesmo, o meu raio de esperança entre as nuvens sombrias com que vejo a nossa volta ao Brasil.

E, ainda ontem, estive lendo, no *Newsweek*, o retrato do cadáver do Marighella, assassinado pela polícia da nossa Aviação (!!!), e que vai ser o nosso Che Guevara, mártir da revolução violenta com a qual sonha tudo que há de melhor na nova geração, que, por isso mesmo – pelo amor da violência – me escapou completamente das mãos, de modo que estou, ao mesmo tempo, com ela e contra ela.

Será por isso que Kafka tanto me seduz?! Mas também vejo uma enorme diferença entre nós dois, mesmo descontando a diferença entre um gênio e um *"petit amateur de peu de talent"*.[629] Enfim, a hora que passei na expo-K foi um alívio para tantas nuvens interiores que enchem, neste momento, este risonho Tristão cinquentenário, naquele retrato do turco, que me parece tão <u>pouco eu</u>, sobretudo ao lado do retrato de 1917, tão melancólico de aparência, quando, por trás daquela melancolia, a patativa

627_ Franz Kafka (1883-1924), escritor tcheco de língua alemã, autor dos livros *A metamorfose*, *O castelo*, *O processo*, entre outros.

628_ Auguste Rodin (1840-1917), escultor francês.

629_ Em francês: Pequeno amador de pouco talento.

cantava (noivo!), quando por trás daquela figura satisfeita do turco, batia já um coração que apenas começava a viver atormentado, já que o tormento interior, ou mesmo a tormenta, começou em 1964, quando a liberdade fugiu do Brasil e deu lugar aos fanáticos e fariseus que, hoje, se sentam na cátedra de Moisés...

Depois do K. (ele se assinava assim nas cartas) fui ao Museu Guggenheim ver uma exposição de coisas do Brancusi,[630] que é, para mim, o maior escultor da era pós-rodiniana. O edifício também, que eu já conhecia por fora e me parecia medonho, uma espécie de saca-rolha monstro, por dentro é uma beleza, com uma rampa em espiral e suave, ao longo da qual vamos vendo as coisas expostas. Uma beleza. Mas uma espiral igual a essa, e que deve tê-la inspirado, você conhece e, certamente, se lembra: a entrada da pinacoteca do Vaticano. Não se lembra? A do Vaticano é clássica, com aquela estupenda balaustrada de ferro forjado e dourado, como no estilo barroco, ao passo que esta do Guggenheim é ultramoderna, mas toda clássica na sua simplicidade espiralada! A vista do alto das voltas da espiral, com as pessoas se mexendo, é um quadro vivo, uma escultura "*mobile*" como as de Calder![631]

Em suma, outras duas horas de mergulho no plano da arte foi um desafogo para as sombras que vejo no horizonte brasileiro, como se saíssemos daqui no verão e aí chegássemos no inverno, quando o verão nos espera, com as brasas em que se transformaram os brasileiros desde que a Revolução de 64 introduziu o terror como elemento capital da nossa evolução política! O terror e a tortura! Plena barbárie!

Hoje mesmo pensei no Gilberto Amado, com seu otimismo exagerado e interessado (pois foi sempre um incensador das posições estabelecidas, que lhe garantiram sempre viver à custa do Estado, e na Europa...), hoje pensei nele, e no prefácio que escreveu para o livro que o J.O. me mandou. Pensei... "o G.A. foi feliz de morrer antes de ver o que se está passando em nossa terra". Como aqui também há milhares de americanos envergonhados pelo que se passou em My Lai,[632] embora também entre nós haja outros milhares que já estão encontrando mil desculpas para coonestar a matança no Vietnã, tal qual os nossos corções e companhia.

Bem, perdoe este desabafo que não posso fazer à Mamãe, para não aumentar as suas preocupações. Nem lhe mostro nada

630_ Constantin Brancusi (1876-1957), escultor romeno.
631_ Alexander Calder (1898-1976), escultor e pintor norte-americano.
632_ Aldeia vietnamita cuja população sofreu o maior massacre cometido por tropas dos EUA durante a guerra do Vietnã. Ocorreu no dia 16 de março de 1968. Mais de 500 cadáveres de crianças, idosos e adultos foram encontrados no local.

do que a *Newsweek* publicou e nem o *NYT* de hoje, do jovem estudante preso, torturado e assassinado numa prisão paulista. Voltamos não mais à Idade Média, mas às "*dark ages*" que a precederam.

Mas a Luz virá! Virá! Virá!

Ciao,

P.

Rio (quase escrevi Nova York...), 6 de dezembro de 1969

Ainda utilizando o papel de exportação... Escrevo-te, aliás, depois de preparar o rascunho de um trabalho que vou dar a você aí: uma carta minha para passar à máquina. É uma carta-resposta a outra totalmente inédita, do general Lira Tavares, ex-ministro da guerra, consultando-me se deve apresentar sua candidatura à Academia! Já dei esta manhã uma entrevista ao *Correio da Manhã*, que parece que está totalmente modernizado e melhorado, embora moralmente diminuído com a saída da Niomar Sodré e de ter, com isso, deixado de ser um jornal de oposição, e sim de... composição "à brasileira"... Mas o repórter, que me pareceu um bocó, ou talvez apenas um tímido, voltou a me telefonar, perguntando-me o que eu pensava sobre a deliberação do governo em "punir e proibir as torturas". Sabe o que respondi? "Já vai tarde". Vamos ver se publicam. E acrescentei algumas considerações: "a escravidão foi suprimida em 1889, e só agora querem suprimir a tortura no Brasil"... etc.

(...)

Mas voltando ao general. A carta dele é um canto de humildade, e até me constrangeu, mas não hesitei, como seria natural, em aconselhá-lo a que não se apresentasse enquanto não fosse restaurada a democracia no Brasil. O Henriquinho,[633] sempre espirituoso e politicamente cínico (no sentido inglês da palavra), sempre dizia: "Mas ela (a democracia) nunca existiu no Brasil". A verdade é que, se nunca existiu no sentido perfeito da expressão (já que não há nenhum regime perfeitamente democrático), existiu mais do que hoje, especialmente desde que, em 1964, os milicos resolveram "salvá-la"...

Ontem comecei a retomar contato com o mundo subdesenvolvido em que vivemos, indo retirar uma mala que, em má hora,

633_ Refere-se a Henrique Dodsworth.

resolvemos despachar como carga aérea, para economizar nove dólares por kg de frete. Não digo que tenhamos pago mais, mas o trabalho que deu, num ambiente abagunçado de alfândega! Não compensa a economia.

(...)

Ciao,

P.

Rio, 18 de dezembro de 1969

Morreu o Costa e Silva. Fico pensando: se não fosse o golpe de 64, essa morte passaria totalmente despercebida. Mais ainda: se fôssemos apenas julgar pelo que fez, a partir de 64, igualmente mereceria, no máximo, passar despercebida. Mas como vivemos em plena mascarada, desde 64, temos aí "luto nacional", e até uma ordem, meio confusa, de obrigar o próprio comércio a fechar...

Vivemos, hoje, tão simuladamente que mais uma falsidade, menos uma, pouco importa. Muito mais grave que a morte de um homem bom – que o Abgar[634] disse "ter impedido muita coisa má", mas que também permitiu outras tantas piores – é a coragem com que um "torturado" revelou ontem, num Conselho de Justiça da Marinha, as torturas a que foi submetido no Dops. Ora, o horror da tortura não é apenas a dor em si, mas a quase impossibilidade das provas, pois ninguém (está se vendo que há alguém) quer aventurar-se depois de passar pela provação horrível de chamar sobre si o ódio dos torturadores. E esse "marítimo", de que trata hoje o *Jornal do Brasil*, teve essa coragem e, por isso, o seu depoimento é precioso, e vou guardá-lo como documentação para o que der e vier. Tanto mais quando o *C da M* iniciou uma série de artigos e entrevistas promovendo o resultado dos *habeas corpus* como meio de reiniciarmos a volta a um estado mínimo de garantia jurídica.

Seja como for, o fato é que o Costa e Silva pactuou com esse Estado antijurídico, e foi mesmo um dos seus lançadores, em 64, e não conseguiu, embora dissesse que pretendia implantar, quando tomou posse, um regime decente para este pobre Brasil, hoje dilacerado entre o terrorismo de cima, dos Dops e companhia, e o terrorismo de baixo, dos assaltantes de bancos e matadores de guardas, como ainda ontem o fizeram aqui no Rio, carregando 75 milhões em cinco minutos, e deixando,

634_ Refere-se a Abgar Renault.

como paga, dois mortos e dois presos. Se isso é vida para um povo que se diz civilizado!

Aliás... quando se lê o que fizeram os pseudomísticos de Los Angeles, com os assassinatos os mais monstruosos e cruéis, desmoralizando, com isso, o movimento *hippie*, que prega o amor e vive escrevendo a palavra *love*, e se cobrindo de flores e medalhas, como os *hippies* boêmios de *Washington Square*, com os quais cruzávamos todos os dias. Em Los Angeles, o lado satânico do hippieísmo se revelou, em toda a sua atrocidade, como mais uma aberração deste mundo aberrante em que vivemos.[635]

(...)

Ciao,

P.

Rio, 22 de dezembro de 1969

(...)

Você escolheu a melhor parte, que era também a parte mais dura. O centro da roda.

Ontem, na missa, como sempre, me veio a ideia de dar à Igreja mais um nome, além de Corpo Místico, Casa, Barca, Mistério, Fermento, Povo..., dar o nome de <u>Roda</u>. A grande Roda central da história. Por um momento, <u>visível</u> (na Idade Média) e, depois, cada vez mais... <u>invisível</u>, e até desconhecida, como hoje, mas sempre presente em Deus, que é sempre o centro de todas as rodas da História. Como Roda, a Igreja é, ao mesmo tempo, estática e dinâmica. Estática no centro, dinâmica na periferia. Quanto mais estático, fixo, imóvel deve ser o Centro, mais veloz, mutável, ativo, deve ser o extremo da roda. O eixo imóvel, os aros se mexendo e cada vez mais rapidamente à medida que se afasta do centro. Sem centro a roda não anda, mas sem aros, para que centro?

Tudo isso me veio à mente ontem, durante a missa, soleníssima, concelebrada, na ordenação do novo abade, o nosso Accioly[636] da Praça Quinze, muito mais centro que periferia... Muito mais eixo que aro... Mas a Igreja é uma e outra coisa. A imobilidade intemporal daquela venerável cerimônia do pão e do vinho, com toda a pompa litúrgica, tão pouco deste mundo de hoje, mas do mundo de sempre – só se justifica <u>se</u> a circunferência girar, girar, girar, para mover o carro. No caso, o carro da Igreja. O movimento é da roda,

635_ O autor se refere aos crimes cometidos, em agosto de 1969, pela comunidade de jovens conhecida por Família Manson. Charles Milles Manson (1934-) passou dos 9 aos 33 anos em reformatórios. Libertado, fundou na Califórnia uma comunidade aparentemente *hippie*, cujos membros – alguns, jovens de famílias ricas – o idolatravam e até o consideravam reencarnação de Jesus Cristo. Em 9 de agosto de 1969, um grupo da Família Manson invadiu a mansão da atriz Sharon Tate, grávida de um filho de Roman Polanski, e assassinou-a, e a mais quatro amigos, brutalmente. Charles Manson não estava presente, porém, considerado mentor, foi condenado à prisão perpétua.

636_ Dom Inácio Barbosa Accioly, abade do mosteiro beneditino do Rio de Janeiro.

mas a base para que haja movimento é do eixo imóvel. Uma e outra. O parado e o andando, e andando tanto mais rápido quando mais na periferia, é que permitem que a roda seja uma roda, isto é, o grande instrumento de deslocamento das coisas e, no caso, da revolução da história da humanidade.

Mesmo quando invisível é, hoje, a situação da Igreja, que vive morrendo para dar vida às verdades que Deus lhe comunica e continua a comunicar-lhe. Ali no São Bento,[637] o ritmo lento e incompreensível para quem o vê apenas de fora; mas lá fora, longe dali, padres presos, sofrendo calúnias e torturas, porque quiseram, talvez, caminhar depressa demais... Mas, pessoalmente, muito mais unidos ao Cristo na cruz que aqueles ali na celebração pacífica do Mistério, e repudiados por muitos daqueles ali presentes como sendo contraditores, hereges, subversivos, quando não assassinos. E, no entanto, pessoalmente muito mais próximos da cruz do Salvador do que a sua comemoração incruenta. Mas esta também indispensável para que a participação do aro da Roda tenha o seu sentido total, profundo, sobrenatural, e não seja apenas um ato de heroísmo, mas de... santidade.

O pior é que os do Eixo, em geral, concluem que a Igreja deve ser parada, conservadora, reaça, e combatem como seus piores inimigos – este o drama de hoje – os que discordam deles. E, por outro lado, os da periferia, por seu lado, acham que tudo na Igreja deve ser mudança, movimento, ação, e desprezam a contemplação, a liturgia, a vida monástica, ou mesmo a hierarquia e a Instituição. Quando a Roda é eixo do aro, ataraxia e movimento, conservação e renovação, reação e revolução, se quiserem, convivência e interferência dos opostos, sem contradição, porque na Igreja os contrários se atraem e não se opõem, na verdade, que está pra lá de todos os unilateralismos.

Eis porque acho a imagem da Roda, aplicada à Igreja, muito boa, e foi o que ontem senti no São Bento, onde não ia há tanto tempo, se não de passagem, e onde ontem, se não fui recebido como filho pródigo, é que havia gente demais, e os de lá são delicados demais para forçar a nota, e o bom gosto é uma nota beneditina típica, ainda ontem eu observava, nas menores coisas, tanto na mesa onde estava, como ao apanhar o microfone durante a missa, por exemplo.

[...]

Ciao,

P.

637_ Refere-se ao mosteiro beneditino do Rio de Janeiro.

Rio, 23 de dezembro de 1969

Aí vai a resposta à sua carta ao general. Leio no *J do B* de hoje que o dito esteve ontem com o meu xará na Academia, não sei se preparando já a escolta, numa *blitz* fulminante ou, matreiramente, o que é mais provável, amaciando o terreno para o assalto, como costumam dizer os artilheiros quando preparam o terreno do inimigo para o assalto da infantaria... De qualquer modo, o Exército quer tambem pôr o dedão na Academia, e como lá dentro não falta quem esteja disposto até a morrer para dar uma vaga, não tardarão os galões a dar entrada na casa do pobre do Machado.[638] Já houve lá cavalgaduras, como o Dantas Barreto[639] (perdoe a expressão), só por ser militar, mais recentemente o Leitão de Carvalho,[640] muito superior ao D.B., não teve senão dois ou três votos. Mas foi apenas porque se apresentou por si próprio, e com isso os carreiristas puderam ficar alheios. O Lira Tavares, porém, superior ao D.B., e inferior ao L. de C., é mais malandro e vai entrar como... candidato do Exército. E quero ver quem vai resistir à pressão governamental e militar.

Eu não tenho o direito de criticar ninguém nesse terreno, pois não resisti à pressão religiosa de Dom Leme, quando houve a candidatura do Getúlio. Até hoje a ferida não cicatrizou, mas o fato é que cedi a uma pressão religiosa. "A Igreja precisa que você vote no Getúlio." Por que não hão de outros ceder a pressões políticas ou... de simples medo? Não posso atirar pedras nos que cederem, mas posso, desta vez, fazer o que não fiz em 1941. Hoje, eu não cederia a Dom Leme, pois estou convicto de que foi uma terrível falha de caráter em Dom Leme, a única que lhe reconheço ter visto nos dez ou 15 anos em que lutei sob sua bandeira. Mas a mágoa ficou indelével, por mais que me procure convencer, talvez com razão, de que obedecer, no caso, foi um tal sacrifício que talvez se justificasse. Mas será que realmente valeu alguma coisa para a Igreja, mesmo do ponto de vista humano? Não será que o Getúlio a respeitaria mais se visse que eu não obedecia?

Bem, é incrível que, no fim de quase 30 anos, de 1941 a 1970 quase, eu ainda esteja revolvendo esse espinho na minha consciência, forçada pelo meu amigo, pelo que desde então deixei de frequentar e, com isso, comecei a perder todo o gos-

638_ Refere-se a Machado de Assis, um dos fundadores, em 1896, da Academia Brasileira de Letras.
639_ Emídio Dantas Barreto (1850-1931), ministro da Guerra do governo Hermes da Fonseca, militar e político, era favorável a castigos físicos a militares indisciplinados. Escreveu obras sobre campanhas militares.
640_ Estêvão Leitão de Carvalho (1881-1970), militar e escritor.

to pela Ação Católica. Penso que, na realidade, foi então, de 1928 a 1941, que fiz alguma coisa no terreno do apostolado leigo. Desde o episódio com D.L. e o G. na Academia, perdi todo o entusiasmo, por ter sentido de perto, de perto demais, o lado humano, humano demais, da Igreja.

Reconheço que fiz mal, pois esse lado humano é a marca da Igreja no mundo, e por esse motivo eu não devia ter "motivo justo" de perder o entusiasmo da ação. De modo que a culpa foi minha, foi por não ter realmente "*l'âme de l'apostolat*",[641] que é o perfeito desdém de si em favor do outro, e este Outro é o próprio Cristo. Foi uma lição de humildade e de justiça a respeito do que realmente valho. E é bem pouco. Mas... não entremos por um terreno que você julgará como sendo de falsa modéstia etc. e tal.

[...]

Rio, 26 de dezembro de 1969

Já um pouco tarde, 11 e 30, mas peguei uma noveleta de um autor colombiano que, de repente, estourou por aqui, como o grande *best-seller* de valor de 1969/70, que não larguei até o fim. Ainda não li o livro que provocou a explosão, aliás, já de 67, mas que levou dois anos a chegar aqui, sobretudo através de uma crônica do Paulo Mendes Campos. *Cem anos de solidão*,[642] de que todos falam maravilhas, exceto o meu vizinho do famoso e chatoso jantar do Pen Clube, um Ackerman, que o achou apenas mais ou menos. Fiquei até encabulado – mas no fundo um pouco vaidoso... – de ainda não o ter lido, quando todo mundo já o leu, e eu mesmo estou agora com vontade de o ler, e como não m'o mandaram da editora – a Sabiá do Fernando Sabino,[643] Rubem Braga[644] etc. – o *Solidão*, vou levá-lo para você logo que consiga encontrá-lo. Outrora era o Tristão que anunciava os livros *best sellers*, mas agora o T. anda tão preguiçoso e velhote...

[...]

Essa xaropada pseudoteológica aí vai apenas para você ver um pouco das meditações e preocupações deste meu próprio caminho, em que me sinto afastado de outras posições antigas, mais rígidas, mais incisivas, mais ortodoxas talvez, mas

641_ Em francês: Alma de apostolado.
642_ Romance do escritor colombiano Gabriel García Márquez (1928-).
643_ Fernando Tavares Sabino (1923-2004), jornalista e escritor.
644_ Rubem Braga (1913-1990), escritor e cronista.

também menos enraizadas em mim. Hoje, penso, sou muito mais eu mesmo, à vontade, dentro do homem novo, sem precisar, a cada momento, estar procurando fugir do homem velho, pois não posso crer que São Paulo tenha considerado o homem velho como tudo o que nele (pois está se vendo que olha para seu próprio caso de convertido violento) havia antes. Apenas, creio eu, o que havia antes de oposto ao que veio depois. Exemplo, o ódio a Cristo, o fanatismo etc. Mas não que quisesse opor totalmente Paulo e Saulo. Havia coisas de Paulo em Saulo, como ficou havendo coisas de Saulo em Paulo... O continuísmo se manteve, pois ninguém morre de todo a si mesmo. E assim como em nosso Anjo há sempre o Animal, em nosso Animal há sempre um Anjo...

Tudo isso será apenas uma argumentação de advogado procurando justificar-se?

Não creio. Há apenas a voz da Paz querendo espanar as aranhas da contradição e do debate interior que mesmo um camarada mais monologante que dialogante trava consigo, mesmo no dia de Natal, quando houve no mundo, e há, a cada ano, um Antes e um Depois, e a nossa preocupação é compreender o que deve ficar abolido no Antes e o que deve ser preservado para o Depois, já que a humanidade não é isto ou aquilo, não é o Antigo Testamento ou o Novo Testamento, cristão ou anticristão, homem velho ou homem novo, mas uma continuação que temos de levar ao Juízo Final com a maior humildade, pois afinal, se somos assim divididos, é que nem o batismo nos arranca do pecado, e temos de nos manter assim em constante vigília. Daí a importância fundamental das vigílias, e também dos Após Festas, dos dias seguintes, que são também um nosso estado constante antes da festa. Assimilação do que esperamos na vigília e recebemos na festa.

Meditações para o dia 26... Santo Estêvão que nos ajude a digerir esta "*digestio*"[645] da verdade, nesta fase de ruminação que se segue às grandes festas do Natal à Páscoa e a Pentecostes.

E antes que esta "*digestio*" se torne indigesta demais, com tanto falatório, vamos à meditação.

Ciao,

P.

645_ Em latim: Digestão, distribuição, arranjo, ordem. Divisão de uma ideia geral em pontos particulares. Aqui no sentido de ração.

Petrópolis, 29 de dezembro de 1969

(...)

Uma coisa ontem me retemperou dessa mania em que ando, ultimamente, de olhar para mim mesmo e tentar avaliar em que posição me encontro neste final de carreira. Depois da missa, como sempre, pensei nas influências sofridas dos "*big shots*" estrangeiros. Se entrar a fundo mesmo, diria: nenhuma. Mas pisando um pouco, como sempre, na superfície, diria:

1 – na adolescência, Anatole France,[646] de longe. E também algum Machado de Assis. Talvez Eça de Queiroz. Mas apenas para ler e gostar.

2 – na mocidade, "*around*" 1928, Chesterton, Fulton Sheen e, acima de todos, já se sabe, Maritain.

3 – aí por 1950/60, quando descobri João XXIII – Teilhard de Chardin e, sobretudo, Thomas Merton.

4 – hoje... ninguém.

E esse ninguém é que explica talvez as minhas dúvidas ou perplexidades atuais, de uma liberdade absoluta (digo como influências e grupos), de modo que a solidão deixa sempre um gosto de risco e de incerteza em torno da liberdade, que explica o "livre atirador" destes últimos anos, que não tem grupo, nem doutrina sistemática, nem rótulo, e que, como Rocha, só tem a Maior: a mensagem de Cristo nos textos puros, autênticos, litúrgicos, *lex orandi lex credendi*,[647] sem que nem São Paulo – salvo a mensagem divina que há nele – nem Santo Tomás, nem São Bento, nem todos os gênios que marcaram minha vida – podem substituir. É o viajante, no alto da montanha, bebendo a água das fontes originais, puras, intocadas, das quais tudo o mais deriva, tanto no plano da Razão Natural, como da Revelação Divina.

Esse viajante solitário, no alto da montanha, bebendo a água imaculada das fontes – será mesmo o que sou hoje no fim da carreira? Daí a minha solidão, as minhas melancolias, o meu desamparo, as minhas palavras como você está habituada a ouvir ultimamente... Mamãe e vocês, meus únicos esteios fora da água da fonte no alto da montanha.

Ciao,

P.

646_ Anatole France, pseudônimo literário de Jacques Anatole François Thibault (1844-1924), romancista francês.

647_ Expressão latina: A lei da fé é a lei da oração.

Rio, 30 de dezembro de 1969

Como você está vendo pelo telegrama junto, o general, ex-ministro da Guerra da ditadura[648], acabou se apresentando mesmo à Academia.

(...)

O Globo de sábado, mostrou-me ontem o José Olympio, já se referiu à minha carta, de modo insidioso e falso, como tudo o que esse infame jornal publica a meu respeito, dizendo apenas que eu respondera à consulta do general, "negando-lhe o voto, por motivo político. E houve resposta." Com essas pequeninas mentiras ou sem-verdades é que se criam as falsidades com que se tece a história! Por isso mesmo peço-lhe que me mande, quanto antes, cópia de minha carta ao general,"porque se acaso" tiver de ser publicada, para saberem que lhe nego voto, não apenas "por motivo político", mas porque sou contrário à "teoria dos expoentes", única razão pela qual um "general" sem obra literária ou intelectual de qualquer valor tem o topete de se apresentar à Academia! E o motivo político não é ter ele ideias opostas às minhas, mas "ser um militar da Ditadura" e, com isso, dar a impressão, pelo menos, de se aproveitar disso para fazer pressão sobre a Academia!

Agora, o que me lavou a alma, ontem, foi o artigo do Hélio Fernandes, a quem passei ontem mesmo um telegrama felicitando-o. Que papelório, tanto do general quanto do A. de A. Agora, se a Academia se acovardar, o lapso pertence à Academia, mais que a esses dois interessados. E, nesse caso, não sei se terei estômago para continuar frequentando-a. Por coisa semelhante – a eleição de Lauro Müller[649] –, o José Veríssimo deixou de ir à Academia. Não sei ainda se o farei, mas sei que gostaria de fazê-lo daqui a três meses, quando se fizer a eleição.

Telefonei agora, ou antes, tentei telefonar ao Lêdo Ivo, para saber se ele já se apresentou, como me disse que ia fazê-lo há oito dias, logo depois do equívoco do Vianna Moog, que lhe roubou uma eleição ganha. Mas estou temendo que o próprio Lêdo – não quero fazer juízo temerário – seja o primeiro a recuar. Não consegui encontrá-lo, mas hoje mesmo hei de tirar a limpo essa preliminar. Já sei que o A. de A., logo mais – pois é hoje a sessão – vai me dizer que é falsa a versão do H.F., mas não a desmentirá oficialmente. Acho difícil, ao menos julgando por mim, que um

648_ Refere-se ao general Lira Tavares.

649_ Lauro Severiano Müller (1863-1926), militar, político e diplomata, patrono de uma das 40 cadeiras da Academia Brasileira de Letras.

jornalista militante como o H.F. faça afirmações de fatos sem que sejam verdadeiros. Ideias é fácil encontrar ou interpretar mal, mas fatos são ou não são.

De qualquer modo, jamais será com o meu voto que o tal general entrará para a Academia, e se entrar, é muito provável que seja eu a sair, ou pelo menos a me recusar a qualquer atividade e frequência. Sairei discretamente, como pretendo um dia sair dos jornais, dos livros, das tribunas e, afinal, da própria vida.

(...)

Ciao,

P.

janeiro | **1970**

Rio, 1º de janeiro de 1970 – Aleluia! Aleluia!

Sim, comecemos o novo ano espanando as teias de aranha e procurando ouvir os sabiás, né mesmo? Por isso, nada de olhar pra trás, mas de tomar o arado com as mãos e tocar para frente! Não é a isso que nos convida a admirável mensagem de Paulo VI?! Veja você. Cada vez que ele fala assim, procurando unir pelo Amor, pelo Perdão, pela abertura ao Espírito, dirigindo-se a todos os homens, retoma-se nova vida. A princípio os papas se dirigiam aos bispos ou aos reis, depois aos fiéis; depois, com João XXIII, aos "homens de boa vontade"; mas, agora, Paulo VI vai além. Dirige-se textualmente "aos homens do mundo inteiro", isto é, realmente, a "todos os homens"!

E é isso que é católico, que é Igreja Católica... Sem rótulo, sem tronos, sem poltronas de espaldar para uns e bancos sem encosto para outros; nem aqueles coros suntuosos que vimos juntos na catedral de Las Palmas ou de Barcelona, que isolavam o clero dos fiéis, sem que para estes houvesse sequer bancos. Mas com lugares reservados para os Reis, os Grandes, os Ricos! Quando é que então se admitiria que um papa se dirigisse a todos, aos homens do mundo inteiro, sem distinção de raça, de poder, de riqueza, nem mesmo de fé!

Isto é volta à Igreja primitiva, pela ida à Comunidade Eterna! E é a isso que... bem, já ia eu dividir, julgar, condenar, fazer o oposto daquilo mesmo que achei fantástico na Mensagem, o apelo ao Perdão, ao esquecido Perdão, ao despraticado, e à Paz, como movimento para frente, e não volta ao passado ou estabilidade imóvel no presente.

Dirá você que estou, com isso, apenas fazendo o que condeno, e procurando no papa aquilo que coincide com o que penso, e de que me acusam os imobilistas, passadistas, tradicionalistas etc. Mas você sabe também que não é isso o que quero, e sim a coexistência dos contrários, o meu (ah, <u>frigida verba, mecum tecum</u>)[650]

E, E, E, E, E, E,

e não

Ou, Ou, Ou, Ou, Ou, Ou

o teu

650_ Em latim: Palavras geladas, comigo, contigo.

Se eu soubesse fazer músicas para violão, criaria a canção do E, E, E, que seria a minha canção! Não do OU, OU, OU, que soa tão lugubremente aos ouvidos, e é desgraçadamente o que ouvimos a cada passo, e o que, infelizmente, praticamos, pois afinal não basta cantar E, E, E, seria preciso praticar o E, E, E, e é isso que me falta...

Não preciso ler o que diz o *Jornal da Tarde*, mas basta saber que há quem faça comigo o que eu mesmo não faço... A penitência..., a flagelação, a verdade... Para compensar o mel nos lábios com este artigo do xará, desta manhã... Tive, entretanto, a coragem (...) de lhe dizer, por telefone, junto às zumbaias convencionais: "Você quer que eu lhe diga, neste momento, um mau pensamento que me ocorreu ao ler o seu artigo? Ele não pode ser sincero".

Ele parou um pouco, surpreso com a minha sinceridade ("Alceu, você está ficando franco demais", me diz Mamãe), e disse: "Afirmo a você que escrevi isso com a máxima sinceridade. Sempre o acompanhei e o que me impressionou foi o homem e o escritor". Tomara que fosse...

Enfim, dada a minha eterna falta de confiança em mim mesmo, mas também o esquecimento fácil, tanto das surras como dos bombons, é bom que haja artigos como esse, e surras como as do *Estadão*, para permitir que o equilíbrio se faça entre o E, E, E e o <u>OU, OU, OU</u>, que também existe em mim (o OU, OU, OU), pois, na realidade, se o OU exclui o E, o E inclui o OU, não é mesmo?

(...)

Volto ao papa... Adorei o princípio, <u>homens do mundo inteiro</u>... Nem a restrição "de boa vontade", e o fim... aquele "reler uma e muitas vezes o *Sermão da Montanha*"...[651]

Penso no Jackson,[652] que considerava o *Sermão da Montanha* um amolecimento, um sentimentalismo, um liberalismo... Por essas e outras é que, hoje, o Jackson <u>foi</u>, para mim, um grande momento de minha vida, mas não o momento definitivo. Marcou uma curva definitiva, mas... a estrada prosseguiu e a curva ficou no passado. Teria sido melhor se a curva ficasse sendo o caminho, e não apenas uma curva do caminho?! Deus é que sabe. Para muitos terá sido isso. E o Tristão acabou corrompendo o Alceu... Não vale a pena pensar no que seria melhor. O que foi, foi. Sou o que sou, medíocre mesmo, como me disse a hora da verdade do velho professor José Accioli,[653] mas

651_ Ver: Novo Testamento, Evangelho de Mateus, cap. 5 vv. 1 a 12.
652_ Refere-se a Jackson de Figueiredo.
653_ José Cavalcanti de Barros Accioli (1876-1938), professor do autor, fundou o Ginásio Petropoliano.

se quisesse ser outro, mesmo que fosse melhor, seria afinal pior, porque... você já sabe...

(...)

Ciao,

P.

Petrópolis, 4 de janeiro de 1970

Hesitei um minuto entre a carta e um aceno de dentro para uma croniqueta sobre a revolução de 30 e a revolução de 64, como vejo, de quem pressente que voltou aos poucos a haver mais liberdade de escrever depois do túnel de dezembro de 1968 a dezembro de 1969. Será que os próprios covardes da *Folha* já se convenceram disso? Como sou cada vez mais um intuitivo, um pré-sentimentalista, reconheço ao longe, ou antes, ao fundo, dentro de mim, como num sismógrafo, essas ligeiras alterações de equilíbrio que denotam mudanças de tempo... político, moral ou intelectual. Nisso nada de meu, mas de todos os camaradas não totalmente obtusos, ou não estreita ou largamente racionalistas, dogmatistas ou sectários.

Bem, o que sinto e pressinto é que o clima está mudando, no sentido da liberdade, mas de modo tão mínimo que, a qualquer momento, pode mudar de novo, exatamente porque é passado apenas na convicção dos donos de nossa terra desde 64, que conseguiram esmagar todas as veleidades de uma crítica e de uma liberdade realmente poderosas e autônomas capazes de mudar as leis, ao menos as leis. Nem falemos em mudar as estruturas, as instituições ou os homens. E, mormente, de permitir que os críticos da <u>Revolução-64</u> possam chegar ao poder.

Tudo isso mostra como essa aragem de liberdade é apenas consentida, o que a torna, não só muito precária, como totalmente insatisfatória. Não digo que seja apenas uma isca de má-fé, para desmascarar os verdadeiros adversários, os oposicionistas do governo, ou pelo menos da situação. Como sempre, acredito na boa-fé do adversário até que ele prove o contrário por seus atos. E ainda não vislumbrei má-fé nesse terceiro estágio da gripe-64... O Médici,[654] pelo contrário, dá toda a pinta de ser um sujeito sincero e de boa vontade. Como, aliás, era o Costa e Silva no começo, quando falou em "humanizar a Revolução" e acabou

654_ Refere-se ao general Emílio Garrastazu Médici, então na presidência do Brasil.

engolindo e impondo, em dezembro, de 68, o AI-5, que esmagou a liberdade política no Brasil, e sem cuja total extinção tudo o mais é apenas pó de arroz numa face macerada de varíola...

[...]

Ciao,

P.

Petrópolis, 5 de janeiro de 1970

[...]

Quando passo uma semana sem escrever alguma coisa, começo a curtir a... cabeça pesada. É sinal de que preciso rabiscar seja lá o que for. Mesmo inútil e superficial, como aliás tudo o que hoje faço como "remate de males", como diria o Mário de Andrade.

Por falar nele, 1970 será o 25º aniversário de sua morte. Já me pediram um artigo para São Paulo, mas não me lembro ao certo nem quem foi – por intermédio de um tal Henrique Alves, repórter de uma tal *Gazeta Esportiva* [sic] – e nem sei para quando. Preciso reler o Mário, para sentir de novo o seu espírito e colocá-lo neste Brasil de 70, muito pior que o de 45, que ele já julgava péssimo. Me pergunto: como teria evoluído, não só política, como literariamente? Inútil imaginar o que teria sido se fosse. Mas inevitável a curiosidade que nem no Juízo Final poderá ser satisfeita, pois ele próprio não saberá, se é que nos fixamos para a eternidade como somos ao morrer, ou com uma capacidade de prever os futuríveis de antes de nossa morte.

[...]

Ciao,

P.

Rio, 7 de janeiro de 1970

[...]

Mas... o fato é que eu não creio mais na missão do CDV. Esgotou-se com a fundação da PUC. Teria de se transformar. Seria, por exemplo, um antídoto contra os integristas da *Permanência*. Mas onde estão os homens para isso? Mas é preciso que alguém tome, hoje, a iniciativa, como eu... em 1929. Mas hoje tudo mudou. Eu já não tenho a fibra de 1930, nem a idade. Nem talvez a segurança de estar com a Igreja. Hoje, eu me pergunto: onde está a Igreja no terreno cultural? Há, pelo menos, dois grupos. E nós seríamos um deles. Seria mesmo esta a nossa missão hoje: representar a ala avançada da Igreja, como em 1930, com as ideias de Maritain, da Ação Católica, da liturgia. Mas... com quem? Os novos estão siderados pela ação direta. Os velhos estão na *Permanência* ou na... abstinência. Não vejo alguém. O Cândido Mendes seria, talvez, o mais indicado. Mas está naturalmente absorvido por sua própria Universidade *in fieri*,[655] onde, aliás, há um que estaria a ponto para formar conosco: o Dumerval Trigueiro.[656] Mas... e o Sobral?[657] O Sobral, no fundo, é tão reaça como o Corção. Seria difícil, senão impossível, arranjar um grupo de professores "progressistas" que não tivesse caráter sectário ou político-revolucionário. De modo que não vejo como será ou seria possível começar algo que justificasse uma ofensiva no campo das ideias, sem entrar numa polêmica formal com o grupo direitista dos corções e companhia. Tudo isso porque, se não inviável, pelo menos precário, o começo de uma atividade formal do Centro.

Vejo-o, antes, como sede da Comissão Brasileira de Justiça e Paz, com uma combinação prévia com o Candinho. Projetos a meditar. No momento, respiremos um pouco mais desafogados que ontem.

Ontem, também, marcou uma data, ou pelo menos uma datinha, em minha vida jornalística: rompi definitivamente com a *Folha*!

Coerente com o que eu escrevo, passei ao Cláudio[658] um telegrama, depois de verificar que o artigo de domingo não saiu.

"Peço devolver-me artigo não publicado. Despeço-me, sem rancor, com um abraço amigo – AAL."

E com isso termina, depois de tantos vai e vem, uma colaboração que começou já não sei quando. Você poderá verificar aí no seu arquivo. O artigo que eles não publicaram, como eu queria, era o primeiro dos três em que eu dividia o tal capítulo sobre "politização e trabalho", para o livro projetado pelo Paulo Ferreira e que não chegou a sair. Vejo que a *Folha* continua vendida aos tradicionais feudalistas da Sociedade Rural, que sustenta, juntamente com os plutocratas paulistas ou nortistas, a TFP. O Cláudio é um marxista, ou pelo menos assim se proclama à boca pequena. O que se vê é que é um oportunista, ou senão, coitado,

655_ Expressão latina: Em processo de se tornar.
656_ Dumerval Bartolomeu Trigueiro Mendes (1927-1987), professor e especialista em educação.
657_ Refere-se a Sobral Pinto.
658_ Refere-se a Cláudio Abramo.

um pai de família que tem em casa três ou quatro bocas a alimentar e sabe que se perder o emprego na *Folha* não terá onde cair morto. Compreendo a sua posição e por isso me despedi sem rancor nem ruptura!

[...]

Ciao,

P.

Rio, 8 de janeiro de 1970

[...]

Uma fotografia que me irritou veio, hoje, na primeira página do *J do B*, bem em destaque: o Médici, secundado por dois generais, segurando a âmbula na missa mandada rezar por seus colegas de turma! Esta aliança ostensiva e publicitária do "catolicismo" dessa gente da ditadura é, para mim, um espetáculo mais depredante que a própria ditadura. O Getúlio, pelo menos, com o seu velho positivismo, não fazia graça de nada, e se mostrou favorável à Igreja e às nossas "emendas" à Constituinte de 34 e à Constituição de 37, por intermédio do Chico Campos,[659] e este, privadamente, por mãos do Schmidt,[660] restabeleceu o ensino religioso facultativo nas escolas públicas. Tudo foi feito sem que nem o Chico Campos nem o Getúlio viessem bancar de coroinha, como esse Garrastazu a carregar âmbula com um olhar contrito de seminarista e, ao mesmo tempo, a prender estudantes, professores e padres, e manter as prisões cheias de presos sem culpa formada.

Ainda há dias foi preso o irmão da Aila e mais um grupo de amigos, prisão ontem relaxada, quem sabe se por influência do Corção junto aos generais seus amigos! E hoje veio a prisão do ex-frei Catão![661] Até que ponto eles estavam praticando atos de violência, ignoro, mas sou capaz de jurar que nunca o fizeram. Mas a maior infâmia é que a notícia que os jornais, ontem, deram da prisão do irmão da Aila e quatro amigos (inclusive um cônsul nosso em Nápoles) é que se reuniram para fumar maconha e praticar atos imorais. Era esse o processo infame de Hitler ao prender padres (na Itália, Mussolini fazia o mesmo), acusando-os também de traficarem em câmbio negro etc. Não se contentam em prender o adversário. Querem também desmoralizá-lo. Honra seja feita aos

659_ Francisco Luís da Silva Campos (1891-1968), jurista, redigiu a Constituição de 1937, de caráter autoritário, e o Ato Institucional número 1 da ditadura militar implantada em 1964.

660_ Refere-se a Augusto Frederico Schmidt.

661_ Francisco Augusto Carmil Catão (1927-), doutor em teologia e professor, foi preso em Porto Alegre, em janeiro de 1970, acusado de envolvimento com o grupo de frades dominicanos que, em São Paulo, dava apoio à ação guerrilheira liderada por Carlos Marighella.

Estados Unidos, onde a ninguém se nega o direito de defesa, e não se admitem insultos aos detidos.

(...)

Achei, modéstia à parte, que a condenação – sempre antipática – que o papa fez, ontem, aos extremistas da direita e da esquerda coincide com a nossa posição, embora eu não esconda as minhas simpatias pela esquerda, e me considere um progressista e, portanto, merecedor da palmatória papalina. Paulo VI acha que a Igreja tinha esquecido demais o "chicote", a "palmatória", a "vara", o "anátema". É uma lástima, e por essas e outras é que me sinto, hoje, tão longe dele, e cada vez mais saudoso dos tempos de João XXIII. A Igreja está voltando para o gueto! Depois de fechar as janelas e as portas que João XXIII abriu, está levantando muralhas e voltando a ser uma fortaleza contra os "males dos tempos". Nem tanto, *seo* Alceu... E a prova é que você mesmo, ao ler o papa, achou que seu artigo *Mea culpa* estava bem no espírito da condenação do duplo extremismo, que você mesmo condena...

(...)

Ciao,

P.

Petrópolis, 24 de janeiro de 1970

(...)

Neste momento, leio no *J do B*, um documentário sobre este novo escritor canadense, Marshall McLuhan,[662] que uns chamam de idiota e outros de gênio. A sua ideia central é que a <u>comunicação</u>, isto é, estarmos sempre recebendo mensagens de todos e de tudo – modifica totalmente nossa relação com a <u>verdade</u>, e esta passa a não existir. É fácil refutar isso, colocando a sua posição apenas entre os relativistas e os céticos absolutos, dos quais me libertei, quando troquei, em 1928, e mesmo antes, a filosofia do vir a ser (logo: das não verdades), pela do ser (logo: da verdade). Mas... o problema é mais complexo e o realismo (ser) tem de ser combinado com o irrealismo, com o possibilismo (vir a ser), aumentado monstruosamente pela <u>tecnologia das comunicações</u>, que de fato nos colocam de tal maneira em contato com tudo o que se passa no universo, que realmente podemos dizer que

662_ Herbert Marshall McLuhan (1911-1980), filósofo e educador canadense, especialista em ciência da comunicação.

a nossa capacidade de percepção fica profundamente afetada, a cada momento, por esse aluvião de contatos com tudo o que ocorre no mundo inteiro. É verdade. E retrata, no sentido horizontal, *algo nuevo*, que se pode comparar ao impacto de um Freud, no sentido vertical, em profundidade, com a psicanálise, que nos abriu um mundo novo de percepção subconsciente, que realmente alargou em profundidade a nossa percepção, aumentando enormemente a consciência com a subconsciência, como as ideias de McLuhan alargam a nossa percepção no sentido da horizontalidade, e daquilo que sempre foi uma das minhas teclas favoritas, o universalismo.

Bem, agora, nem Freud nem McLuhan bastam. A terceira extensão da consciência é a verticalidade para cima, a suprarrealidade, a sobrenaturalidade, onde se encontram as massas dos fenômenos parapsíquicos e superpsíquicos, e lá, no alto, a Revelação Divina, onde se acotovelam as místicas mais diversas e onde a nossa fé católica – (e, nesse ponto, a fé é mesmo suprarracional e superintelectual) – aceita a extrema simplificação do Dogma, da Trindade, da Divindade de Cristo, da Virgem Maria etc. É aceitar a fé ou rejeitar. Mas, de qualquer forma, a dimensão para o alto completa a dimensão para baixo (que Freud nos revelou, ou pelo menos mostrou sua importância imensa) e, agora, McLuhan, o maluco, faz coisa semelhante, no sentido da horizontalidade etc. e tal.

(...)

Ciao,

P.

Petrópolis, 28 de janeiro de 1970

(...)

Amanhã será um dia brabo, como eu falava das "semanas brabas", nos tempos do Conselho de Educação, de que não tenho a mínima saudade. Agora, a instituição da qual sairia também, sem saudade alguma, seria a Academia... com a entrada do general. É possível que não saia por displicência, já que não tenho a consciência pura em caso semelhante – "lembrai-vos de 1941" –, porque antes da minha entrada a Academia já era assim, com os poderosos muito mais fortes que os valiosos, e onde os Dantas Barretos e os Jaceguais[663] figuram por serem generais e almirantes. Falta agora é um brigadeiro... Mas estou, pelo menos, decidido a recusar o velho costume – que dura há 18 ou 20 anos – de iniciar, cada ano, a série de conferências. Será o meu protesto mudo com o "assalto" do general... Aliás, se se realizar o projeto de abril, estarei fora daqui no dia da eleição, pois, se formos, é natural que estiquemos por todo abril em Paris, a semana inicial em Viena. A reunião será em Baden, perto de Viena.

Hoje à tarde terei, aqui, uma entrevista com um jornalista americano, a pedido de um redator do *Correio da Manhã* que, ontem, me telefonou. Detesto que me venham procurar em casa, especialmente nesta nossa toca da Moselinha, mas continuo com o fraco de não saber dizer "não"...

Da leitura dos jornais desta manhã, resultou, pelo menos, a boa impressão de um dos membros do governo, que, realmente, durante esses cinco anos de ditadura, foi o único, a meu ver, que se salvou, humanamente falando. O atual ministro da Educação, Jarbas Passarinho.[664] Está comigo em ideias políticas e talvez por isso mesmo já o destacava da turma dos "assaltantes". Quando apareceu o *Meio século*,[665] o José Olympio queria que eu mandasse o livro ao Passarinho. Recusei, mas lhe disse que o achava, pessoalmente, muito acima de tudo o que a "Revolução" trouxe à tona. Hoje, lendo o discurso dele de ontem, aos reitores, confirmei-me nessa impressão. Quem sabe se será o homem, saindo de dentro do tumor, capaz de impedir que o pus revolucionário envenene todo o organismo.

Aliás, também da leitura nos jornais da manhã, de uma entrevista do Newton Carlos,[666] no Chile, com aquele general Viaux[667] que, no ano passado, esteve a pique de tomar o poder, tive a impressão de que o Chile está madurinho para voltar a Balmaceda,[668] que foi um ditador do século XIX, que acabou se suicidando, mas deixou tais simpatias populares que o seu túmulo vive cheio pedidos por sua intercessão! E agora, se vier a extensão no Chile de um fenômeno que está se realizando no Peru, e parece que também na Bolívia, um militarismo esquerdizante. Já há indícios disso aqui no Brasil e, há dias, a *Tribuna da Imprensa* publicava uma longa análise da revolução fracassada, feita por um major exatamente nessa linha. Seria verdadeiramente o desdobramento do mesmo fenômeno militarista que nos deu a República (1930-1964), mas, já agora, num sentido de

663_ Artur Silveira de Mota (1843-1914), Barão de Jaceguai, conhecido como Artur Jaceguai, marechal e escritor, lutou na Guerra do Paraguai e pertenceu à Academia Brasileira de Letras.
664_ Jarbas Gonçalves Passarinho (1920-), coronel do Exército, foi governador do Pará e senador. Assinou o Ato Institucional número 5.
665_ Obra do autor.
666_ Newton Carlos de Figueiredo (1927-), jornalista especializado em política internacional.
667_ Roberto Urbano Viaux Marambio (1917-2005), general chileno, encabeçou, em 1969, um movimento por aumento do soldo dos militares e, em 1970, participou do assassinato do comandante-chefe das Forças Armadas, general René Schneider, para tentar desestabilizar a candidatura de Salvador Allende à presidência do Chile.
668_ José Manuel Balmaceda (1840-1891), presidente eleito em 1885, criou a Universidade Católica do Chile, em 1889.

esquerda, que nenhum dos três movimentos, nem mesmo o de 30, tiveram.

Como, cada vez mais, só penso na liberdade ameaçada por todos os lados, tanto pelos nossos reacionários atualmente no poder aqui, como nos outros, temo muito que esse tipo de militarismo seja tão detestável como o de tipo direitista. Mas, de qualquer modo, é superior a ele, pois está na linha da evolução, e não da involução. Mas a ameaça à liberdade será a mesma, de modo que ficarei contra ele se acaso nos atingir, depois de derrubar, no Chile, ou mesmo na Venezuela, as tentativas de uma esquerda não comunista e mesmo cristã. Confesso que cada vez mais me repugna empregar o termo cristão para um partido religioso ou um regime. Precisamos preservar a Igreja e o Cristianismo de toda confusão política, ao mesmo tempo que temos de defender a participação dos cristãos na política e a participação da Igreja na defesa da justiça na ordem política.

(...)

Ciao,

P.

Petrópolis, 30 de janeiro de 1970

Voz de Deus (consciência?) durante a missa: "Sua missão não está terminada". Chato. Eu que já me dispunha a cruzar os braços e sentar na cadeira de balanço, esperando a chegada da mensageira... Mas (meditação pós-missa...) que pode ter ainda que fazer um tipo desapontado – desapontado com o Estado, desapontado com a Igreja (o que é mais grave) e desapontado comigo mesmo, o que é de menos –, pois nunca estive tanto assim desde que me entendo –, o que pode ainda um tipo tão desapontado cumprir como missão, quando há tanto tempo que sinto que só estou me repetindo? Pois tudo já disse, e escrevi o que tinha a dizer, e não me sinto com forças nem com ideias, nem com alma para empreender mais nada. Sinto perfeitamente que, dos sete pecados capitais, o que mais me seduz, nessa altura dos acontecimentos, é a preguiça, o gosto da sesta depois do almoço. E de ir para a cama à noite, ler umas páginas sem responsabilidade de pensar, antes de dormir...

Mas o que pode um cidadão, nesta disposição de espírito, ter ainda a fazer ou ouvir sequer falar em resto de missão a cumprir?... Só temo, agora, é estragar a pintura do que mal ou bem já foi feito. E agora só me resta sentar, cruzar as pernas ou os braços e esperar, esperar que venham me buscar com a bagagem (75 livros) e as bobagens que fiz pela vida.

(...)

Bem, o que eu queria não era falar do Villaça, mas de mim mesmo e da voz de Jesus na missa e das minhas cogitações pós-missa, desapontado com esta palavra que ainda não me permitiria, se fosse julgá-la mesmo como a voz de Deus, e não como um simples flato vogal ("*flatus voces*") de um dos muitos tristões que moram dentro de mim, e do que o Tristão, cinquentenário de 69, não é senão um porta-voz nem sempre fiel dos outros, alguns em contradição, tanto com o Tristão oficial, como com o Alceu, o pacato hospedeiro de tantos hóspedes barulhentos, tartamudos, inteligentes ou burros, conservadores ou revolucionários, que convivem no fundo do Alceu, que continua a ser, até hoje, o tal menino caladão remexendo fubá pra vaca ou cortando folhinhas na "número dois" (a Casa Azul), enquanto a babá Titinta (Jacinta) dormitava e a mamãe chegava à varanda chamando Jacinta, um pouco assustada com o silêncio da velha babá modorrando e do menino (*Vida*) remexendo o alguidar ou picando folhinhas em silêncio, na paz do Cosme Velho, e da velha chácara de um vale e de um tempo em que tudo parecia definitivamente fixado para sempre – pelo menos para o menino e sua babá...

Bem... "que missão pode ser essa", se já não tenho gosto por missão alguma, e só penso como me descartar dos convites que recebo – como o de ontem, para dar a lição inaugural da Faculdade de Direito de Valença, e só peço que... se esqueçam de mim.

Uma hora depois, um chamado ao telefone. Uma voz de homem entrecortada de soluços (sic), que mal consigo ouvir, e até faço repetir: "Li seus artigos de ontem e de hoje (*Balanço negativo* e *O eixo e o aro*) e quero lhe agradecer, dr. Alceu. Sou um daqueles lares que choram um ausente...". E, em prantos, desligou. Fiquei zonzo.

Fiquei com o coração pequenino. Nunca ninguém me telefonou chorando, e senti que estava mais ligado àquele desconhecido que a todos os que escrevem artigos pró (ou contra) o Tristão! Subi com os olhos também molhados e custando a me conter.

Quanta dor oculta na voz daquele homem que mal podia falar, que não se identificou, que me falou porque tinha o coração oprimido e, numa frase da minha croniqueta sobre a sagração do Dom Inácio, sentiu que havia corações que veem a Igreja, não como solenidades ou regras, condenações – e até excomunhões, como disse ontem o papa, ai de mim, aos juízes da Rota,[669] lembrando que se aproxima, talvez, a lista dos anátemas, o novo *Syllabus* – o papa que, ontem, se revestia do sigma do grande Inquisidor, e que me pareceu abominável, Deus me perdoe, embora coitado, também de coração transido por ter de ser o eixo, o terrível eixo com o qual as rodas não andam, ai de nós! Mas o papa do eixo estava longe, longe, ao passo que o anônimo do aro, com o coração esmagado pela ausência de algum filho preso ou assassinado, esse é que era, para mim, o Pai, o Irmão, a imagem do Cristo Crucificado, e não o papa falando aos juízes da Rota, e falando em excomunhões.

Será esta a missão: consolar os aflitos? Se for, Deus seja louvado, e que Ele me dê forças!

Ciao,

P.

669_ Tribunal da Rota Romana, instância jurídica máxima da Igreja Católica, fundado no século XV. Seus juízes são escolhidos pelo papa.

fevereiro | **1970**

Petrópolis, 1º de fevereiro de 1970

(...)

... naqueles idos remotos de 1931! Quando me lembro desses tempos, tenho até a impressão de coisas ocorridas com outro. Até me parece mais próximo o menino da Renânia, de calças curtas... E, no entanto, ainda esta manhã, o *C da M* estampa uma nota dizendo que "um grupo do MDB[670] da Guanabara"[671] pensa em indicar meu nome para a eleição para senador... que deve realizar-se (...) em novembro próximo! É incrível que ainda haja quem pense nisso. Será, pelo menos, a terceira vez. A primeira foi em 1934, quando houve eleições para a Constituinte e o maluco do Severino Sombra,[672] lá no Ceará, se sai com o lançamento de minha candidatura ao Senado, apoiado pela LEC.[673] Tive de despachar telegrama imediato desmentindo tudo e censurando o tenente das "Legiões de Outubro" que, até hoje, como lançador da faculdade de medicina (sic) de Vassouras, é um trêfego. A segunda vez foi quando empurrei o Hamilton – creio que em 1946 – e o Brigadeiro[674] me telefonou, pela UDN,[675] pedindo-me que me candidatasse ao Senado, e empregou como argumento: "O Prestes[676] vai ser eleito...". Nova recusa. Agora, mais esse balão de ensaio. Sem falar que um dia o Hermano Alves, quando se falou na Frente Única, ou que nome tinha, me sondou também, ou talvez me dissera que tinha logo declarado aos companheiros que eu não aceitaria. E, agora, ainda se lembram deste velho arquissesquivelho... talvez por preguiça, ou medo, ou ceticismo na capacidade de redemocratização do Brasil tão cedo, saindo das mãos dos milicos. Seja como for, não admito, por um segundo – já não digo minuto – que me vejam no Senado. Não é por aversão a Brasília. Ou por saber que Mamãe desaprovaria logo. É por mim mesmo. E você está farta de saber disso. Só quero que me esqueçam.

(...)

Qual foi mesmo a sua pergunta? Ah, o seu desgosto pelo romance![677] Sinal de... velhice (você sabe que emprego o termo sem nenhuma conotação pejorativa). Quando começamos a envelhecer – a regra, naturalmente, implica exceções –, começamos também, mesmo em leituras e literatura, a preferir a verdade, a realidade à ficção. Eu mesmo, que sou um eclético topa-tudo, já hoje prefiro ler história, memórias, críticas, à ficção

670_ Movimento Democrático Brasileiro, um dos dois partidos políticos admitidos pela ditadura militar. O outro era a Arena. O MDB deu origem ao atual PMDB.

671_ Entre 1960 e 1975, o atual município do Rio de Janeiro era o Estado da Guanabara.

672_ Severino Sombra (1907-2000), militar do Exército, chegou a general.

673 Liga Eleitoral Católica – articulação da Igreja Católica para apoiar candidatos a cargos eletivos.

674_ Refere-se ao brigadeiro Eduardo Gomes.

675_ União Democrática Nacional. Partido político de tendência conservadora, fundado em 1945 e extinto em 1964 pelo golpe militar.

676_ Luiz Carlos Prestes (1898-1990), líder comunista. Eleito senador em 1945 pelo Distrito Federal, teve o mandato cassado em 1947 quando o governo Dutra decretou a ilegalidade do Partido Comunista Brasileiro.

677_ Refere-se à leitura de *Cem anos de solidão*, de Gabriel García Márquez.

em prosa ou à poesia. É que prefiro a realidade à fantasia. Você, por mais longe que ainda esteja dos meus quase 80, está também começando, talvez, o mesmo processo de preferir o real ao ficto. E, por isso, não topa muito os romances.

Eu mesmo, nesses *"cem anos"*, o que mais gostei foi sentir, através daquela furiosa proliferação imaginativa, ou até mística – lembra-se daquela nota, quando a tradutora pediu uma explicação ao autor, que mora em Barcelona, sobre a expressão "anjos de dezembro", e ele lhe escreveu a razão: "Você então não sabe que os anjos aparecem sobretudo em dezembro?". Frase curiosa, que implica no autor uma real sensibilidade espiritual, não como simples recurso literário, mas por uma estória, não apenas estética, mas real, que explica, aliás, certas passagens do livro, como aquela – para mim das mais belas – da dissipação, digamos assim, da "Remédios, a Bela", que sobe aos céus envolta nos lençóis, num modo semelhante ao hino do boêmio e bêbado Berro d'Água, no canto de Jorge Amado;[678] em ambos a realidade se torna fluida e não rígida, como no realismo materialista, em que há uma fronteira nítida e brusca entre o Real e o Nada. Em nossa fé, o sobrenatural tem também uma realidade nítida (embora de tipo puramente espiritual), mas entre os dois domínios, o do natural e o do sobrenatural, há também uma zona fluida, em que flutuam restos de matéria e princípios de espírito, como nos fantasmas, nas aparições, nas vozes (Jeanne d'Arc...) etc.

Compreendo, portanto, que os *Cem anos* não te deixassem nada, pois é realmente um quadro melancólico de vidas sem futuro, sem sentido, em que tudo acaba na volta à selva ou ao pântano primitivo, como se o caos estivesse tanto no princípio como no fim de todas as coisas. E aquele enorme painel de um século de solidão também podia chamar-se um século de nada... E isso é de uma grande tristeza. O que não impede a extraordinária riqueza e beleza literária, tanto do painel total (tão sintomático de um latino-americanismo que ainda mal saiu do caos) como do rigor verbal, que é realmente extraordinário, como se vê mesmo das respostas do autor às consultas da tradutora.

(...)

Ontem rabisquei duas croniquetas, uma das quais sobre "puritanismo policial" contra a tal portaria antilicenciosa. Hoje, vejo, em destaque no *J do B*, "os católicos apoiam"

678_ Refere-se ao romance de Jorge Amado *A morte e a morte de Quincas Berro D'Água*, 1959.

etc. Vai ver que as minhas palavras vão ser um novo pequeno escândalo por parte de alguns que fazem moralismo sincero, mas... ajudam também o governo...

Tudo isso me parece abjeto, mas perigoso por se prestar à exploração, tanto dos moralistas, como dos imoralistas. Como é difícil ser independente! Tenho horror ao moralismo por decreto, em que se confunde o clericalismo dos catolicões com o puritanismo dos comunas e dos fascistas! Sim!

Ciao,

P.

Petrópolis, 2 de fevereiro de 1970

[...]

Não sei se já te disse que recebi telegrama e carta de confirmação do Father Dunn, S.J.[679] sobre a reunião de abril, que será de três a nove. Ele informa, nessa carta de 20 de janeiro, que a tal cidadezinha de Baden está a 20 km de Viena, que a reunião será na Kongress Houss, e em frente ao Kushotel Herzoghof, onde vão reservar quartos para os congressistas. Também me pede um *curriculum vitae* e a hora da minha chegada, para haver um ônibus que nos levará do aeroporto de Viena até Baden. Vou agora escrever a Alceuzinho, pois não tenho ideia de como se vai do Rio a Viena de avião. Certamente não diretamente e, por isso, talvez seja possível um arranjo com eles, inclusive porque talvez aproveitem para conhecer Viena. Penso que ainda não conhecem, embora viajem bastante. Mamãe também não conhece. E eu lá estive nos meus 15 anos, em 1909, e deve haver fotos da época, tiradas por mim, em algum álbum antigo feito por você. Lembro-me bem de uma que tirei, da janela do meu hotel, de um regimento de soldados que passavam. Pensar que esses soldados iriam figurar, anos depois, na guerra de 14, e desde então por que vicissitudes não passou a Áustria, e por isso mesmo eu gostaria de rever e mostrar a Alceuzinho! O Father Dunn, na carta, repete que o meu "*paper*" está sendo traduzido e, até agora, foi o único que chegou. Tratei de rabiscar logo, por causa de nossa ida aos States, e está... uma boa droga.

Também recebi cartas a respeito de um jovem dominicano francês da secretaria da Comissão Justiça e Paz de Roma,

679_ Peter M. Dunne (1889-1957), missionário, chefe do departamento de História da Universidade de São Francisco, na Califórnia, tradutor, autor de, entre outros, o livro *A Padre Views South America*, e teólogo jesuíta.

Père Philip de la Chapelle, já informado de tudo isso, inclusive da chegada do meu trabalhinho, e insistindo muito para eu comparecer. Não sei ainda é se haverá mesmo a reunião das comissões latino-americanas de J e P,[680] em Caracas, que ficou de se realizar em fins de abril, como combinei com o tal padre espanhol que, há tempos, passou pelo Rio, para combinar este encontro. Nem sei se iremos também a Caracas depois de Viena, via Paris e Nova York. Não sei se Mamãe estará por isso, nem se eu mesmo estarei disposto a ir a Caracas, onde, seguramente, me pedirão para fazer conferências – o que, hoje em dia, é para mim um sacrifício, pois, como você sabe, hoje só sei fazer, se ainda o sei, essas croniquetas dominicais, no meu canto e longe dos acontecimentos, e tudo que seja planejar ação não é mais comigo. E acresce que, no caso de Caracas, teria de confessar o fracasso – até agora – de qualquer tentativa de uma Comissão Nacional J e P, como já te disse em carta anterior, que só se reuniu duas vezes, e para não chegar a nada, inclusive porque a CNBB não tem o menor interesse no caso aqui no Brasil, e seria uma vergonha ter que dizer isso lá fora, em um congresso.

Aceitei, hoje, o convite de tia Zaira,[681] de jantar na Piabanha 191,[682] para matar saudades e avivá-las, diria melhor. Desde 1923 ou, antes 24, pois foi logo depois da morte de papai, aquela casinha está cheia de recordações bem vivas de tempos inesquecíveis da Casa Grande, dos concursos em preparação, dos livros escritos no porão da Casa Grande, ou na saleta da casa pequena da nossa lua de mel, das madrugadas e comunhões nos franciscanos às 5 e <u>25</u> da manhã, e de tudo o que a infância de vocês representa para nós, para a minha vida, para minhas saudades e evocações!

E, aqui, continuamos às voltas com... a água! Não que falte. Temos até demais. Mas houve um certo enguiço na válvula do banheiro dos meninos. *Seo* João descobriu um montão de uma espécie de algas, em longos filetes, que se desenvolveram na caixa do morro, e estavam entupindo o cano. Arminda já está pronta para fazer... um caldeirão para o Boy, o quarto menino da casa, o caçulão... Nós podemos nos arranjar com água suja de algas, mas o Boy não...

Ciao,

P.

680_ Justiça e Paz.
681_ Irmã do autor.
682_ Endereço da referida irmã do autor.

Petrópolis, 4 de fevereiro de 1970

Só uma palavrinha. Preciso completar, para levar amanhã ao Carlos, as duas croniquetas que comecei a escrever, não propriamente sobre, mas a propósito dos despropósitos do corçonismo e do plinismo contra o novo Ordo.

De todos os lados só se vê a intensificação da maré direitista e reaça. O correspondente do *J do B* em Roma, um tal de Araújo Neto, que a princípio parecia objetivo, parece inteiramente bandeado com os TFP que, em Roma, mantêm um QG permanente que, durante o Concílio, não conseguiu mudar o rumo do Concílio, mas se vinga, atualmente, pondo azeite na fogueira dos curialistas mais reaças. Aqui no Brasil, por outro lado, a mesma turma dos TFP que, em Minas, sempre foi manuseada pelo Sigaud, agora se lançou no moralismo "revolucionário" e, ontem, encabeçada por um tal deputado Elias do Carmo,[683] já se sabe que "arenista", foi ao Médici pedindo que use de dedo-durismo na campanha moralista contra a "pornografia", pedindo que se enquadre o "imoralismo" como "crime contra a segurança nacional", e os culpados de "erotismo" (pelo romance, pelo teatro, pelos jornais e revistas) sejam considerados "subversivos" e julgados pela Lei de Segurança Nacional – tudo isso sob a vigilância de uma <u>nova polícia</u> (sic), a <u>Polícia dos Costumes</u>, especialmente encarregada dessa tarefa!

Você vê logo que arma tremenda nas mãos da Ditadura, que passa agora a ser a ditadura do Bem e do Mal na ordem moral, e não apenas na ordem social. E tudo isso em nome de Cristo, e porque a Igreja cede ao Estado as suas funções de guardiã da Moral, que passa agora a ser decretada por Decreto do Governo, e punida com prisão! É a mais deslavada impostura que a Revolução – a pedido da turma mais abjeta dos próprios catolicões – pretenda instituir a Inquisição e se preparar para, amanhã, levantar de novo as fogueiras para queimar os hereges, as feiticeiras, as bruxas da <u>oposição</u>, já se vê.

Em vez de se tratar de corrigir os crimes econômicos dos exploradores da pobreza, procura-se desviar as iras dos dedos-duros contra os... imoralistas. É um ótimo pretexto para tranquilizar a consciência dos "tubarões", latifundiários etc. O tal Elias do Carmo (que dupla blasfêmia nesse nome) equipara a "intocabilidade da ordem social" (sic) à intocabilidade da

683_ Vice-presidente da Aliança Renovadora Nacional, em 1970.

ordem moral! É decretar que vivemos no paraíso da justiça, quando dois terços da população mal têm o que comer, e o terço restante morre de indigestão.

Estamos em plena Impostura!

Ciao,

P.

Petrópolis, 9 de fevereiro de 1970

(...)

... As leituras que hoje mais me interessam são as de fatos, como correspondência, história, memórias, biografias e companhia. A frase de Machado de Assis é a seguinte: "Nada resiste ao tempo do que se faz sem tempo". Boa, né? E fico pensando: o que eu tenho feito, como escritor, tem sido feito sem recurso ao tempo, de improviso, saltitando por concursos ou premido pelas circunstâncias, ou jornalisticamente, como hoje em dia e, por isso, nada do que tenho escrito, ou mesmo publicado, resistirá ao tempo. E ouço a voz lá de dentro: que pretensão! Querer resistir ao tempo, quando tudo o que você tem escrito terá o destino do... Magalhães de Azeredo,[684] e não do Machado de Assis, está na cara! É verdade. Fico pensando na energia criadora, nos projetos, na multiplicação de artigos, crônicas, noveletas, projetos de comarca, poesias, livros a publicar, que o jovem correspondente de Machado tinha em mente, ou no estaleiro, e muitos dos quais chegou realmente a publicar, e com o elogio do Mestre e Amigo, como ele o chamava, elogios que, ou eram de complacência, ou revelam que Machado tinha um juízo crítico muito pouco exigente, ou então já perdera a lucidez com que começara a fazer crítica no início de sua vida literária e, já agora (1893 em diante) está velho, e diante daquele jovem cheio de ardor e projetos, tradicionalista e religioso (coisa que Machado não era), o velho escritor quis se rejuvenescer ao lado do jovem, e então tem a paciência de responder as longas cartas do moço, com outras cartas, também longas, e cheias de estímulo e de considerações, em geral acacianas e nada interessantes, a não ser por virem de quem vem e se referirem aos acontecimentos daquele momento, que eu, egoisticamente, vou recolocando ou revendo à luz da minha própria infância. Tanto mais quanto as cartas do Mag de Az – em Montevidéu, Roma ou Paris – eram escritas do Cosme Velho, a dois passos

684_Carlos Magalhães de Azeredo (1872-1963), poeta, contista, autor de ensaios e conferências, foi ministro plenipotenciário e embaixador do Brasil no Vaticano.

do jardim do "número 2", onde eu remexia farelo, ou já começava a brincar de cobrador de bonde, dobrando nas mãozinhas folhas do jardim e pulando de vara em vara da grade, com as manas, como faziam os condutores no bonde com as notas de dinheiro, e já recebendo das mãos do velho "bruxo do Cosme Velho", passeando ainda ao lado de Carolina,[685] que só morreu em 1904, um carinho qualquer na cabeça ainda cheia de cabelos louros...

Toda essa evocação é que me prende mais às cartas de Machado que às de seu correspondente, mesmo quando este lhe escreve de Roma, ou até de "Rocca di Papa",[686] um dos "*castelli romani*", que fomos visitar de ônibus de excursão, Mamãe e eu, no ano retrasado. De modo que vou ligando a prosa corriqueira do maior, maior, maior – pois escreve, felizmente, sem a mínima preocupação de escrever bonito, ou mesmo de entrar em altas cogitações, falando dos acontecimentos do dia. Ainda numa das cartas de ontem, ele se referia à "moléstia de Prudente de Morais"[687] e à sua substituição na presidência da República, por algum tempo, por Manoel Vitorino,[688] que era o vice. E logo me reportei ao que eu ouvia falar, no tempo do Manoel Vitorino, amigo de meu padrinho, e cujos filhos, um dos quais Álvaro Pereira, brincavam conosco – embora todos um pouco mais velhos –, de modo que não me lembro se brincavam mesmo conosco ou se apenas vinham visitar-nos, de passagem, pois moravam também nas Laranjeiras, um pouco mais abaixo, por perto dos terrenos da fábrica Aliança.

De modo que a correspondência M de A vai me interessando muito, porque acorda dentro de mim a infância e começa, precisamente, em 1893, quando só se fala, ou pelo menos se fala muito, de início, em "revolta da armada" com "Floriano"[689] – nome que papai queria para mim, "Saldanha"[690] etc., e tudo me coloca entre 0 anos e 6 ou 7 ou 8, pois não sei ainda até quando dura a correspondência e, possivelmente, vai até a morte de Machado, em 1908 – enquanto que, do lado do Magalhães de Azeredo, de Roma ou de Paris – onde ele passou um ano na casa do sogro –, que era um cubano ricaço, na Avenue des Champs Elysées (sic) 414, logo, pertinho do Arco do Triunfo, e que me leva também à nossa Paris de 1950, e à minha de 1900 a 1968 e, se Deus quiser, de 70, ou mesmo mais, se a Providência Divina estiver de acordo!

Tudo isso para que essa correspondência – depois do romance do colombiano – seja a leitura gostosa destes dias de mais lazer, para fazer aquilo que eu gostaria de ser a minha única ocupação a esta

685_ Refere-se a Machado de Assis e sua mulher, Carolina.

686_ Rocca di Papa é uma pequena cidade italiana.

687_ Prudente José de Morais e Barros (1841-1902), advogado, foi o primeiro governador de São Paulo (1889-1890) e o primeiro civil a ocupar a presidência da República (1894-1898), eleito por voto direto.

688_ Manoel Vitorino Pereira (1853-1902), médico, vice-presidente da República na gestão Prudente de Morais, assumiu a presidência durante os quatro meses em que Prudente se afastou por motivo de saúde e, nesse período, transferiu a sede do governo federal do Palácio Itamaraty para o Palácio do Catete, no Rio de Janeiro, adquirido por ele.

689_ A revolta da armada foi um movimento de sublevação da Marinha, apoiado por monarquistas, contra o governo de Deodoro da Fonseca, que renunciou em 1891. A presidência da República foi ocupada, em 1892, por seu vice, Floriano Peixoto, que debelou a revolta em 1894.

690_ Luís Filipe Saldanha da Gama (1846-1895), contra-almirante, um dos líderes da revolta da armada.

altura da reta de chegada: ler, ler, nada mais do que ler. Quando, por exemplo, Mag de Az vai ao Père-Lachaise[691] e lá colhe umas folhas do "*saule pleureur*"[692] do túmulo de Musset[693] e manda ao seu ilustre correspondente, que lhe agradece e conta que, já "em 1883", outro amigo lhe fizera o mesmo... E Machado, sempre se lamentando – com aquela discrição com que escreve tudo, ao menos a essa altura da vida (lembro que morreu apenas aos 69, o Nabuco aos 61, e o Arinos, ainda mais moço, aos 47!) e todos me pareciam tão velhos quando os conheci, o que não direi de mim mesmo, aos 77? – pois é melhor ir me habituando aos dois setes. Mas Machado, sempre lembrando que ia morrer sem ver o Velho Mundo, nascendo e morrendo (como previa e se realizou) no Rio, com pequenas incursões ao "interior", isto é, a Barbacena. E dizer que esse homem, que quase não se mexeu, mexeu de tal modo com a literatura brasileira, que continua até hoje sendo o maior. Não sei bem o que dele pensarão os novíssimos, mas creio que eles mesmos param os seus pinotes, ou os seus sarcasmos, ou os seus desesperos, concentrados diante do Insuperável, mesmo que se sintam tão diferentes, como eu mesmo me sinto quando vejo um gênio como Machado a elogiar as baboseiras do Magalhães, que, embora fossem feitas com o tempo, pois ele, ao que parece, era extremamente escrupuloso de perfeição, era um superchato de estilo, embora, pelo que se vê das cartas, um neurastênico e supersensível de temperamento e, por isso, suas obras (...) não resistiram ao tempo e, hoje, são totalmente arquivadas nas estantes das bibliotecas, de que as arrancam alguns historiadores literários, ou alguns leitores extravagantes. Pois o seu superclassicismo é dos tais que podem encontrar alguns reaças do grupo corçônico, uns revoltados com os excessos de libertinismo literário, e o proponham como modelo para uma volta à disciplina clássica, como Maurras tentou então fazer, em face da maré do suprarrealismo do seu tempo. Em vão. Todo o reacionarismo tem seus dias contados. Mal ou bem a marcha das gerações é mesmo para frente, e as voltas ao passado, mesmo quando ocorram, terão um estilo tão distante do classicismo, do tradicionalismo, do perfeccionismo de um Mag de Az, que este tremerá no seu túmulo romano ao ler esses novíssimos, se os houver, que queiram nadar contra a corrente.

(...)

Ciao,

P.

691_ Cemitério de Paris.
692_ Em francês: Salgueiro-chorão.
693_ Alfred de Musset (1810-1857), poeta, romancista e dramaturgo francês.

Petrópolis, 11 de fevereiro de 1970 – Quarta-feira de Cinzas

(...)

Comecei a ler, ontem, um livro de um escritor italiano, uma espécie de Gandhi italiano, chamado Lanza del Vasto,[694] sobre Judas (sic). Foi escrito em 1938, e Maritain fez dele um enorme elogio e é realmente admirável. Digno de ser traduzido, embora seja sutil demais para o grande público. Daí uma espécie de biografia de Judas, tanto como o falso discípulo, mas ainda mais como símbolo do espírito do mundo no que tem de mais abominável, porque se apresenta sob formas até sedutoras e, especialmente, muito inteligentes. É uma resposta magistral aos que ainda procuram apresentar aqui, como novidade, a velha tese paradoxal da justificativa de Judas, como tendo sido sacrificado por ter participado de um crime necessário para a Redenção da humanidade, já decretado pela Providência e, portanto não culpado, tal o caso de Adão e da "*felix culpa*".[695] Lanza del Vasto faz uma acusação de Judas, não apenas como um traidor vulgar, mas como a encarnação do antiCristo em sua forma mais sedutora, como Lúcifer, "o mais belo dos anjos" e, por isso mesmo, o mais perigoso! É um livro admirável, sutilíssimo, difícil de se entender muitas vezes – ele próprio diz do livro que é "*un piège*",[696] no sentido de que parece, por vezes, justificar Judas, mas para mais marcar sua felonia, ou felonia do próprio gênero humano e dos "*bien pensants*". Maritain considerou que ele pintou, em Judas, o retrato perfeito do heresiarca. Mas eu tenho minhas dúvidas, pois o Judas de Lanza del Vasto parte de sua fé no Nada. É mesmo sua última palavra quando se enforca. E, no entanto, todas ou quase todas as heresias são apenas modos errados de apresentar a verdade. Mas quase todos os chamados hereges acreditam na verdade, ao passo que Judas, segundo a interpretação desse autor, não crê na verdade ou, antes, crê que a verdade é o Nada.

Seja como for, é um livro admirável, que eu ontem apenas li por pedaços, mas quero ler todo e, se possível, escrever alguma coisa.

(...)

Ciao,

P.

694_ Giuseppe Giovanni Luigi Enrico Lanza di Trabia (1901-1981), escritor italiano conhecido como Lanza Del Vasto, filósofo e poeta, ativista católico do movimento pela não violência.

695_ Em latim: Feliz culpa.

696_ Em francês: Uma armadilha.

Petrópolis, 12 de fevereiro de 1970

(...)

Também me telefonou o Paulo de Castro,[697] do *C da M*, mas este para me dizer que estava aqui o chefe da oposição em Portugal, o advogado Mário Soares,[698] e que "não podia vir ao Brasil sem me ver"... Como só pretendo descer na terça-feira, eles ficaram de vir até cá, se possível. Tomara que não venham, embora seja interessante conversar com esse homem, que é realmente um herói da liberdade, e já andou preso por anos a fio, e foi o Marcelo Caetano[699] que abriu um pouco as janelas do "salazarismo sem Salazar", que o mandou pôr em liberdade. Veremos se virão mesmo a Petrópolis, como o Paulo disse que ia ver...

(...)

Por estas e outras é que reprovo toda violência, embora isso me tenha custado, naturalmente, toda a simpatia que me votaram esses estudantes e companhia. Mas a mim, como você bem sabe, pouco me importa o que pensem os jovens ou os velhos. No fundo, o que sou, sou realmente. Um livre atirador, como dizia o nosso amigo general Castelo Branco...

Cada vez mais me sinto absolutamente incapaz de ação – foi o que fiquei pensando depois da conversa com as duas senhoras, uma trepidante de ação, a outra querendo "fazer alguma coisa" mas não sabendo o quê. E quando me perguntaram "o que fazer", e era para isso provavelmente que aqui vieram, eu não tive senão remédio de lhes mostrar o que penso: nenhuma ação direta de tipo agressivo contra a atual situação terá a mínima possibilidade de êxito. Citei até a famosa frase de Sieyès[700] depois da Revolução Francesa: "*Qu'avez vous fait pendant la Revolution?*"[701] perguntaram-lhe. E ele respondeu: "*J'ai vécu.*"[702]

Frase cínica? Torre de marfim? Covardia? Carta fora de baralho, como eu me considero? E foi o que lhes disse: "Não sei se por temperamento, velhice ou covardia, o fato é que só creio na ação lenta, paciente, contínua, procurando fazer pouco a pouco o possível, sem tentar o impossível, cada um no seu canto, fiéis às ideias e aos princípios, mas com os olhos em terra, com realismo e paciência".

(...)

"É isso", por mais nocivo que seja. Que faço eu se não isso, às vezes com a consciência pesada, às vezes com gosto de cinza,

697_ Francisco de Barros Cachapuz (1914-1993), jornalista de origem portuguesa, conhecido como Paulo de Castro, exilou-se no Brasil durante a ditadura de Salazar em seu país.

698_ Mário Alberto Nobre Lopes Soares (1924-), advogado português, preso e exilado durante a ditadura, fundador do Partido Socialista. Depois da revolução, exerceu cargos como primeiro-ministro e presidente da República.

699_ Marcelo José das Neves Alves Caetano (1906-1980), jurista português, apoiou a ditadura de Salazar e foi o último presidente do Conselho de Ministros do governo salazarista, tendo favorecido a abertura democrática.

700_ Emmanuel-Joseph Sieyès (1748-1836), político e escritor francês. Ocupou vários cargos durante a Revolução Francesa e foi um dos conspiradores do golpe que levou Napoleão Bonaparte ao poder.

701_ Em francês: O que você fez durante a Revolução?

702_ Em francês: Eu vivi.

pensando nos que estão sofrendo nas "Ilhas das Flores" (nome sarcástico),[703] com as carreiras cortadas, as vidas amargadas, e eu velho, inútil, esgotado, ou pior, tendo ainda alguma coisa a dar, como prestígio ao menos, nome, respeitabilidade, e uma vida mais ou menos limpa – deixando que tudo isso se desperdice com artiguetes sem importância, que no fundo são formas de evasão e desculpas de mau pagador...

Quando vejo um homem como este advogado Mário Soares, que há 30 anos sustenta uma luta impossível contra uma ditadura implacável e contra uma Pide (a Dops de lá) capaz de todos os horrores (como foi o assassinato do general Delgado),[704] passando na prisão e no exílio anos e anos e, no entanto, sempre no campo da luta... Quando leio, como ontem à noite li, notas sobre a vida da famosa Madame Roland,[705] republicana que lutou contra o *Ancien Régime* e teve em Paris, com Madame de Staël,[706] um salão ao mesmo tempo literário e político nos últimos anos da monarquia, e acabou seus dias como Charlotte Corday...[707] Não, a comparação não vale, pois Charlotte Corday assassinou Marat para se livrar dos "tiranos" e Manon (era o seu nome de solteira) Roland (nome do marido) não assassinou ninguém, mas acabou decapitada dois dias depois de Maria Antonieta, que ela combateu e vinha do mesmo terror, que não faz distinção... Por isso é que tenho horror a toda revolução, que acaba sempre em Terror...

Aqui, por ora, ainda é um terror relativo (para os que ainda não o sofreram de perto), mas ninguém sabe o que nos reserva o futuro, mesmo no Brasil onde tudo é medíocre (que não nos ouçam os jacobinos...), até o terror...

(...)

Ciao,

P.

Petrópolis, 16 de fevereiro de 1970

(...)

Ontem foi a visita do herói português, Mário Soares, e do Paulo de Castro, que durou nada menos de três horas e meia. Das 11 às duas e meia da tarde. Mas, vamos por partes.

(...)

703_ A Ilha das Flores fica na Baía de Guanabara e foi usada como cárcere de presos políticos sob a ditadura militar.

704_ Humberto da Silva Delgado (1906-1965), oficial da Força Aérea de Portugal, concorreu às eleições presidenciais de 1958, em oposição ao regime salazarista, que o derrotou através de fraude. Exilou-se no Brasil em 1959. Em 1962, tentou derrubar Salazar através de um golpe de Estado. Perseguido pela ditadura salazarista, foi assassinado em fevereiro de 1965.

705_ Marie-Jeanne Roland (1754-1793), figura destacada da Revolução Francesa, aliou-se aos girondinos moderados e, por condenar os excessos dos jacobinos, foi condenada à guilhotina.

706_ Anne-Louise Germaine Necker, baronesa de Stael-Holstein (1766-1817), romancista e ensaísta.

707_ Marie-Anne Charlotte Corday d'Armont (1768-1793) assassinou Jean-Paul Marat, responsável pela política de Terror da Revolução Francesa. Foi guilhotinada quatro dias depois.

Bem, passemos ao "herói".

Chegaram aqui com hora e meia ou duas de atraso. O que me fizeram estar mais que irritado. Fui lá pra varanda e pus-me a ler uma monografia sobre a igrejinha da Glória do Outeiro, escrita por um engenheiro, Silva Telles,[708] do serviço do patrimônio.

Afinal chegaram, e eu fui logo entrando com minha gafe... Alguém os trouxe de automóvel. Entraram os dois e uma moça, que me lembrei, depois, ser a mulher do Paulo e minha ex-aluna da PUC. O Paulo me perguntou: "Quanto tempo vamos ficar aqui?", querendo avisar ao dono do auto para voltar e buscá-los, pois era alguém que mora na Samambaia. E eu, sem hesitar: "Uma hora!". E ele: "Bem, diga para voltar daqui a uma hora e quinze"...

Fomos ou, antes, viemos os três (pois a moça não ficou), e durante três horas e meia quem mais falou foi o Paulo, depois eu, e só em terceiro lugar, o Soares. É um homem moço, de uns 40 e poucos anos, quando eu pensava ser um velho como eu. Cara de "*bebê gonfleur*",[709] um pouco pálido e cansado, com certas marcas da luta, das prisões, do exílio, poucas palavras, prefere ouvir que contar. E eu bem quisera que falasse mais. O Paulo é um falador irreprimível, e como é inteligentíssimo, culto, e tem o que contar, fica-se ouvindo sem quase sentir o tempo correr. O Soares nada contou das suas lutas. Vê-se que, verdadeiro lutador, não faz questão alguma de falar de si. Nisso se vê logo que é um autêntico. Falou entretanto da <u>pequena</u> abertura que o Marcelo Caetano (o salazarismo sem Salazar) trouxe para Portugal, muito a medo. Por exemplo: quando ainda, anos atrás, ministro de Salazar, apresentou uma lei de imprensa como projeto. O Salazar engavetou-o, pois a lei de imprensa lá – como cá – é o arbítrio dos censores militares... Quando o Marcelo Caetano veio, agora, como Primeiro-ministro, logo os jornalistas, que estão <u>roendo o freio</u> há tantos anos, reclamaram dele a lei. "Vai já"... E, no entanto, até agora nada, nada, nada. Tal qual como aqui. O Paulo acha mesmo que o exemplo de Portugal – que o Getúlio, em 37, e o Carlos Lacerda, em 64 ou 65, já queriam seguir – teve bastante influência no caso nosso de 64 para cá.

Outro depoimento interessante do Soares. Estando na Iugoslávia, e falando com um ex-embaixador deles na Bulgária, na Índia, na Suíça, há três semanas, ele lhe disse: "Aqui nas democracias populares (Rússia, Polônia, Balcãs), os indivíduos ou pertencem ao aparelho (isto é, são membros do governo) ou são

708_ Augusto Carlos da Silva Telles (1923-), arquiteto, consultor técnico do Iphan (Instituto do Patrimônio Histórico e Artístico Nacional), autor de várias obras. Foi presidente da Fundação Nacional Pró-Memória.
709_ Em francês: Bebê rechonchudo.

anticomunistas" (sic). Mas... não podem falar. E quem lhe falou isso é um membro do governo, do ministério do Exterior da Iugoslávia, e falou, não do próprio país, que considera – e é – um caso à parte, realmente extraordinário, conseguido pela coragem do Tito[710] em enfrentar Stálin e, portanto, um depoimento sério.

O Soares também me confirmou o caso espantoso e trágicômico do fim do Salazar, de seu estado atual. Ele, Salazar, continua na sua loucura mansa, convicto de que ainda é Primeiro-ministro. De modo que os seus ex-ministros vão à sua residência, uma vez por semana, para despachar com ele. Vez por outra, fazem-no aparecer na TV, lendo umas frases... Coisa terrível e burlesca, ao mesmo tempo, digna de uma peça de teatro, o Ditador Louco, ou Fim de uma Ditadura, com um vivo morto empalhado e empulhado... Dava para alguma fita futura. Ou para um fim de biografia sensacional...

O Paulo também contou-nos depoimentos interessantes sobre os precedentes do golpe militar de 64. Ele compareceu ao tal comício da Central[711] e, como todos os que conservavam então certa lucidez, viu que aquilo "cheirava mal". Foi, logo depois, ouvir o Miguel Arraes. Este lhe disse ter tido a mesma impressão. Depois ouviu de um amigo comuna o seguinte relato: ele, que era membro importante do partido, fora, com o Prestes, falar ao Jango, logo depois (ou pouco antes) do tal comício, a convite do Jango, que queria saber como se comportaria a classe operária no caso de um golpe de Estado dele. O Prestes respondeu, sem hesitar: "Toda a classe operária se levantará, como um só homem, ao seu lado". À saída, o amigo dele, que era contra golpes – pois esta era a palavra de ordem da Rússia, que não quer encrencas na América Latina, já que mal se aguenta com as suas encrencas na Ásia e no Oriente Médio – disse ao Prestes que ele estava no mundo da lua, e que o operariado brasileiro não tinha força alguma para "se levantar como um só homem." O Paulo depois ouviu mais dois amigos do Prestes e contou-lhes as reservas do Arraes, e estes lhe disseram: "Esse Arraes é um matuto. Não sabe nada." Esses "amigos" do Jango estavam com ele, e com o Prestes, no mundo da lua, tal como o tal general Assis Brasil,[712] que garantira ao Jango o seu "esquema militar de segurança!".

Tudo isso é bom para informação histórica, especialmente para um urso como eu, que vive na sua toca, olhando os acontecimentos de longe.

710_ Josip Broz Tito (1892-1980), líder da resistência iugoslava ao nazismo na Segunda Guerra Mundial, governou o país, alinhando-se ao bloco socialista, até a sua morte.

711_ Megacomício organizado no Rio de Janeiro, na Central do Brasil, pelo governo João Goulart, a 13 de março de 1964, em defesa das reformas de base no Brasil, em especial a reforma agrária. O comício serviu de pretexto para o golpe militar de 1º de abril daquele ano.

712_ Argemiro de Assis Brasil (1907-1982), militar, foi ministro-chefe da Casa Militar do governo João Goulart.

O Paulo de Castro se mostrou um fã absoluto, e como não gosto muito de elogios, fico até atrapalhado, quando dizia ao Soares, à saída: "Ninguém imagina o que devemos a este homem"... Este pobre homem... que fica espantado quando um neto ainda toma a sério um avô...

Em suma, como sempre acontece com você e comigo, adorei as três horas e meia, embora gostasse que Luiz[713] viesse, faminto como eu, anunciar a chegada do carro. E eu fui, naturalmente, o primeiro a me levantar.

(...)

Ciao,

P.

Petrópolis, 20 de fevereiro de 1970

(...)

Já é meio-dia! Volta e meia perco assim a manhã inteira com os jornais – hoje, inclusive, tinha uma entrevista com o Carlos Drummond no *J do B*, que você gostará de ler, embora ele se tenha limitado – foi essa talvez a condição – a ficar só em assuntos domésticos, sem entrar pelo terreno das ideias e da política. O CDA faz uma exceção com Deus. O Carlos é como o Mário de Andrade, ambos invocados com Deus, sem coragem nem de sair nem de entrar, embora o Mário mais a fundo, mais angustiado, como aliás tudo nele. O Carlos é um inquieto, que não parece alcançar a angústia, mas que, principalmente, se encolhe mais e transfere as angústias íntimas para sua extrema capacidade de expressão. Mas, no caso de Deus, o Mário fora muito mais católico, de modo que ficou muito mais marcado. O Carlos não chegou a entrar tão a fundo no problema, de modo que se contenta em dizer como implicitamente se sente em toda a sua obra: não sei se Deus existe, mas sei que nada prova que Ele não exista! É um passo avante, e bem avante, ao simples agnosticismo, e muito mais à indiferença. De modo que esse e outros assuntos (ele, aliás, diz que é um grande leitor de jornais e gosta de estar a par de tudo...) fazem com que os jornais – e basta a massa grande de informações e artigos do *J do B* – ocupem toda a manhã.

E sempre penso então... na fazenda, em São Lourenço, e como lá eu ganhava (já falo no passado... ai de mim) a manhã inteira

713_ Filho do autor.

para o "trabalho", pois não havia jornais, e quando chegavam à noite eu não me interessava, e até fugia de ler, como se os jornais fossem um "*trouble pit*"[714] na rotina da fazenda. Será que voltaremos lá algum dia? Ontem, na casa de tia Zaíra, onde fomos jantar, Alceuzinho leu alto, para nós quatro, o meu artigo sobre o Moraes[715] – tão inferior ao que eu quisera ter escrito – mas que assim mesmo me valeu que, à tarde, um desconhecido me abordasse na rua, identificando-se como amigo do Moraes – ex-colega do Jorge Grey.[716]

Hoje o Maurício Nabuco[717] já me telefonou, dizendo-me que "desde seis e meia da manhã se sente querendo telegrafar-me, como Pio XII (sic), que, ao ter de entrar na Basílica de São Pedro, se emocionou tanto que precisara ser amparado por várias pessoas!". Antes assim.

Eu é que me chateio de não ter escrito esta semana contra a monstruosa Censura Prévia, assunto do dia, e que precisava, ela sim, de artigos muito mais violentos que os dois que, espero, vão sair na semana que vem, e isso mesmo porque transferi os sobre o Mário de Andrade para o começo de março. Esse negócio de escrever com muita antecedência, dá nisso: fico fora do tema do dia e chego atrasado. Lavrei o meu protesto no próprio dia do tal malfadado aviso, mas temo que o *Jornal da Tarde* não o tenha publicado, ou, se o fez, aqui no Rio ninguém soube, pois é jornal que só se lê em São Paulo. Só quando telegrafei ao Athayde é que os jornais deram. Mas o monstrengo merecia um artigo imediato, e... muito mais violento do que o que virá.

Imagine você que até o "tigre" escreveu contra... Já estou ficando quase a favor... Está se tornando fácil demais ser contra uma "bodega" como essa, que é um atestado típico da influência da TFP e das Congregações Marianas e, quem sabe, até do Rubens Porto, o quadrado máximo... que é, como você sabe, Secretário Geral do Ministério da Justiça... Imagine você que o nosso Cândido (sic),[718] provavelmente por ser "presidente" do Sindicato dos Editores, se viu constrangido a protestar junto ao ministro. Será que o governo vai aproveitar a oportunidade para fazer a sua demagogiazinha, voltando atrás, para mostrar que "atende à Opinião Pública"? Duvido, tanto mais quando os TFP estão bombardeando o Ministro da Cultura de telegramas a favor da Censura Prévia, que está, aliás, na perfeita lógica de uma "Revolução dos bem pensantes", como há dois ou três anos houve quem chamasse a "salvadora"...

714_ Em inglês: Estorvo.
715_ Refere-se a Henrique Ferreira de Moraes
716_ Jorge de Moraes Grey, sobrinho de Henrique Ferreira de Moraes e proprietário de fazendas em Trajano de Moraes.
717_ Maurício Hilário Barreto Nabuco de Araújo (1891-1979), filho de Joaquim Nabuco, diplomata, foi embaixador nos EUA e no Vaticano.
718_ Refere-se a Cândido Antônio José Francisco Mendes de Almeida.

Vou ter a chateação de servir de testemunha da defesa, semelhante ao caso da Niomar,[719] do Roland Corbisier,[720] que me procurou, quinta-feira no Centro, pedindo-me autorização para me arrolar como testemunha no processo em que é acusado de ter pertencido ao Partido Comunista, o que é falso, diz ele, e eu aliás nunca ouvi dizer que ele tivesse sido. Lembro-me que conheci o Corbisier em São Paulo, no mosteiro (sic), como membro da "Câmara dos quarenta" do integralismo.

(...)

Petrópolis, 21 de fevereiro de 1970

Já por várias vezes você se tem referido a esse pressentimento obscuro que temos em nosso subconsciente, ora agradável, ora desagradável, de alguma coisa ou de bom ou de ruim, que está para acontecer, de que não nos lembramos nitidamente, mas que nos comunica um ambiente bom ou mau, que alguma coisa boa ou má vai acontecer ou já aconteceu, sem que nos lembremos bem ou saibamos o que é. É isso que estou sentindo ao tomar da pena: e coisa chata (que pressinto) é a visita, logo mais, da Dona Branca, mãe do Marcito. Acho que ela vai para Roma, pois a comissão dela (do Apostolado Leigo) se reúne duas vezes por ano, em março e outubro, e me telefonou que vem cá logo mais. Basta isso para me estragar o dia, e como já desperdicei a manhã inteira com os jornais, é mesmo todo o dia que está perdido para qualquer trabalho! Por outro lado, o lado bom é lembrar, de vez em quando, sua carta de ontem. É tão cheia de coisas, especialmente do arquivo que o Luiz José Mesquita te deu e gostarei de ver aí, quando formos nos despedir para a ausência de abril, e vou, hoje mesmo, telegrafar ou escrever a ele, caso encontre o seu endereço na minha agenda.

Acho que tudo o que ele te deu em recortes já está reunido em livros, mas terá de ser uma trabalheira para você fazer o confronto. Refiro-me a livros de artigos, como: *Pela reforma social*; *A revolução espiritual*; *Tribuna da imprensa*; *Meditação sobre o mundo moderno*; *O espírito e o mundo*; e outros antigos repositórios de artigos, além das cinco séries de *Estudos* até hoje não reeditados – e nos quais eu já reuni esses artigos de 1936 em

719_ Refere-se a Niomar Muniz Sodré.
720_ Roland Cavalcanti de Albuquerque Corbisier (1914-), advogado, professor e político.

diante, que agora o Mesquita te deu. Mas é possível que haja alguma coisa, ou mesmo mais que alguma, merecidamente sepultada nesses velhos recortes. Trata-se, entretanto, de momentos vividos – pois, afinal, como todo tipo que escreve, tenho duas vidas – a de carne e osso e a de pena e lápis!... são vidas paralelas, que ora se encontram, ora se afastam, e ora se mantêm como paralelas equidistantes – mas que são duas, lá isso são. Quando releio esse ou outros desses velhos e amarelados recortes, me vejo por vezes tão outro, que me recuso a reeditá-los. Este foi o caso desse *Adeus à Bahia*, que publiquei no *Era Nova*, o jornal católico da época, em 1932, quando do Congresso Eucarístico, e que, no momento, foi tão apreciado, que o Herbert Fortes[721] me pediu licença para republicar no dia seguinte, quando preparei, com você, o *Adeus*... e até pedi a Alceuzinho que me arranjasse, na Bahia, os anais do Congresso, onde saiu o tal artigo. Pois bem, achei-o tão chinfrim, tão sei lá como dizer, tão medíocre e integralista, que devolvi o volume sem ter coragem de publicar mais esse *Adeus à Bahia*, que, pelo título, deveria caber tão bem ao lado dos outros "adeuses".

Outras vezes é o contrário, e até ficamos surpresos de ter escrito coisas que desafiam o tempo, ou mesmo que se anteciparam, como essas que o bispo de Anápolis diz terem se antecipado ao Vaticano II. De qualquer modo, fotos e escritos velhos são um regalo para os velhos, como eu, de modo que prelibo o gozo de os ver aí em suas mãos e por serem suas as mãos, isto é, de uma jovem, mesmo de 40 anos, ter esse carinho pelas velhas coisas do ainda mais velho pai, você bem pode imaginar como enche meu coração. A Simone de Beauvoir acaba de publicar um livro sobre a velhice,[722] em que defende os velhos que, diz ela, costumam ser tratados como coisas, quando são pessoas. Lembro-me, sem pretender me antecipar à mulher do Sartre, que só se lembrou de defender a velhice depois de velha ela mesma – que comigo a coisa foi outra: em moço, ao escrever em 1937, com 43 anos, as *Conferências de Buenos Aires*, que iriam constituir o núcleo da *Idade, sexo e tempo*, eu já fazia o louvor da velhice, ou pelo menos a colocava no mesmo nível de outra qualquer idade, ao passo que, hoje, quase com oitenta, me vejo tantas vezes a fazer o louvor da mocidade, e até da "Revolução Etária", sobretudo em face dos ataques dos velhotes, gênero "tigre" e companhia.

Não precisei esperar pelos 77 para compreender a juventude

721_ Herbert Parentes Fortes, (1897-1953), filólogo e professor de português de várias escolas do Rio de Janeiro, em especial do Colégio Dom Pedro II.

722_ Simone de Beauvoir (1908-1986), escritora francesa. O livro a que o autor se refere é *A velhice*, lançado em 1970 no Brasil, em dois volumes, pela editora Difusão Europeia do Livro. Vol. 1: *A realidade incômoda*; e Vol. 2: *As revelações com o mundo*.

dos velhos e a beleza de todas as idades quando bem vividas, isto é, cada qual com o espírito da própria idade.

Por que esse *intermezzo* sobre a velhice?...

Uma notícia lida há pouco no *C da M*, que foi para mim uma completa surpresa, e também um motivo de nostalgia: a evocação do passado, embora no fundo não me surpreendesse, pois sempre julguei a gente que tomou conta da Cometa[723] como uns aventureiros sem o mínimo escrúpulo e capazes de tudo – foi a notícia de que os bens da companhia Cometa "vão ser vendidos em hasta pública" (sic) no próximo dia 30 de março, em Niterói, "por sonegação de impostos", que monta a centenas de milhões! Que os Amados, que tomaram conta da Cometa, sejam capazes de sonegar essas e outras cifras, para encherem os bolsos à custa do fisco e dos pobres acionistas, inclusive eu, que lá ainda tinha uns restos de ações, não tenho a menor dúvida. Mas o engraçado é que, aqui em Petrópolis, ninguém me tivesse falado no assunto, embora realmente eu pouco converse com pessoas que pudessem estar a par disso.

Mas é sempre um choque ver que se desmorona – mesmo que seja 20 ou 30 anos depois que eu deixei de todo a Cometa – uma fábrica onde trabalhei, como diretor, 20 anos (de 1917 a 1937), fundada por papai e onde, afinal, decorreram os momentos mais intensos de minha mocidade, quando namorei, noivei, casei, vocês nasceram todos, pois Luiz nasceu em 1938, no ano mesmo em que deixei a Cometa para ser reitor, mas ainda permanecendo lá como presidente por algum tempo, só me desligando de todo quando tive de optar, baseado na lei, entre a universidade e uma empresa industrial (sic). Lembro-me que fui consultar um ministro do Supremo, grande jurista mineiro e católico, Orozimbo Nonato,[724] para saber se realmente a lei me obrigava a optar, tão absurda me parecia essa exigência. E ele me disse que realmente o dispositivo legal era absurdo, mas era lei. Havia um outro professor de Manguinhos nas mesmas condições. Ambos optamos pela universidade. Isso deve ter sido em 40 e poucos. Desde então é que deixei de ter uma mesa no escritório da Cometa, que já era, então, na avenida Rio Branco número 4, e onde estava o retrato grande de papai pela Regina Veiga, e onde eu já ia de raro em raro. Pagavam-me então quatro contos por mês, por uma espécie de aposentadoria. Um dia custaram a pagar. O meu cobrador volta duas vezes, sem que pagassem. Compreendi que era

723_ Empresa de tecidos que pertenceu à família do autor.

724_ Orozimbo Nonato da Silva (1881-1974), advogado, professor e autor de vários livros. Entre 1941 e 1960, foi ministro, vice-presidente e presidente do Supremo Tribunal Federal.

tempo de me retirar de todo. Desde então, logo há uns 25 anos ou pouco menos, nunca mais pus os pés lá! Nem sei se nas gavetas da minha secretária deixei papéis, cartas ou outras coisas minhas! Nem sei se o retrato de papai ainda lá está na parede! Creio que uma escultura italiana antiga, que papai levara para lá, já não sei quando, dentro de uma redoma, representando um casal de velhos comendo (sic), arte popular tipo italiana, que papai me dizia ter pertencido a seus avós, e com qualquer relação com gente do Duque de Caxias (sic) – desapareceu. No saguão de entrada do edifício, onde, no 5º andar (?), era (ou é) o escritório da Cometa, ainda coloquei o meu nome com "AAL advogado", e o Levi Carneiro, tendo ido um dia ao edifício, ficou admirado de ver a tabuleta, e até a citou numa conferência na Academia sobre Clóvis Bevilaqua,[725] aliás sem muito propósito...

Nunca mais vi os Amados... Primos do Gilberto e do Jorge que, por sua vez, já eram primos entre si... O velho Pedro Amado era um dentista (sic) que se fez industrial, montou fábrica em Aracaju, em 1937, comprou a maioria das ações da Cometa, sabe por intermédio de quem? Por intermédio do Rubens Porto, não sei bem por quê, só sei que o Rubens ficou por conta, porque parece que eles só lhe deram uma comissão mínima, mesmo para a época: dez contos, ou coisa parecida. Nesse tempo, estávamos na rua Marechal Floriano, depois de termos estado anos, duas vezes seguidas, na rua da Candelária. Quando morreu o Jackson,[726] e onde ele me fez a sua última visita, uns 15 dias antes do 4 de novembro de 1928! Lá conheci o Wagner[727] oito dias depois! O escritório era então na esquina da rua da Candelária com Marechal Floriano, mas já em 1937, quando os Amados sucederam aos Amorosos... Estávamos do outro lado dessa mesma rua, onde fiquei ainda como "Presidente de Honra" (...) da Companhia, até a tal lei de incompatibilidade de 38 ou 41, pois penso ter sido quando o Capanema me nomeou para a Faculdade Nacional de Filosofia.

Tudo isso são reminiscências que acodem à memória quando leio o triste final de uma empresa, à qual eu nunca cheguei a me afeiçoar, e muito menos nela me integrar (nem a Academia, nem a Cometa entraram em mim...), mas que foi fundada por papai em 1903, nela, no meio da serra, tendo feito minha crisma (sic), em 1908, numa visita do bispo, nela tirado um retrato junto a um menino, filho de um diretor, que muito mais tarde iria morrer como

725_ Clóvis Bevilaqua (1859-1944), jurista, filósofo e historiador.
726_ Refere-se a Jackson de Figueiredo.
727_ Wagner Dutra, secretário do autor.

comandante de submarino na guerra de 1914!! E no retrato estava o gerente, senhor Gilson, avô ou bisavô do atual chanceler, isto é, ministro do Exterior, Mário Gibson Barbosa, cuja foto vejo hoje mesmo nos jornais, numa comemoração, no Caju, do centenário de Afrânio de Melo Franco,[728] e é uma das vedetes do governo da "Censura Prévia" e da "caça aos *hippies*"....

Como tanta coisa se mexe e remexe na memória e no pensamento em geral, quando um leilão em hasta pública, revelando a desonestidade desses nossos sucessores, leva provavelmente à liquidação, pois o débito é colossal, mais de um bilhão de cruzeiros. Uma companhia que eu administrei tão mal, mas onde ouvi casos como o do selo – não sei se você se lembra – e nós dois fomos, mais de uma vez, visitar a família de dona Ana e dona Terezinha, aos domingos, no meio da serra.

Quanta coisa mais, desde os meus dez anos até o nascimento de Luiz, está ligada a essa fábrica, hoje em vias de ser arrematada por novos compradores, para quem os Amoroso Lima serão apenas vagos nomes nas velhas escrituras! Quanta saudade mesmo de coisas que tanto me fizeram sofrer, mas que, afinal, me permitiram casar!!! Foi lá na estação do meio da serra, num tempo de greve, em 1938, que ouvi um operário gritar: "Viva a Rússia"!!! A Revolução Russa fora de 1917!!! E foi lá por 1930 que dirigi uma carta a Hilaire Belloc,[729] o companheiro de Chesterton e cofundador do "distributismo"[730], perguntando se havia incompatibilidade em ser diretor de uma empresa que empregava algumas centenas de operários e ser distributista de ideias, quando o distributismo patrocinava só as pequenas empresas.

Quanta, quanta, quanta coisa que o vento levou!...

Ciao,

P.

Petrópolis, 26 de fevereiro de 1970

(...)

Outros que, parece, querem também vir aqui para me entrevistar – e isso é mais sério – são dois "advogados" franceses, que devem chegar ao Rio hoje ou amanhã, e devem me telefonar, pois dona Branca Alves, ela mesma, não sabe ao certo a que vêm, provavelmente é para o caso dos padres franceses presos

728_ Afrânio Camorim Jacaúna de Otingi de Melo Franco (1870-1943), político e diplomata.

729_ Joseph Hilaire Pierre René Belloc (1870-1953), escritor nascido na França. Naturalizou-se britânico e tornou-se um dos mais prolixos autores da literatura inglesa.

730_ Teoria social proposta pelo escritor inglês G. K. Chesterton (1874-1936), que defendia a proteção à pequena propriedade para uma ordem social justa.

ou denunciados, e vêm ver, de perto, como está a sua defesa. É um ponto realmente difícil, e que toca diretamente na minha própria inquietação, no meu remorso, para não dizer na minha vergonha. O que estamos fazendo nós, os chamados progressistas, ou esquerdistas, ou pelo menos liberais e defensores dos "direitos do homem", em favor da defesa desses direitos? Os violentos estão na guerrilha urbana (por mais que todo o dia apareça a notícia de todos os "aparelhos" que foram descobertos e que não há mais guerrilha).

Hoje mesmo o pessoal da chamada "Operação Bandeirante", dirigida pelo sargentão do irmão do Vianna Moog, declara, pelos jornais, que tudo foi extinto, e publica o retrato de meia dúzia de fuzis prontos para a revolução, e meia de peças de aço ontem apreendidas. Uma ridicularia tão ridícula como o tal pseudodiário de um guerrilheiro, de que nunca mais falaram, *et pour cause*, tal a evidência de que tinha sido forjado na Polícia do Exército, pela sua infantilidade e autoincriminação. Até parece, em miniatura, as informações da força expedicionária americana no Vietnam, até há pouco tempo, da mortandade dos vietcongs e das vitórias dos americanos. Se fosse verdade, já não haveria mais viets, e os americanos já teriam escalado todo o Vietnam.

O que se vê, ao contrário, é que estão procurando o caminho menos humilhante para se retirarem. E no Laos, outro Estado artificial, criado pelo pós-guerra, ao lado do Vietnam, as notícias de ontem e hoje é que os vietcongs de lá (comunistas ou próximos aos) estão quase derrotando o governo de lá, apoiado pelos Estados Unidos.

Queira ou não queira, você tem mesmo de ouvir... política. E a pior das políticas, que é a da violência, revolucionária ou contrarrevolucionária. Momentos há, cada vez mais frequentes, em que me lembro, com muita saudade, daqueles anos, entre 1919 e 30, em que me ocupava apenas de literatura. De 1919 a 25 digamos, ou de letras e de religião, até que esta absorvesse pouco a pouco aquelas, como mais tarde, a partir de 1945, digamos, não estou bem certo, a política e o social começaram a interferir mesmo sobre a religião. E hoje? Hoje o que sinto é um horror a qualquer ação. E mesmo uma absoluta incapacidade de intervenção nos acontecimentos, mas, ao mesmo tempo, uma volta ao monólogo, à meditação, à minha conversa com Deus, e comigo mesmo, inclusive, ou mesmo dominantemente, sobre os problemas da vida cotidiana, da política em curso, nacional e internacional, e das várias revoluções não políticas ou não violentas que se estão processando, especialmente nos próprios domínios da Igreja.

Quantas vezes me coloco no Alceu de 28 e vejo como considero, hoje, a Igreja de modo diferente: antes de 1928 (ou 25, 26, 27...) como uma casa hostil, que me tolhia a liberdade; depois de 28, como um refúgio, mesmo que realmente sentisse o 28 como uma saída do porto, como várias vezes tenho dito, e não como uma entrada no porto; hoje, vejo a Igreja como a própria vida em movimento, com o espírito de paz no meio da luta, com o Cristo vivo, o seu Corpo-total, no verdadeiro sentido em que devemos entender a palavra Corpo Místico, não como qualquer coisa de acima ou fora da realidade não mística, mas como inserido nela, como o espírito salvador e o espírito redentor, o espírito de coragem para nos redimir do medo, da preguiça, do conformismo, da rotina que vejo, ou antes, sinto cada vez mais como sendo o meu inimigo interior, o meu anjo mau, que tenta por dentro e está em luta com o anjo bom, o da guarda, e provoca a dissensão interior, o homem voltado contra si mesmo, com um horror cada vez maior ao unilateralismo, ao fanatismo, ao integrismo, à claustrofilia (isto é, ao amor das janelas fechadas) e, pelo contrário, à tendência cada vez maior à solidariedade, à fraternidade, à reconciliação, ao perdão, à compreensão, à coexistência dos contrários, mas... mas... com o perigo da volta ao diletantismo, da nostalgia do homem velho, do retornar à indisponibilidade, que é a tentação dos velhos, dos que olham para a morte como um descanso e uma solução.

Mas, por isso mesmo, é que cada vez mais sinto que só a graça de Deus é que realmente nos salva de nós mesmos, e que a provação contínua é a condição humana de quem vê o cristão como um engajado, e não como um espectador satisfeito consigo mesmo, ou, pelo contrário, como angustiado. E como a paz de espírito é mesmo o maior bem que Deus nos pode dar, mas que só dá quando não nos afastamos de sua presença e dos meios que Ele nos deu para O termos, antes de tudo a missa, isto é, o drama total da Encarnação, da Remissão e de sua Permanência entre nós pela Igreja viva, militante, aberta, sempre em movimento, e lembrado daquela palavra que nunca cessa de invocar: "*sicut agnus, agnus, agnus, inter lupos*"[731] e não "*sicut lupi inter lupos*"...[732]

(...)

Ciao,

P.

731_ Em latim: Como um cordeiro, um cordeiro, um cordeiro no meio de lobos.

732_ Em latim: Como lobo no meio de lobos.

Petrópolis, 27 de fevereiro de 1970

(...)

Ontem recebi uma visita de que, talvez, não devesse falar. Mas, como sou mesmo um laranja desarmado, aí vai. Foi a visita de um dos noviços dominicanos atualmente presos em São Paulo. Alguém me telefonara do Rio, dizendo que subiria para me entregar pessoalmente uma carta. Marquei sete horas. Quando íamos saindo às cinco, chegou o senhor, francês, inteligente como sempre, calmo, até alegre, que me passou a carta, conversou um pouco, e o levamos de volta ao ônibus, pois parece que, ontem mesmo, à noite, queria voltar, embora tivesse chegado ontem mesmo, de manhã.

A carta é uma beleza, um documento edificante, que espero levar para você ler. Um testemunho admirável de um verdadeiro cristão. A única culpa desse jovem pré-dominicano foi ajudar os estudantes da UNE[733] a se reunirem no tal congresso que fora proibido. A carta, aliás, não entra nesses pontos dos motivos policiais de sua prisão. Conta apenas as torturas que sofreram e a interdição que o Exército pretende opor a que eles sejam ordenados na prisão! Como se o Estado tivesse poderes para autorizar ou não uma ordenação sacerdotal! Mas a beleza da carta é o testemunho de Fé, consolidado pelo sofrimento e pela injustiça sofrida. E o motivo é agradecer o meu artigo *O eixo e o aro*, que eles, "por contrabando", conseguiram ler.[734]

Vou ver se traduzo o documento para o francês, a fim de levar ao conhecimento do encontro, em Baden, ao menos para edificação dos seus membros, todos cristãos, católicos e protestantes. Não sei se poderei fazê-lo. Vou pensar. De qualquer modo, é um documento humano, formidável, que define, melhor que todos os nossos artigos ou protestos, a situação do Brasil contemporâneo.

Esse senhor me contou, aliás, que esteve, em São Paulo, com o filho do Américo Lacombe, que é juiz federal, e que está também preso, implicado na guerrilha como tendo facilitado reuniões de Marighella em sua casa, coisa que ele nega. Mas o ponto a que eu quero chegar é uma frase da mãe desse rapaz (aliás, já casado) que é da família Masset. Disse ela a esse senhor: "Meu filho envergonhou (ou sujou, não sei bem) o nome da família!".

Sempre tive uma solene antipatia por essa mulher, tão diferente do Américo, que é e sempre foi afável, além de historiador

733_ União Nacional dos Estudantes.
734_ Tudo indica que o autor se refere à denúncia das torturas sofridas por frei Tito de Alencar Lima (1945-1974) na Operação Bandeirantes, em São Paulo, na terceira semana de fevereiro de 1970. O relato do frade mereceu repercussão mundial e o prêmio de jornalismo da revista norte-americana *Look*, em 1970.

muito competente. Pessoalmente ela sempre foi muito antipática, e essa frase sobre um filho preso por motivos políticos – fosse por que motivo fosse – é uma pá de cal nela! Que diferença da frase de dona Marília, na noite em que fomos lá jantar com Alceu e Elisa, e tinha-se sabido da prisão do Lacombe, que é primo segundo de dona Marília. Esta disse: "Se um filho ou neto meu viesse à minha casa perseguido pela polícia, eu o esconderia, fosse como fosse o resultado e as consequências para mim!". A tal Masset repudia o filho nas mesmas condições! O Américo, seu marido, deve ensinar a ela que todos os grandes homens públicos do Brasil foram revolucionários e conspiradores ou, pelo menos, herdeiros e beneficiários deles: os "imperiais", revolucionários e conspiradores contra a Corte Portuguesa; os "republicanos" contra o Império; os da Segunda República (1930) contra a República Velha e, finalmente (finalmente...), os atuais donos do Brasil contra os JJJ[735] e outros seus antecessores.

Os que, hoje, conspiram contra o atual regime, estão apenas na trilha de um século e meio de revoluções e conspirações. Será que todos esses grandes ou pequenos revolucionários e conspiradores sujaram os nomes de suas famílias ou que, ao contrário, só se tornaram conhecidos os Andradas, na Independência; os Fonsecas, na República; os Vargas, na Segunda República; hoje, os Castelo Branco, Costa e Silva e Médici, nesta Terceira ou Quarta República? Se não fossem vitoriosos, seus nomes passariam ignorados, "*nati quasi non nati*"![736] E uma mãe vem dizer que o filho sujou o nome de Lacombe por se ter metido em uma conspiração?!

Esta visita e esta carta foram a nota marcante do dia 26 de fevereiro.

(...)

Ciao,

P.

Petrópolis, 28 de fevereiro de 1970

Já se foi mais um mês. O mais curto, mas também o mais decepcionante... para qualquer esperança de melhoria nesta prisão em que vivemos. A leitura que acabo de fazer, mesmo sumariamente, da primeira entrevista do general-comandante

735_ Supõe-se que o autor se refira aos três presidentes do Brasil, cujos prenomes se iniciam por J: Juscelino, Jânio e João (Jango). Os três tiveram seus direitos políticos cassados pela ditadura militar.

736_ Em latim: Nascido como se não tivesse nascido.

de guarnição de que somos prisioneiros, mesmo para aqueles, como eu, que não esperavam nada deste sargentão que aí está, é de se perder toda esperança. Como vejo confirmadas as minhas previsões, de que as segundas (e, quanto mais, as terceiras revoluções) são as piores! Como penso, cada vez mais, na velha de Siracusa! A cada general que sai, o sucessor supera em estupidez, em impostura, em repressão. À luz do que ouvimos agora deste desgraçado Médici, o Castelo Branco e, sobretudo, o Costa e Silva, se tornam bancos e pilares que fazem saudade. O c e s só piorou depois de 13 de dezembro, mas, agora, aos olhos do sucessor, aparece – como diz um comentarista político do *J do B* (Carlos Castelo Branco) – como um idealista que tentou, realmente, restaurar as liberdades no Brasil. Este confessa, cinicamente, que isso é uma impossibilidade. Confessa que se meteu na Revolução de 30 à procura da democracia e nunca a viu. Então, em lugar de dizer que era preciso tentá-la de modo mais efetivo, não, o patife concluiu negativamente: a democracia é ideal impossível. E como a democracia é um ideal impossível, agora resolveu que desistiu dela, e apenas promete que espera, talvez, no fim de seu governo (cinco anos...) restaurá-la. Em suma, o malandro, que no discurso de posse prometeu mundos e fundos, confessa agora que, legalmente, a democracia é impossível. Então, para ele, só há dois caminhos: ou renunciar à democracia, ou então conquistá-la pela força.

Para nós, que não admitimos essa conquista pela força, só resta, portanto, renunciar à democracia, isto é, à liberdade. É isto que torna a vida no Brasil, hoje, uma aventura miserável para quem recusa a violência, como eu, mas não se recusa a lutar pela liberdade. Inclusive, e é o pior, ninguém sabe até que ponto os donos do nosso Brasil admitem que a gente se utilize da arte da liberdade de escrever que nos resta. Pois onde não há lei, e a lei é apenas o arbítrio dos que governam, ou o escritor se cala ou, então, não sabe até que limite toleram a sua crítica. E o pior é que essa gente se mantém no plano da insegurança absoluta, da indefinição, da ambiguidade, das segundas intenções, fingindo que permite que se fale, que se escreva, que se critique. É, sem a menor dúvida, o regime oficial da Impostura. E não há a mínima esperança que dele possamos sair, nem pela violência, nem pela não violência. Não há solução possível. Pela violência e ainda menos pela não violência. O povo brasileiro e a sua história são, por natureza, antiviolentos, e tudo o que se tentar pela violência só conseguirá aumentar o primarismo dos sargentões que se apoderaram do poder e não o largam.

O Médici chegou de mansinho, com luva de pelica, prometendo mundos e fundos. Agora é que se está revelando um caudilho gaúcho da pior espécie, porque é um lobo com cara de cordeiro. Agora tirou a máscara... mas a tragédia continua. O impasse se apresenta sem saída, a não ser apelar para a grande Lei da História... o imprevisto, um terremoto, o fim do mundo. Como não sou catastrófico, continuarei a fazer o que posso, dentro das minhas possibilidades e do meu canto, mas cada vez mais convicto de que estamos vivendo numa prisão de grades invisíveis, e que a hipocrisia é que nos governa e nos governará por muito tempo.

Isso tudo só me leva a ter na liberdade o meu ideal. É realmente o que nos falta e nos faltará enquanto os militares tiverem o poder. Como não creio que tão cedo eles o abandonem, nem que os civis (ou outros militares) que amem e creiam na liberdade os substituam pela violência ou pela não violência, o remédio é apelar para a virtude das virtudes – a Paciência. E apenas lamentar que, no fim da vida, ainda tivesse que ver a destruição de todos os meus ideais políticos e literários. Pois a censura mata a literatura, como o arbítrio institucional mata a política.

E dizer que parte da humanidade vive, há muito, nesse regime. Ainda hoje vejo que a revista espanhola, dirigida pelo presidente da *Pax Romana*, Ruiz-Gimenes[737], foi suspensa pela censura... e na Rússia e em todo o mundo socialista os processos contra os intelectuais são cada vez mais frequentes. Enquanto existirem intelectuais que possam criticar a ordem das coisas que os tiranos instalaram – ainda há países onde se respira – a Inglaterra, os Estados Unidos, os países escandinavos, o Canadá, a Turquia. A Itália está à beira de uma volta ao fascismo. Eis, ao que parece de longe, o que nos oferece o triste espetáculo das lutas políticas entre os partidos – estamos voltando de novo, esta é a triste verdade, à divisão do mundo entre ditadura à esquerda e ditadura à direita, que depois da Segunda Guerra Mundial parecia ultrapassada. O Brasil já está na sua, à direitíssima.

Enquanto é possível ainda pensar ou escrever alguma coisa nesta missão florida em que a hipocrisia e a impostura do militarismo nos colocou, vamos fazendo o possível, já que não sou nem apocalíptico, nem desesperado e, pelo contrário, cada vez mais

737_ Joaquín Ruiz-Gimenez (1913-2009), presidente da Pax Romana entre 1966 e 1971.

convicto de que o homem se agita e Deus o conduz, de modo que toda esta nossa agitação sem solução está na linha de nossa triste incapacidade humana. Aliás, quando o homem se convence de sua onipotência, entra nos domínios da fabricação dos filhos *in vitro*, ou da maternidade alugada, que mostram como sabemos utilizar para o mal também a nossa liberdade. Mas contra ela os milicos nada dizem, pois, no final, ainda podem aproveitar-lhes, pois no dia em que os ditadores puderem mobilizar os laboratórios para fabricar homens a seu jeito, aí então é que terá vencido o príncipe deste mundo, e será a hora da Parusia.[738] Como não sou milenarista nem catastrófico, não direi que essa hora esteja próxima, e enquanto ela não chega vamos aproveitando o pouco de luz e de liberdade atribuída ao homem, que ainda existe, e vamos trabalhando para Deus, já que os homens são realmente tão mesquinhos. Ainda se as mulheres pudessem nos governar, seriam certamente melhores que os uniformizados...

(...)

Ciao,

P.

738_ Parusia é o nome dado à segunda vinda de Jesus, que, segundo os cristãos, seria o fim dos tempos.

Capa e orelhas
Passeata dos 100 mil, Rio de Janeiro, 26.06.1968

p. 6
Alceu Amoroso Lima, Rio de Janeiro, 20.07.1972

Coordenação editorial
Rita Palmeira

Edição
Flávio Cintra do Amaral

Assistentes de edição
Denise Pádua e Guilherme Arduini

Preparação e revisão
Flávia Lago, Julia de Souza e Valeska de Aguirre

Notas
Frei Betto

Projeto gráfico
Noris Lima

Produção gráfica
Acássia Correia

869.965
L696d

Lima, Alceu Amoroso
Diário de um ano de trevas: cartas de Alceu Amoroso Lima para sua filha Madre Maria Teresa: janeiro de 1969 - fevereiro de 1970 / Alceu Amoroso Lima; organização de Frei Betto e Alceu Amoroso Lima Filho. — São Paulo: IMS, 2013. — 302 p. — ISBN 978-85-86707-96-4

1. CARTAS. 2. LIMA, ALCEU AMOROSO. 3. MARIA TERESA, MADRE. 4. BETTO, FREI. 5. LIMA FILHO, ALCEU AMOROSO. 6. INSTITUTO MOREIRA SALLES. I. Título.

Tiragem: 1.000 exemplares
Miolo: Pólen bold 90 g/m²
Fonte: Din
Impressão: Pancrom Indústria Gráfica